DINNER
mit den
MAHARADSCHAS

DINNER
mit den
MAHARADSCHAS

Kochkunst an Indiens Fürstenhöfen

Fotos ASHIMA NARAIN
Text NEHA PRASADA
Idee PRIYA KAPOOR

GERSTENBERG

Eine gedeckte Tafel im Haus von Shahzadi Naghat Abedi in Neu-Delhi. Tischwäsche und Geschirr tragen das Rampur-Wappen.

Bild auf Seite 2: Fürstin Esra Jah, Ex-Gemahlin des achten Fürsten in der Erbfolge der Asaf-Jahi-Dynastie, Mukarrum Jah, brachte mit sorgfältigen Restaurierungsarbeiten neues Leben in die prachtvollen Paläste Chowmahalla und Falaknuma in Hyderabad.

INHALT

EINLEITUNG

»Seine Hoheit brauchte viel Geld für seine märchenhaften Paläste, den Schwarm schöner Frauen, die ihn anhimmelten, für seine Parks voll exotischer Tiere, für Polospiel und Kricket, welche er großzügig förderte, für Juwelen und goldene Teller, seine wunderbare Gastfreundschaft, die Flotte seiner Autos und auch für seine grenzenlose Freigebigkeit«, berichtete die englische Schriftstellerin Rosita Forbes nach ihrem Besuch bei Maharadscha Bhupinder Singh von Patiala in den 1930er Jahren.[1] Rosita Forbes und viele andere Chronisten, die Zeugen der Maharadschas in all ihrer Pracht waren, bevor die Monarchie in Indien abgeschafft wurde, haben eine Ära festgehalten, in der weder Zeit noch Geld dem Streben nach Vollkommenheit im Wege standen. Vielleicht war dieses Trachten nach höchster Perfektion am deutlichsten an den Dinnertafeln der herrschenden Familien erkennbar. Die Palastküchen waren Laboratorien der Kochkunst, in denen Meister ihres Fachs unvergessliche Gerichte erschufen. Die Präsentation der Speisen und der Blick fürs Detail beim Arrangement der Tafel entsprachen dem hoch entwickelten ästhetischen Empfinden dieser Monarchen. Jedes Mahl war ein Ereignis. Mit ihrem besonderen Geschmack und ihrer Gastfreundschaft haben diese Könige und Königinnen die indische Küche enorm bereichert.

»Es war eine fantastische Welt von orientalischem Glanz, die mehr mit der Prachtentfaltung der französischen Könige des Grand Siècle zu tun hatte als mit der heutigen Welt. Denn wer sonst konnte über Tausende von Dienern verfügen, hatte Hunderte von Tigern in seinem Jagdrevier, besaß ein halbes Dutzend Paläste und ein Dutzend Jagdhütten oder Landhäuser, gab Dinners für 150 Gäste mit eigens für die Familie gefertigtem Porzellan, von dem bereits bei Banketten zu Ehren von mindestens drei englischen Königen und einem Zar gespeist worden war?«, schrieb einst die verwitwete Maharani von Gwalior Vijayaraje Scindia in ihrer Autobiografie.[2]

Gegenüber: Yuvraj Vikramaditya Singh und Yuvrani Chitangada Raje Singh (mit Sohn Martand und Tochter Mriganka) aus der königlichen Familie von Kaschmir genießen duftenden kahwa *(Kaschmir-Tee) aus einem antiken Silber-Samowar.*

Oben: Ein Dinner, das von Maharadscha Jagatjit Singh von Kapurthala zu Ehren des Maharadschas Sawai Mansingh II. von Jaipur in Kapurthala gegeben wurde. Große Bankette in indischen Königspalästen waren nicht nur wegen der Vielfalt gebotener Speisen und Getränke geschätzt, sondern auch wegen deren Präsentation.

Oben rechts: Dinners, bei denen man zu Tisch saß, wurden zum Muss, weil man von europäischen Gebräuchen fasziniert war. Große Platten aus Gold und Silber anstatt aus Porzellan waren bei diesem Bankett die einzigen Relikte aus einer früheren Zeit.

Das Leben an den Höfen indischer Fürsten drehte sich um Unterhaltung und Bewirtung. Die Speisen dienten nicht allein dem Zweck der Ernährung oder des Genusses, sondern auch der Diplomatie und Politik. Erlesene Früchte aus den fürstlichen Gärten oder von den Chefköchen zubereitete Köstlichkeiten wurden vor allem deswegen aufgetragen, um Freundschaften zu begründen. Der Weg zum Herzen so manches Herrschers führte durch seinen Magen. Der König von Balch[3] beispielsweise sandte dem Großmogul Aurangzeb (1618–1707) als Zeichen seiner Gunst hundert mit erlesenen Früchten und Nüssen beladene Kamele. Den Palastküchen standen beträchtliche Budgets zur Verfügung, damit sie kulinarische Spitzenleistungen hervorbringen konnten, die selbst verwöhntesten Feinschmeckern zusagten. Der venezianische Arzt und Reisende Niccolò Manucci beschrieb die Küche des Großmoguls Aurangzeb so: »Jeden Tag werden tausend Rupien für die Kosten der königlichen Küche ausgegeben, damit die Hofbeamten alles Erforderliche beschaffen. Sie müssen dem Fürsten eine Anzahl unterschiedlicher Vorspeisen und Gerichte in Porzellanschalen auf goldenen Gestellen servieren.«[4] Die königliche Küche von Patiala hatte einen jährlichen Etat von 1 400 000 Rupien, um die üppigen Tafeln zu ermöglichen. Abul Fazal hob in *Ain-i-Akbari*, einer Schilderung des Lebens in der Ära des Großmoguls Akbar (1542–1605), die Bedeutung der königlichen Küchen hervor, die unter der Aufsicht keines Geringeren als des Premierministers des Staates standen. Der *Mir Bakawal*, wie der Chefkoch genannt wurde, war ein Offizier im Rang eines Kommandeurs und überwachte höchstpersönlich alles: vom Budget der Küche bis zur Qualität der Lebensmittel. Obwohl der Großmogul als »genügsamer« Esser galt, bestand seine schlichte Alltagskost aus 40 in großen Schüsseln servierten Gängen. An die 3800 Tonnen Holz wurden jährlich in den Küchen verfeuert, und man benötigte 600 Karren, um dieses Holz heranzuschaffen.[5]

Eine alltägliche Mahlzeit des Nawabs Shuja ud Daula von Awadh und seiner Gemahlin Bahu Begum wurde in sechs verschiedenen Küchen zubereitet, und der Monatsetat allein für eine dieser Küchen betrug 60 000 Rupien.[6] Darin waren noch nicht einmal die Gehälter der Köche und ihrer Gehilfen enthalten. Küchenchefs wurden von einer Armee von Souschefs unterstützt, während sie selbst mit dem Habitus eines Künstlers und der Genauigkeit eines Arztes ihre Gerichte zubereiteten. Ein begnadeter *khansama* oder Koch konnte jeden Lohn fordern, wenn er die Wünsche eines Adligen erfüllte. Der Schwager des Nawabs Shuja ud Daula, Salar Jung, hatte unter seinen Bediensteten den mit 1200 Rupien seinerzeit höchstbezahlten Koch des Landes. Die meisten Küchenchefs konzentrierten sich darauf, ein bestimmtes Gericht bis zur Vollkommenheit zu perfektionieren. Einer bereitete nur Kebab zu, ein anderer ausschließlich Dal. Der Nawab Ghazi du Din Haider von Awadh etwa hatte einen Koch, dessen Spezialität *parathas* waren, und er bereitete für seinen Herrn jeden Tag sechs dieser Fladenbrote in 30 *seer* Ghee zu.[7] Die berühmten *Galavat*-Kebabs aus Lucknow sind die Schöpfung eines Kochs, der das Lammfleisch ganz besonders fein hackte und dann noch marinierte, so dass sein Herr, der schlechte Zähne hatte, diese zarten und saftigen Kebabs ungetrübt genießen konnte. Weder Kosten noch Mühen wurden gescheut, um ein Gericht zu vervollkommnen. Der Legende nach hatte der Großmogul Jahangir eine Schwäche für eine Delikatesse, die aus ein Jahr lang mit Safran gefütterten Hühnern zubereitet wurde. Für die Herstellung dieses einzigen Gerichts benötigte man ein paar Hundert Hühner. Die Köche zogen sie in einem besonderen Gehege auf und fütterten sie mit duftenden Safranfäden. Jeden Tag wurde ein Huhn geschlachtet und sein Fleisch dem mit Safran angereicherten Hühnerfutter beigemischt. Am Ende des Jahres war das überlebende letzte Huhn mit dieser Ernährung dick und fett geworden, so dass es für den Groß-

Oben links:
Eine gedeckte Tafel für ein Bankett im französisch beeinflussten Elysee Palace in Kapurthala. Die Familie war ob ihres kultivierten Stils bekannt, der in Speisen und Mode europäischen Geschmack imitierte.

Oben rechts:
Maharadscha Jagganath Prasad Sinha von Deo nahm 1930 sein Küchenteam mit auf eine Reise nach Berlin. Es war bei den indischen Fürsten üblich, sich trotz hoher Kosten vom eigenen Küchenpersonal begleiten zu lassen. Das Foto zeigt die Köche im Dienst des Maharadschas zusammen mit den Köchen des Hotels.

mogul von seinen Köchen zubereitet werden konnte. Die Belohnung dafür, seinen Herrn mit einem köstlichen Mahl erfreut zu haben, konnte von Goldmünzen bis zu einem *navratan*, einem Collier aus neun Edelsteinen, reichen. Die vielleicht höchste Ehrung, die jemals einem Koch zuteil wurde, bestand darin, dass der Nawab Asif ud Daula seinen *khansama* Hassan Raza Khan zum Premierminister ernannte.[8]

Hatten die Köche ein Höchstmaß an Perfektion bei der Zubereitung ihrer Speisen erreicht, richteten sie ihr Augenmerk auf die Präsentation ihrer Gerichte. Im *Naishadha Charita* (einem epischen Gedicht aus der zweiten Hälfte des 12. Jahrhunderts, in dem Sri Harsha die Geschichte von König Nala erzählt, der über Nishada herrschte) beschreibt der Dichter ein Hochzeitsmahl und stellt fest, die Zubereitung der Speisen sei so vollendet gewesen, dass die Gäste nicht zwischen vegetarischen und Fleischgerichten unterscheiden konnten. Als Maß für das Können eines Küchenchefs galt sein Geschick, die tatsächliche Beschaffenheit einer Speise so zu kaschieren, dass sie nach etwas anderem aussah. Der Nawab Wajid Ali Shah ließ einst seinem Gast, dem Fürsten Mirza Asman Kadar, ein Gericht auftragen, das wie eingelegtes Obst aussah. Erst beim Verzehr bemerkte der Ehrengast, dass es tatsächlich ein *korma*, ein »verkleidetes« Joghurtgericht, war. Es wird auch erzählt, dass unter der Herrschaft des Nawabs Nasir ud Din Haider in Lucknow ein Koch wegen seines *khichdi* Berühmtheit erlangte, das nicht einfach aus Reis und Linsen zubereitet wurde, sondern aus in der Form von Reiskörnern geschnittenen Mandeln und Pistazien in der Form von Linsen.[9] Die Küchenchefs in Mahmudabad hielten sich zugute, dass sie ein Gericht auftischen

Ein 1941 im traditionellen Stil gehaltener Lunch in Sultanpur Lodi im Distrikt Kapurthala im Punjab. Die beiden Ehrengäste (in der Mitte sitzend) sind Maharadscha Yadaventdra Singh von Patiala (links) und Maharadscha Jagatjit Singh von Kapurthala (rechts).

konnten, bei dem der Fisch noch wie lebendig aussah. Das berühmte englische, mit drei Michelin-Sternen ausgezeichnete Restaurant The Fat Duck wird von Heston Blumenthal übrigens nach ähnlichen Grundsätzen geführt. Mithilfe der Methoden der Molekularküche werden die Speisen so bereitet, dass sie mit der sinnlichen Wahrnehmung der Gäste spielerisch umgehen. Das Fat Duck wurde zum »Besten Restaurant der Welt« gekürt, weil die Gäste hier mit Gerichten überrascht werden, die nicht dem entsprechen, was man dem Namen nach vermutet.

Ein Staatsbankett sprengte alle Grenzen. Mindestens 51 Gerichte durfte man stets auf einer Gesellschaft des extravaganten Maharadscha Bhupinder Singh im Moti Bagh Palace in Patiala erwarten. Für ein Bankett, das der Nawab Hamid Ali Khan zu Rampur anlässlich eines Staatsbesuchs gab, standen 200 verschiedene Gänge auf der Menükarte. »Es gab 30 verschiedene Hühnchengerichte, 25 Fleischgerichte, weitere 40 *Shikar*-, also Wildgerichte, 50 verschiedene Linsengerichte, zehn *Pulao*-Variationen und viele andere Schüsseln mit Köstlichkeiten. Der Gast kämpfte sich zweieinhalb Stunden lang durch all die Gerichte, um den Nawab nicht zu kränken, doch zu Hause angekommen, rief er seinen Arzt und verlangte Eno-Fruchtsalz, um die Leibschmerzen zu lindern. Er sagte dem Arzt, das Bankett habe ihn umgebracht.«[10] Aus den Aufzeichnungen Ibn Battutas, der Indien im 14. Jahrhundert bereiste, gewinnt man ein lebendiges Bild von den Vorbereitungen für die Feierlichkeiten mit Tausenden von Gästen anlässlich der Heirat der Schwester des Sultans Muhammad Bin Tughlaq mit dem Adligen Amir Saif al Din: »Der Hofmeister schaffte Köche, Bäcker, Röster, Konditoren, Diener und Betel-Servierer herbei, Vieh und Geflügel wurden geschlachtet, und alles diente dazu, die Gäste 15 Tage lang mit Speisen zu versorgen. Die fürstlichen Amirs und die erhabenen Fremden waren Tag und Nacht zugegen.«[11]

Zutaten waren nicht nur heimische Erzeugnisse, sondern auch eingeführte Produkte. Wein und Käse aus Europa, Schafe aus Afghanistan, Trockenobst aus Persien, sogar Mineralwasser aus Frankreich wurden für die Kapurthala-Prinzessinnen importiert. Im *Ain-i-Akbari* wird beschrieben, wie hochwertige Erzeugnisse aus den unterschiedlichsten Gegenden für Akbars Vorratskammern zusammengetragen wurden. »Reis aus Bharaij, Gwalior, Rajori und Nimlah, Ghee aus Hissar, Wasservögel und bestimmte Gemüsesorten aus Kaschmir und Früchte von jenseits der nordwestlichen Grenzen sowie von überall her aus dem Land.«[12] Unter der Herrschaft dieser Feinschmecker-Könige und -Königinnen wurden also keine Kosten gescheut, und auch der Präsentation der Speisen widmete man entsprechende Aufmerksamkeit.

Ganz oben:
Vorlagen aus dem Archiv von Thomas Goode & Co. Ltd. zeigen, dass das von Maharadscha Nripendra Narayan von Cooch Behar bestellte Porzellan mit seinen Initialen sowie einer Biene (Zeichen des Fleißes) mit einer Krone darüber geschmückt war.

Oben:
Entwurf eines Dessert-tellers von Royal Worcester für Jam Saheb Ranjitsinhji von Nawanagar, 1923.

Links:
Dieses wunderhübsche Tafelservice mit dem Bild einer Dame auf Eberjagd wurde 1947/48 eigens von Royal Worcester für Pratap Singh Gaekwad von Baroda geschaffen.

1877 von Baccarat hergestellt und von der königlichen Familie von Baroda erworben: Dieses Dekantierset enthält vier gravierte Dekanter in einer howdah *(Sänfte) auf dem Rücken eines Elefanten sowie zwölf Becher an seinem Zaumzeug.*

In früherer Vergangenheit speisten die Fürsten, insbesondere die Hindu-Könige, von Schalen aus Edelmetallen wie Gold und Silber, weil diese als reine Metalle galten, die ihre guten Eigenschaften auf die darin servierten Speisen übertrugen. Unter den muslimischen Herrschern wurde jedoch chinesisches Porzellan immer beliebter. Später, im frühen 19. Jahrhundert, gaben die Fürsten über europäische Handelsgesellschaften Tafelservice bei Porzellanfabriken in Europa in Auftrag. Speisen und Getränke wurden auf Porzellan von berühmten europäischen Herstellern wie Limoges, Spode und Flora Danica serviert, in Kelchen aus Baccarat- und Lalique-Kristall; Bestecke und Rechauds waren von Christofle und Mappin & Webb aus Gold und Silber gearbeitet. Maharadscha Pratap Singh Gaekwad von Baroda bestellte 1947/48 bei Royal Worcester ein extravagantes Porzellan-Tafelservice mit Darstellungen von Hindu-Gottheiten, und die Firma beeilte sich nur zu gerne, den Wünschen ihres Auftraggebers nachzukommen, denn die Maharadschas galten als höchst zahlungskräftige Kundschaft.[13]

Nach der Weltwirtschaftskrise und dem Ersten Weltkrieg, als die westliche Welt finanziell am Boden lag, konnten viele Hersteller von Luxusgütern nur dank der Aufträge indischer Maharadschas überleben. Schon 1844 hielt es die angesehene Glasmanufaktur Osler für eine gute Geschäftsidee, in Kalkutta einen Ausstellungsraum zu eröffnen, um sich die wachsende Nachfrage der fürstlichen Kunden zunutze zu machen. Osler modifizierte die Produktpalette nach dem Geschmack indischer Kunden und stellte typisch indische Dinge wie *Huka*-(Wasserpfeifen-)Ständer, gläserne *thals* (große Teller) und *pankhas* (Handfächer) her. Der berühmte Miniaturzug aus Silber und Glas im Jai Vilas Palace von Gwalior diente dazu, nach dem Dinner Pralinen, Schokolade, Zigarren und Liköre rund um die Tafel zu servieren, und blieb stehen, wenn ein Gast die Hand ausstreckte. Dieses tolle Beispiel der Ingenieurs- und Handwerkskunst wurde von dem Lokomotiven- und Autohersteller Armstrong Whitworth & Company 1906 für Maharadscha Jayaji Rao Scindia entwickelt. Während Maharadscha Ripudaman Singh von Nabha seine Gäste mit einem 42-Gänge-Menü in einem eigens gefertigten rot-weiß verzierten Tafelservice von Minton bewirtete, kaufte Maharadscha Bhupinder Singh von Patiala 1921 ein silbernes Tafelgedeck für 30 000 Pfund von der Goldsmiths & Silversmiths Company Ltd. eigens für ein Dinner, bei dem er Edward, Prince of Wales, bewirtete. Eine der größten Bestellungen von Goldtellern, welche die Firma je erhielt, ging ebenfalls an diesen Herrscher.[14] Die indischen Fürsten und Maharadschas waren so wählerisch, dass sie sich bei Auslandsreisen von ihren persönlichen Köchen begleiten ließen – ungeachtet aller Kosten. Sie bereisten die sieben Weltmeere mit Vorräten von Gewürzen, Linsen, getrockneten Kräutern und Gemüse. Sayajirao Gaekwad III. von Baroda nahm sogar zwei Kühe mit, um frische Milch und Butter zu haben, wenn er in Europa unterwegs war.[15] Wenn Maharadscha Madho Singh aus der königlichen Familie von Jaipur ins Ausland reiste, ließ er vier Behälter aus massivem Silber mitführen, die 9000 Liter *Ganga Jal*, heiliges Gangeswasser, fassten, damit er nicht fremdes Wasser trinken musste. Mogulherrscher wie Akbar, Jahangir und Aurangzeb glaubten ebenso an die Heilwirkung des *Ganga Jal* und führten es ebenfalls auf ihren Reisen mit. Maharadscha Hari Singh von Jammu und Kashmir besaß für seine Ausflüge einen eigens von Louis Vuitton entworfenen Teekoffer aus Leder, Keramik und Silber, und er orderte weitere 60 solcher Koffer, um sie seinen Freunden zu schenken. Der verschwenderische Lebensstil ging bei den Gwaliors so weit, dass sie für den Jai-Vilas-Palastkomplex einen eigenen Bahnhof besaßen. So konnte die *barat* – die Hochzeitsgesellschaft des Bräutigams – direkt vor der Tür der Braut, einer Gwalior-Prinzessin, aus dem Zug steigen.

Die Prachtentfaltung der königlichen Paläste Indiens ließ die meisten Besucher in Ehrfurcht erstarren. Der venezianische Reisende Cesare Federici, der Indien besuchte und 1567 in das Königreich Vijaynagar kam, schrieb: »Ich habe viele Königshöfe gesehen, und doch gab es keinen von solch gewaltiger Größe wie der von Vijaynagar.«[16]

Der Jai Vilas Palace in Gwalior beherbergt die berühmte Miniaturbahn aus Silber und Glas, mit der den Gästen nach dem Dinner Süßigkeiten, Zigarren und Liköre rund um die Tafel serviert wurden. Er blieb stehen, wenn ein Gast die Hand ausstreckte, um sich zu bedienen.

Die alten Awadhi-Familien, wie die Könige von Mahmudabad, hatten eigene Bedienstete, die nur für Trinkwasser und andere Getränke zu sorgen hatten. Da es keine Kühlungen gab, wurden in der heißen Jahreszeit Wasser und Limonaden in *surahis* genannten Tongefäßen gelagert sowie in *jastas*, Behältnissen aus einer besonderen Legierung, die Flüssigkeiten kühl hielt. Was-

Ein Lederkoffer mit silbernem Teegeschirr, den Maharadscha Hari Singh von Kaschmir 1928 bei Louis Vuitton in Paris bestellte. Hari Singh, ein wichtiger Kunde von Louis Vuitton, gab eine komplette Ausstattung von Koffern aller Größen mit seinem Emblem in Auftrag.

ser wurde der Familie feierlich in Silberbechern gereicht, die auf *thali jodhs* – Silbertellern – standen und obendrauf einen Deckel hatten.

In den königlichen Küchen arbeiteten passionierte Köche hingebungsvoll mit heimischen Zutaten und Gewürzen, um Haute Cuisine auf eines Großmoguls Tafel zu zaubern. An den Königshöfen sammelte sich auch alles, was neu und fremd war, heimische Erfindungen ebenso wie importierte Waren. Fremde wurden in die Dienste indischer Könige und Moguln aufgenommen, Botschafter brachten Geschenke mit, Händler hatten neue Verlockungen zu bieten, und Reisende wussten Geschichten zu erzählen. Neuartige Methoden wurden erlernt und bereicherten die heimische indische Küche.

Indien hatte in seiner langen Geschichte viele Invasionen zu ertragen. Die Eroberer kamen mit Feuer und Schwert, aber sie brachten auch eine Fülle von Aromen, Rezepten und Küchentechniken und neue Früchte und Gemüsesorten mit. Der Händler Jean-Baptiste Tavernier, 1665 und 1666 inoffizieller Botschafter des französischen Königs Ludwig XIV. bei den Moguln von Agra bis Bengalen, erzählt: »Wir unternahmen Ausflüge auf dem Fluss und sahen Köstlichkeiten, wie sie sich in unseren europäischen Gärten finden, viele Sorten Salat, Kohl, Spargel, Erbsen und vor allem Bohnen, deren Saat aus Japan kommt, alle Arten von Kräutern und Hülsenfrüchten, welche die Holländer in ihren Gärten mit großer Sorgfalt züchten …«[17]

Den ersten erkennbaren Wandel in der indischen Küche, vor allem im Norden Indiens, kann man ab 1526 den Mogulkriegern zuschreiben, als Hindustan mit Zahir-ud-din Muhammad Babur einen neuen Herrscher bekam, nachdem dieser Ibrahim Lodhi in der Schlacht von Panipat besiegt hatte. Babur war ein Mann des schlichten Geschmacks und vermisste die Speisen Zentralasiens, wo man Fleisch grillte und kaum würzte; das Brot von Samarkand blieb für ihn unerreicht, und die hiesigen Früchte konnten es mit der Süße der Äpfel, Aprikosen und Trauben aus seiner Heimat nicht aufnehmen.

An seinem Hof in Agra ließ er seine Köche aus Mittelasien die hiesigen Küchenchefs anlernen. Sein Sohn und Nachfolger Humayun (1508–1556) bevorzugte persische Gerichte wie *pulao*, gefüllte Braten und köstliches Zuckerwerk. Seine Köche griffen auf persische Rezepte und Kochmethoden zurück. Schließlich schufen unter dem Großmogul Akbar die Köche an den Mogulhöfen eine Synthese aus indischen, mittelasiatischen und persischen Kochtraditionen, und daraus entstand die sogenannte Mughlai-Küche.

Die Moguln führten während ihrer Herrschaft in Indien wesentliche kulturelle Veränderungen herbei. Sie waren nicht nur Eroberer, sondern hatten auch ein Empfinden für Begabungen, die sie erkannten und förderten. Ihre Höfe wurden zu Mittelpunkten der schönen und darstellenden Künste, der Etikette, von Literatur und Dichtung. Speisen galten als ebensolcher Genuss für die Sinne, und die Herrscher unterstützten deren Vervollkommnung in ihren Küchen. Die Moguln hatten eine Schwäche für gutes Obst. Um dieses zu verbessern, richtete Akbar eine Obstzuchtanlage ein und beschäftigte Gärtner aus Persien und Zentralasien.[18]

Die Moguln glaubten auch, dass Großmut und Freigebigkeit Zeichen wahren Adels seien. Daraus entstand der Brauch des *tasaruffi*. Von den königlichen Köchen wurden jeden Tag Speisen an die einfachen Leute ausgegeben. Während für den Herrscher, seine Familie und die Höflinge *khasa*, also besondere Gerichte, bereitet wurden, kochte man zu jeder Mahlzeit *tasaruffi* und verteilte das Essen an das Volk. Selbst in kargen Kriegszeiten wurden nicht nur die Truppen verköstigt, sondern auch die Dorfbewohner am Standort eines Lagers.

Mit dem Vordringen fremder Reisender, Entdecker und Händler nach Indien gelangten neue Aromen und Erzeugnisse in den Basar und schließlich auf die Teller. Eine wichtige Zutat der heutigen indischen Küche ist Chili, eine ursprünglich nicht in Indien beheimatete Pflanze. Portugiesische Seefahrer und Händler brachten dieses neue Gewürz an die Malabarküste. Als Kolumbus 1492 in der Karibik landete, stieß er nicht nur auf Amerika, sondern auch auf den Chilipfeffer. Im 16. Jahrhundert kamen Gewürzhändler nach Indien, um Pfeffer und andere aromatische Gewürze zu holen, und brachten umgekehrt Chilipflanzen mit. Wenn heute die indische Küche mit Schärfe gleichgesetzt wird, möchte man kaum glauben, dass dieses Gewürz erst importiert wurde.

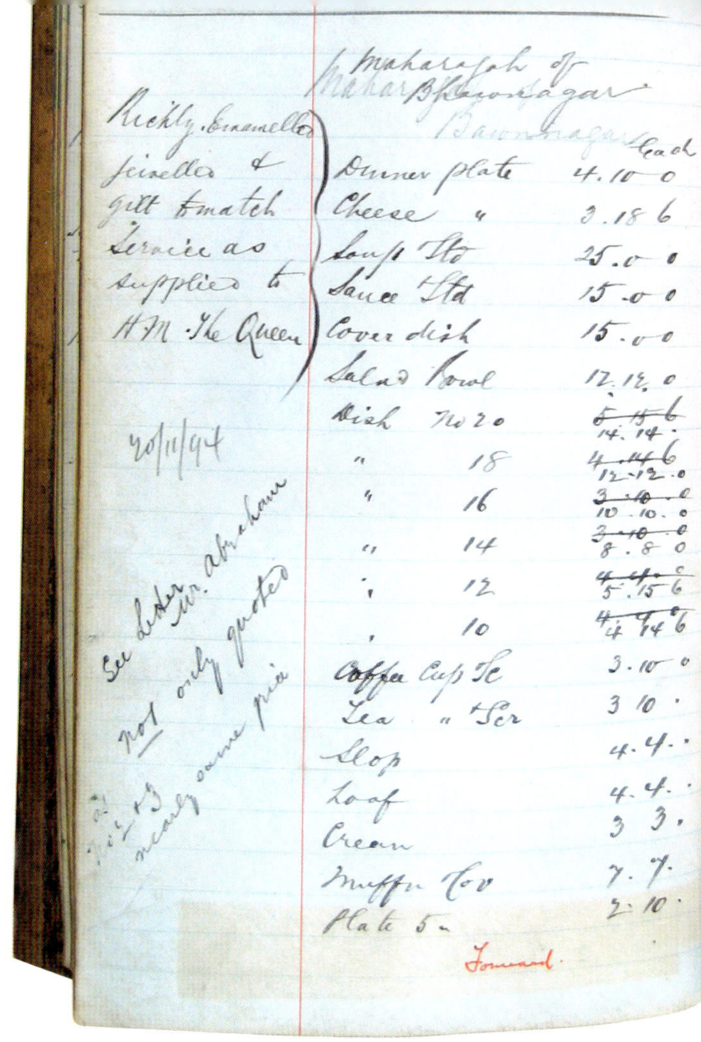

Den wohl stärksten Einfluss auf die indische Tafel übten die Briten aus, die mit der East India Company als Händler ins Land kamen und dieses nach der Schlacht bei Plassey (1757) 190 Jahre lang beherrschten. Die angloindische Küche mit ihrer Mulligatawny-Suppe, dem scharfen Vindalhoo-Curry, Hammelbraten, Irish Stew und den Hacksteaks war geboren. Es war eine Mischung aus französischen, portugiesischen, holländischen und britischen Speisen – ein Strauß neuartiger Aromen und Geschmacksrichtungen, importiert von Fremdlingen, die sich an Indiens Küsten wagten.

Nachdem die Briten ihre Absicht klargemacht hatten, dass sie nicht nur mit Indien Handel treiben, sondern hier auch regieren wollten, war es ihr Ziel, die Fürsten und Herrscher zu verwestlichen. Nach all den Jahren unter der Zentralherrschaft der Mogulkönige konnten

Bestellung des Maharadschas Takhtsinhji Jaswantsinhji von Bhavnagar bei Thomas Goode & Co. Ltd. für ein Tafelservice, 1894.

die Briten leicht die Loyalität regionaler Fürsten gegenüber dem Britischen Empire gewinnen. Da den Briten die Aufgabe zufiel, unter der Pax Britannica die Staatsgrenzen zu sichern, ließ sich in den Fürstenstaaten ein Leben voller Annehmlichkeiten führen. Maharadschas und Großgrundbesitzer reisten nun gern im Ausland; die meisten jungen Fürsten wurden in Internate wie Harrow oder Eton geschickt oder studierten in Oxford und Cambridge, um europäische Bildung zu genießen und als »Gentlemen« zurückzukehren. Schulen nach dem Vorbild englischer Internate wie das Rajkumar College in Raipur, das Colvent Taluqdars' College in Lucknow und das Mayo College in Ajmer wurden für die Kinder der Aristokratie eingerichtet.

Junge Adlige aus Kapurthala, Gwalior oder Pataudi stürmten die Geschäfte im Ausland und kehrten mit fortschrittlicherem Stilempfinden zurück. Maharadscha Jagatjit Singh von Kapurthala war frankophil und regelmäßig Gast im Ritz in Paris. Mark Boxters Buch über das berühmte Hotel beschreibt ihn als »einen der vier berühmten Gäste, die für die Belle Époque des Ritz stehen«. Die anderen drei waren König Edward VII., Baron Henri de Rothschild und der Comte Boni de Castellane. »Er war ein verschwenderischer Gastgeber, der seine Gäste mit einem Grande Fine Champagne Ritz 1800 bewirtete, gefolgt von einem Château-Ypern 1877, einem Château Ducru-Beaucaillon 1875 und einer Moët & Chandon Impérial Mag-

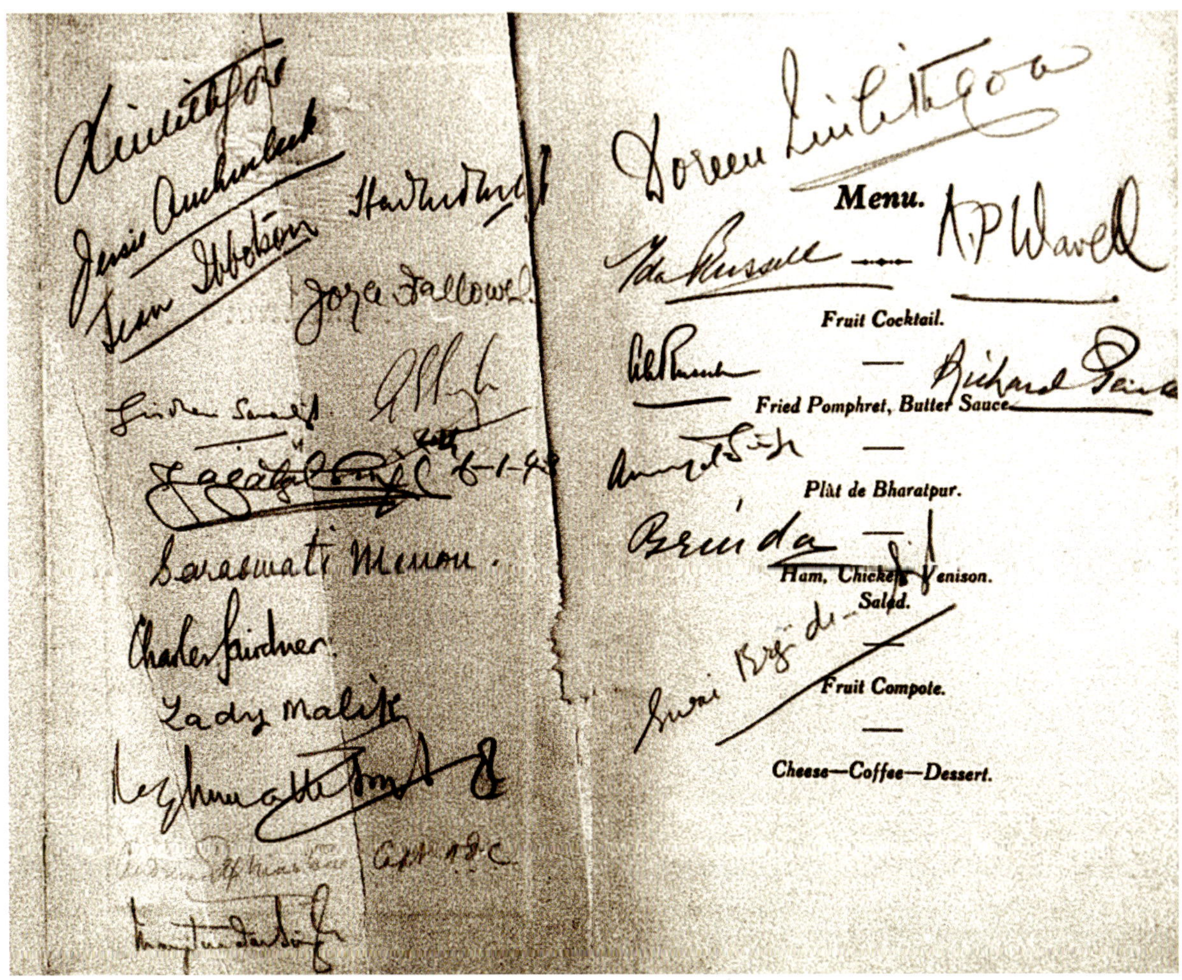
Menu.

Fruit Cocktail.

Fried Pomphret, Butter Sauce.

Plat de Bharatpur.

Ham, Chicken, Venison.
Salad.

Fruit Compote.

Cheese—Coffee—Dessert.

Oben:
Ein Weinkorken mit dem Wappen von Jodhpur – Maßanfertigung.

Rechts:
Eine Menükarte mit den Namenszügen der Gäste, die 1943 an einem Abendessen im Palast von Bharatpur teilnahmen, darunter Lord und Lady Linlithgow, A. P. Wavell, der vorletzte Vizekönig von Indien, und Jessie Auchinleck, die Gemahlin des letzten britischen Oberbefehlshabers in Indien.

num 1889 als Zugabe. Seine Menükarten waren handgemalt und zeigten indische Szenerien und sein Wappen.«[19] In Patiala, wo die jungen Prinzen und Prinzessinnen von englischen Kindermädchen erzogen wurden, gab es alljährlich ein Weihnachtsessen mit Roast Beef oder Lamm, Mince Pies und Yorkshire Pudding. Der Offizier der Royal Air Force, Betram Browell, beschrieb ein großartiges »Christmas Dinner«, das Maharadscha Umaid Singh von Jodhpur für R.A.F.-Offiziere 1943 im Umaid Bhawan Palace gab: »Der Anblick des Kuppelbaus vermittelte einen bleibenden Eindruck. Eine runde Tafel stand in der Mitte, und im übrigen Raum waren Tische mit jeweils acht Plätzen verteilt. Mitten auf jedem Tisch stellte sogenannte ›Frosted Wool‹ Schnee dar, und dazwischen war Knabbergebäck verteilt. Das Tafelsilber war sehr fein gearbeitet, Menükarten mit Wappen standen zwischen Gläsern und Flaschen mit argentinischen Spirituosen, kleinen Tabletts mit Süßigkeiten und einer tollen Papierkappe für jede Person.«[20] Die Speisenfolge dieses Abendessens umfasste beliebte europäische Gerichte wie Fisch-Mayonnaise, Hummer-Pastetchen, Hühner- und Schinken-Mousse in Aspik, Wildschwein, Wildpasteten, Schweinefleisch, Salat, Mulligatawny-Suppe, Würste und Kartoffelpüree, Eier und Bacon. Das Angebot an Desserts war nicht minder vielfältig mit Trifle, Fruchtgelee, Mince Pies, Meringen, Eclairs, Gebäck und Eiscreme.

Maharadscha Ganga Singh von Bikaner erwarb spezielle Schnurrbart-Löffel von Barton Silver (Reed & Barton) mit einer Art Schutzschild, damit er die Suppe ohne Probleme genießen konnte. Die englische Schriftstellerin Rosita Forbes, die in den 1930ern die Fürstenstaaten in ganz Indien besuchte, beschrieb die Gemahlin des Maharadschas, die Maharani Sri Bhatiyaniji Sahib, als Musterbeispiel des Eifers, mit dem diese königlichen Familien ausländische Waren sammelten: »Als seine Gemahlin, die streng verschleiert war, mich zum Tee einlud, trug sie einen Sari von Liberty, ihre hochhackigen Schuhe kamen aus Mitteleuropa, und ihr festes wollenes Untergewand stammte aus Huddersfield. Das Porzellan trug die Signatur von Staffordshire, und das Tablett sah aus, als wäre es ein Massenprodukt aus Birmingham für den indischen Markt. Die Messer prahlten mit ihrer Herkunft aus Sheffield, und das Silber kam aus London.«[21] Indira Devi, die Maharani von Cooch Behar, stellte an ihre Pasta so hohe Ansprüche, dass sie ihren Küchenchef zu Alfredo's, ihrem Lieblingsrestaurant in Rom, mitnahm, damit er lernte, Pasta nach ihrem Geschmack zuzubereiten. Der Polo-Champion Maharadscha Sawai Man Singh II. von Jaipur, der zum internationalen Jetset gehörte, rauchte nur Zigaretten einer bestimmten ägyptischen Marke. Diese

Eine große Weihnachtsfeier, die der Maharadscha Umaid Singh 1945 unter der Hauptkuppel des Chittar Palace (Jodhpur) – oder Umaid Bhawan Palace, wie er später hieß – veranstaltete.

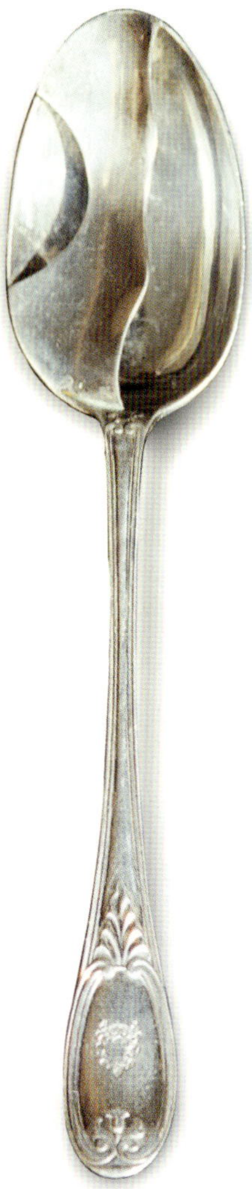

Diesen von Barton Silver (Reede & Barton) hergestellten silbernen Schnurrbart-Löffel mit den Initialen »GS« (oben links) erwarb Maharadscha Ganga Singh von Bikaner (oben rechts). Eine Schutzwand in der Löffelschale bewahrte stolze Schnurrbartträger vor Schlimmerem.

wurden zusammen mit Evian-Mineralwasser für seine erste Gemahlin importiert. Als sein erster Sohn, Bhawani Singh, geboren wurde, floss so viel Champagner, dass die englische Nanny das Neugeborene »Bubbles« (Sprudelchen) taufte. Die indischen Maharadschas waren von allem Europäischen fasziniert und übernahmen begierig die westliche Lebensweise. »Ein kleines Stück den Savoy Hill hinauf erhoben sich die eindrucksvollen Türme eines französischen Schlosses – die Residenz des Maharadschas Jagatjit Singh von Kapurthala. Um das Lustschloss lagen Tennisplätze und geometrische Gärten, wo sich fast täglich die Crème de la Crème der Aristokratie von Masuri zu Kostümbällen, Dinners, Abend- und Teegesellschaften einfand. Durch die Tore strömten britische Offiziere mit ihren Begleiterinnen und die indische High Society. Berge von Speisen wurden aufgefahren, Alkohol floss reichlich, und die Paare flanierten auf dem weiten Gelände umher.«[22]

Doch die Zeiten änderten sich mit Indiens Unabhängigkeit und vor allem mit der Aberkennung des Fürstenstatus durch eine Verfassungsänderung im Jahr 1971: Der Verlust ihrer Privilegien und Privatschatullen, die ihnen seit 1947 ein Einkommen gemäß der Größe und des Werts ihrer einstigen Fürstenstaaten gesichert hatten, traf die Maharadschas hart. Das glanzvolle Leben am Hof mit großen Feiern und Festen verschwand in den Annalen der Geschichte, in den Erinnerungen der Höflinge und älteren Familienmitglieder. Doch die Hüter dieses großen Vermächtnisses gaben nicht gänzlich auf, und die meisten von ihnen versuchen, ihre Paläste und Traditionen neu zu beleben, indem sie Gäste aufnehmen, die einen Blick in eine vergangene Lebensweise werfen möchten. Auch bei ihnen selbst erwachen zu besonderen Anlässen die Küchen zu neuem Leben. So gewinnen Freunde und Familienmitglieder einen nostalgischen Eindruck von Aromen und Düften, die für jeden einzelnen Staat typisch waren.

Wenn man von den gewaltigen Höhen des Himalaja im Norden zur zerklüfteten Küste von Kanyakumari im Süden reist, liefert die sich wandelnde Landschaft diverse kulinarische Köstlichkeiten. Die nördlichen Staaten Jammu und Kashmir bringen feurigen Safran hervor, der den Currygerichten vollen Geschmack verleiht, *rajma* oder Feuerbohnen voller Aroma sowie *gucchis* oder Morcheln, die die duftenden *pulaos* ergeben. Die Felder des Punjab leuchten von den gelben Blüten der Senfpflanzen, aus denen das *sarson da saag* gekocht wird, ein Senfgemüse, das an kalten Wintertagen wärmt. Berühmt sind auch die hiesigen Milchprodukte, frische Butter und *desi ghee* – köstliches Butterschmalz. Die *bajra* (Perlhirse) aus Rajasthan und die feurigen roten Chilischoten sind für ihre hohe Qualität und ihr Aroma berühmt. In den Obstgärten von Uttar Pradesh gedeihen Mangos voller Aroma, auf den Feldern wächst dicht der Basmati-Reis. Aus dem süßen Saft des Zuckerrohrs wird Zucker und Konfekt gemacht, das den Gaumen verwöhnt. Die Getreidefelder von Madhya Pradesh in Zentralindien liefern ballaststoffreiches Korn und Sesamkörner, die ihresgleichen suchen. Die frischen grünen Korianderblätter aus diesem Staat schenken noch dem schlichtesten Curry Würze. Andra Pradesh im westlichen Indien mit seinen weichen Zimtäpfeln und Tripura im Nordosten mit seinen saftigen Ananas und Orangen krönen den indischen Fruchtkorb. Kaffeebohnen aus dem südlichen Karnataka liefern ein belebendes Gebräu, und die Qualität der Cashewnüsse garantiert leckere Desserts wie *kaju katlis* (Pralinen mit Cashewcreme).

Auf unserer Suche nach kulinarischen Traditionen und unverwechselbaren Aromen besuchen wir Patiala in Punjab, dem überwiegend landwirtschaftlich geprägten Staat, in dem sich extravagante Maharadschas in Sachen Kochkunst zu überbieten suchten. In Rajasthan, dem Land der Rajput-Krieger, besuchen wir die Küchen des Hauses von Mewar in Udaipur im Monat *Shradh*, einer Art Fastenzeit, wenn nur vegetarisch gekocht wird. In Jodhpur auf der anderen Seite des Aravalligebirges speisen wir im beeindruckenden Umaid Bhawan Palace und dürfen traditionelle Jodhpur-Gerichte kosten. Und wir besuchen zwei Bezirke, deren Namen gleichbedeutend sind mit der feinen Awadhi-Küche: Rampur und Mahmudabad. Jeder dieser einstigen Fürstenstaaten hat seine eigenen Varianten der *kormas* und *biryanis*. Weiter südlich besuchen wir die prachtvollen Paläste des Maharadschas von Mysore, wo die Verwendung duftender Gewürze auch einfachste Currys adelt. Im westlichen Indien werden wir von der bezaubernden Fürstin Esra Jah bewirtet und können üppige Hyderabad-Gerichte kosten, die im Laufe von Jahrhunderten von den Köchen der Familie verfeinert wurden. Wir besuchen Sailana in Madhya Pradesh und lernen die Rezepte der Familie kennen, die als erste in ganz Indien die Kochrezepte der königlichen Paläste aufgezeichnet haben soll. Weiter nördlich besuchen wir den schönen Staat Jammu und Kashmir, dessen Speisen so berühmt sind wie seine Landschaft. Die Speisekarten spiegeln zweierlei Kochstile wider: *kashmiri wazwan* (mehrgängige Mahlzeiten der Muslime) und *Dogri*-Speisen aus

Jai (sitzend, Zweiter von rechts), Maharadscha von Jaipur, und seine Gattin Ayesha waren eines der berühmtesten Paare ihrer Zeit. Der Polo-Champion und die legendäre Schönheit gehörten zum internationalen Jetset, das die Salons der Welt bevölkerte.

Die Bediensteten der indischen Königshäuser trugen prachtvolle Livreen mit den Farben ihrer Herrscherfamilien. Auf Einheitlichkeit wurde peinlichst geachtet; und sie wurden gründlich ausgebildet, bevor sie Gästen auftragen durften. Diese Tradition besteht noch heute, wie hier im Samode Palace in Rajasthan.

Jammu. Das Königreich Tripura macht unseren Gaumen mit den Aromen der nordöstlichen Küche bekannt, mit Rauchfleisch und Bambussprossencurrys. Alle diese Staaten und Regionen wurden in unser Buch aufgenommen, weil sie im Ruf stehen, die feinste Kochkunst des Landes zu pflegen – berühmt für kulinarische Kreationen von unverwechselbarem Geschmack. Unser Ziel ist es, die ganze Bandbreite dieser kulinarische Traditionen vorzustellen.

Viel Tüfteln und viel Wissen hat in diese Rezepte Eingang gefunden, darunter die Grundsätze des über 5000 Jahre alten Ayurveda, die nicht nur den Sinnen Genuss bieten, sondern auch eine heilende Wirkung auf den Körper ausüben. Die indische Küche liefert keine simplen Schnellgerichte, die nur den Hunger stillen. Dank der Philosophie und des Wissens, die hinter den Gerichten stehen, kann man sie mit Recht als *soul food* – Nahrung für die Seele – bezeichnen. Um diese alten Methoden des Kochens neu zu beleben, muss man die Philosophie dieser Küche verstehen.

Die grundlegende Lehre der indischen Nahrungsphilosophie besagt – den alten *Upanishaden* zufolge: »Wir werden, was wir essen.«

Jede Speise hat ihre besonderen Eigenschaften und Wirkungen. Der Ayurveda beurteilt Speisen nach *rasa* (Geschmack), *veerya* (Stärke) und *prabhava* (Wirkung). Die *rasas* werden nach süß, salzig, sauer, bitter, scharf und herb unterschieden. Diese Kriterien sind weiterhin nach heißer oder kalter *veerya* unterteilt. Die alte Lehre besagt, dass der menschliche Körper von drei *doshas* oder typischen biologischen Konditionen bestimmt ist, nämlich *vata* (Wind), *pita* (Feuer) und *kapha* (Trägheit). Man muss sich richtig ernähren, um diese *doshas* im Gleichgewicht zu halten und gesund zu bleiben. Im Ayurveda wird der körperlichen Gesundheit eines Menschen eine ebenso große Bedeutung zugemessen wie seiner geistigen Gesundheit. Daraus ergeben sich drei Charaktertypen: *Sattvic* ist jemand mit klarem Verstand, *rajasic* ist ein beherrschender, hart arbeitender Mensch, und *tamasic* bedeutet gemein und unwissend. Die verschiedenen Speisen können mit den ihren innewohnenden Eigenschaften diese Merkmale verstärken.

Aromatische Gewürze und Kräuter spielen bei jedem indischen Rezept oder Gericht eine entscheidende Rolle. Vom Kardamom aus Kerala im Süden Indiens bis zu den Safranfel-

In den meisten Palästen war die Audienzhalle der Mittelpunkt aller wichtigen Geschehnisse. Gäste und Würdenträger sollten von den reich geschmückten Räumen beeindruckt werden – so wie hier im Samode Palace in Rajasthan, wo man handbemalte Wände, Deckenspiegel, Säulen mit goldenem Blattwerk und europäische Kronleuchter sieht.

Handbemaltes Tafelservice mit dem Jodhpur-Wappen.

dern Kaschmirs im Norden ist Indien mit einer Vielfalt der besten Gewürze gesegnet. Die einzelnen Kräuter und Gewürze, die einer Speise beigegeben werden, verbessern nicht nur den Geschmack, sondern verfolgen auch einen bestimmten medizinischen Zweck. Kurkuma (Gelbwurz) ist antiseptisch, Asant verhütet Magenkrankheiten, während Zimt die Widerstandkräfte stärkt. Die Ärzte des Adels verschrieben Angehörigen der fürstlichen Familien Diäten gemäß ihrer Veranlagung, der in ihrem Körper vorherrschenden Eigenschaften, der Jahreszeit und dem jeweiligen Klima. So nimmt es nicht wunder, dass der Großmogul Akbar den Arzt Hakim Humam zum *Mir Bakawal* oder Küchenchef ernannte.[23]

Jeder Jahreszeitenwechsel bedeutet in Indien auch einen Wechsel der Ernährung. Unsere überlieferten alten Schriften sprechen sich dagegen aus, Obst oder Gemüse zur falschen Jahreszeit zu verzehren, weil sie dann dem Körper nichts nützen. Jedes Nahrungsmittel hat seine besonderen Eigenschaften, die man sich zunutze machen muss, um nachteilige Folgen des Wetterwechsels zu bekämpfen. Trockenobst, dickflüssige Öle und Getreide wie Perlhirse schenken dem Körper in den kalten Wintermonaten Wärme. Joghurt und rohe Mangos kühlen den Körper und schützen ihn vor der Sommerhitze.

Auch das Speisen selbst ist von etwas Zeremoniellem umgeben, womit gewürdigt wird, was die Ernährung für den Geist und den Körper bedeutet. Sei es das *dastarkhan* (das Ausbreiten der auf dem Boden servierten Speisen, die man miteinander teilt) im Mahmudabad House oder ein Staatsbankett, das auf *bajots*, niedrigen Silbertischchen, im Shiv Niwas Palace in Udaipur serviert wird: Die Familien, ob reich oder arm, speisen auf dem sauberen Boden sitzend. Beim Essen zu stehen oder sich hinzulegen wurde strikt abgelehnt. Bestimmte Rituale – wie etwas Wasser zum Zweck der Reinigung um die Speiseschälchen *(thali)* zu verspritzen oder einen kleinen Teil des Essens für die Kühe und Vögel beiseitezulegen, um gute Kräfte auf sich zu ziehen – werden von traditionsbewussten Familien auch heute noch befolgt. Nie wurde ein Mischmasch von Speisen auf die Teller gehäuft. Sie werden jeweils für sich in verschiedenen *katoris* oder Schalen serviert, damit man die Gerichte einzeln genießen kann. Und um zu würdigen, was man zu sich nimmt, schwieg man bei Tisch; es gab nichts so Dringendes, das einen beim Dinner stören konnte. Ein alter Hindu-Spruch besagt, dass sogar der Todesbote Yamaraj in seinem Vorhaben einhält, während sein Opfer beim Essen ist.

Essen ist jener Kristallisationspunkt, um den herum sich indische Traditionen und Bräuche entwickelt haben. Von der Geburt über die ganze Lebensreise bis hin zu ihrem Ende sind Feste rund ums Essen in Indien fest verankert: Sechs Monate nach der Geburt eines Kindes wird *Annaprashan* gefeiert und dem Kleinen das erste Stückchen fester Nahrung in den Mund geschoben. Zur Feier jedes Geburtstags werden besondere Gerichte zubereitet. In der fürstlichen Familie von Mahmudabad wird zu jedem Geburtstag *mutanjan pulao*, ein wunderbares Gericht aus Reis, Fleisch, Safran und Zucker gezaubert.[24] Wenn ein muslimischer Junge in Lucknow bei einem *maulvi* oder Lehrer seine erste Unterrichtsstunde im Lesen erhält, feiert man dies mit einer *bismillah* genannten Zeremonie. Dazu muss ein Kind vier Jahre, vier Monate und vier Tage alt sein. Nachdem es die ersten paar Buchstaben des Alphabets vorgelesen hat, werden eigens zu diesem Anlass hergestellte Süßigkeiten an die Familie und Freunde verteilt. Feste wie *Dashahara* und *Eid-ul-Adha* verheißen aufwendige Schlemmereien für Freunde und Angehörige. Die islamischen Rampuri sind stolz auf köstliche *sevyian* zum Opferfest (zarte Pasta, die nach Kardamom duftet). In Rajputen-Staaten wie Jodhpur hält man an dem Brauch fest, zum hinduistischen *Dashahara*-Fest ein Lamm zu opfern und das Fleisch als *prasad* (Opferspeise) zu verteilen. Zur Erntezeit, *baisakhi*, singen und tanzen die Bauern in Punjab bis in die Nacht und essen und trinken mit ihren Freunden. Zu Beginn einer neuen Jahreszeit wie *basant* (Januar) werden im fürstlichen Haushalt von Jammu und Kashmir nur Lebensmittel von gelber Farbe verarbeitet. Der Erfolg einer Hochzeit wird danach beurteilt, wie aufwendig das Fest war und wie zufrieden sich die Gäste mit den Speisen zeigten. Kein *Puja*-Ritual ist in Jodhpur vollständig ohne *lapsi*, ein Dessert aus Haferbrei, das zuerst den Göttern dargeboten wird. Und beim Tod eines Familienmitglieds werden in einem Hindu-Haushalt nach 13 Tagen die Herdfeuer in der Küche wieder angezündet, und die Familie genießt in Würdigung des Lebens des Verschiedenen eine gute Mahlzeit.

Unser Essen sagt viel über unsere Philosophie aus, unsere Traditionen, unseren Geschmack und unsere Kultur. Wenn man unsere Essgewohnheit versteht, versteht man Indien. In diesem Buch erkunden wir zehn Staaten kreuz und quer durch den Subkontinent und stellen vielerlei Geschmacksrichtungen und Traditionen vor. Das Besondere an unserem Buch ist, dass die Kochkünste, die wir dort entdeckten, seit Generationen in den Königshäusern Indiens entwickelt und weitergegeben wurden. Das Buch präsentiert ausschließlich Originalrezepte, die diese Familien uns verrieten – kreiert von Meisterköchen, die den Familien über Generationen zu Diensten waren. Die Familien und ihre Erben sind die Bewahrer einer verlorenen Lebensweise und Kultur als Gastgeber. Das Buch ist eine kulinarische Reise, auf der uns die Tore zu großen Palästen und exotischen Landschaften geöffnet werden und wir ergötzliche Geschichten über Geheimrezepte, royalem Lebensstil und alte Traditionen erfahren.

DIE GROSSE TAFEL

HYDERABAD

Die Lustschlösser der muslimischen Fürsten Hyderabads standen den großartigsten Palästen der Welt in nichts nach.

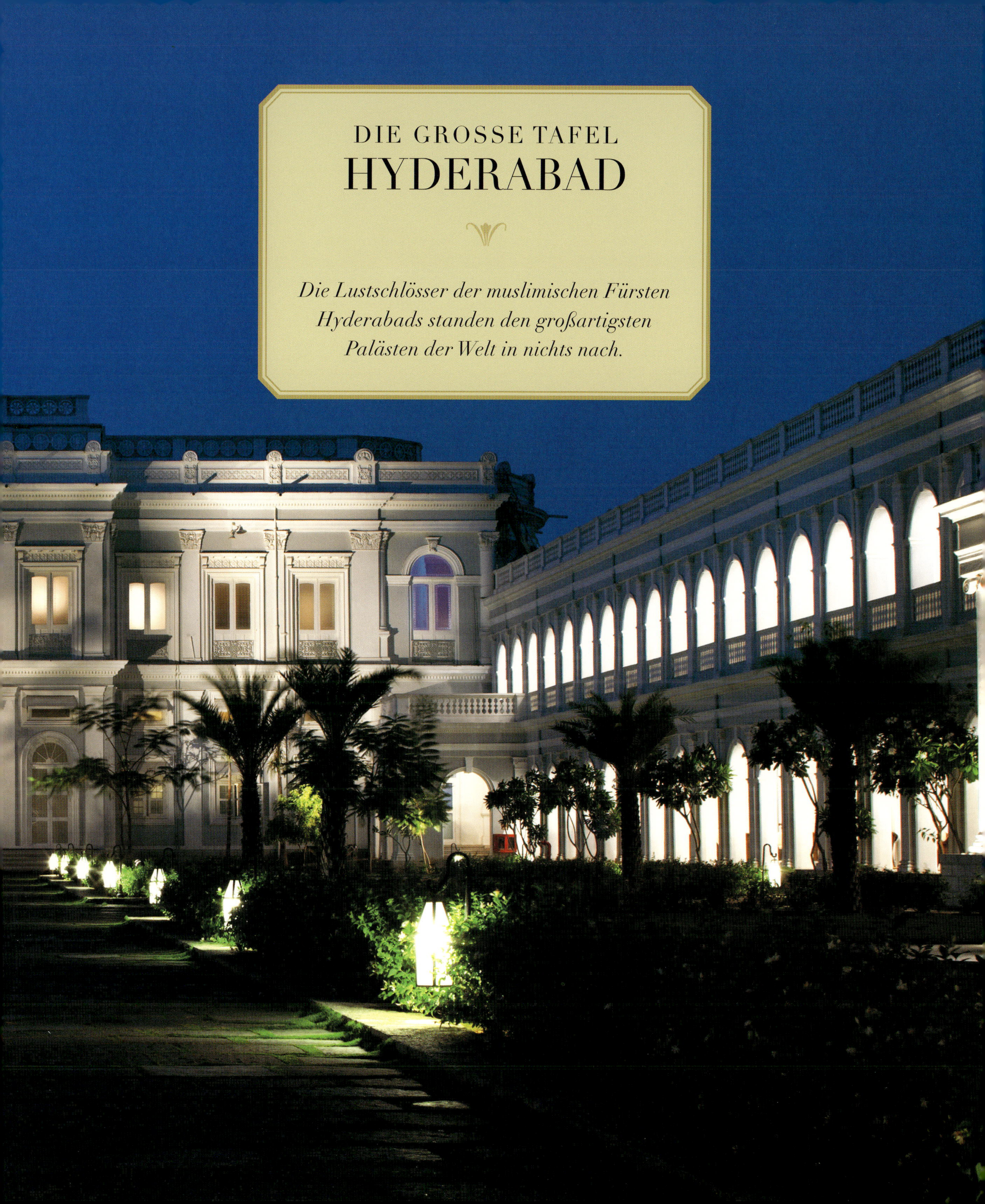

Vorherige Seiten (24–25): Der Falaknuma Palace wurde 1893 vollständig aus italienischem Marmor erbaut.

Vorherige Seiten (26–27): Wohngemächer und Speisezimmer im Falaknuma Palace.

Gegenüber: Azmet Jah (rechts), Shekyar Jah (Mitte) und Azam Jah (links), die Erben der Asaf-Jahi-Dynastie, beim Afternoon Tea – einem Brauch, der immer noch im Falaknuma Palace eingehalten wird.

Unter dem Lichterglanz venezianischer Kronleuchter ist die längste Dinnertafel der Welt im Falaknuma Palace in Hyderabad ein atemberaubender Anblick. Dieser 33 Meter lange Teakholztisch mit Platz für 101 Gäste bildete den gewaltigen Rahmen, wenn die Nizams von Hyderabad Würdenträger aus ganz Indien und dem Ausland bewirteten, darunter Zar Nikolaus II., König George V. und Queen Mary, Erzherzog Franz Ferdinand von Österreich, Lord und Lady Curzon und Indiens erster Premierminister Dr. Rajendra Prasad. Diese Tafel – oder die »101«, wie sie genannt wurde – war die vollkommene Kulisse für die Darbietung der aufwendigen Küche, die sich unter der Herrschaft der königlichen Familie von Hyderabad entwickelt hatte. »In einer königlichen Haushaltung wie in Hyderabad erhielten die Köche Ansporn und Möglichkeiten, die großartigsten Speisen zu kreieren. Leider litt dann auch die Kochkunst unter dem Zerfall solcher Reiche«, bedauert Esra Jah, die Ex-Gemahlin Mukarrum Jahs, des achten Fürsten in der Erbfolge der Asaf-Jahi-Dynastie. Während dieser in Antalya in der Türkei ein abgeschiedenes Luxusleben führt, versucht Esra Jah, das Familienanwesen der Nizams in Hyderabad zu erhalten und zu neuem Leben zu erwecken.

Die Dynastie Asaf Jahi (1724–1948) herrschte 224 Jahre lang in diesem Sultanat, seit sie es den schiitischen Qutb-Shahi-Herrschern abgenommen hatte. Die sogenannten Nizams von Hyderabad waren ursprünglich Gouverneure der Großmoguln gewesen, doch der als Gouverneur eingesetzte Feldherr Nizam ul-Mulk nutzte die Schwäche des Mogulreichs, bemächtigte sich Hyderabads und gründete unter dem Namen Asaf Jah I. eine neue Dynastie. Der Staat Hyderabad (von der Größe Frankreichs) wurde zum reichsten Fürstenstaat Indiens, und der Nizam erhielt als einziger Herrscher Indiens von den Briten den Ehrentitel »Seine Erhabenste Hoheit«. Kein Wunder also, dass der Nizam von Hyderabad, Osman Ali Khan, mit seinen vielen

Fürstin Esra Jah hat die Restaurierung des Falaknuma Palace peinlich genau überwacht. Vom Vorhangstoff bis zum Stil der Möbel verrät jedes Stück etwas vom ursprünglichen Glanz des Palasts.

Palästen, seiner Flotte von Luxusgefährten und Schatzkammern voll kostbarer Juwelen (darunter der 184 Karat schwere Jacob-Diamant, der als Briefbeschwerer diente), bis 1948 als reichster Mann der Welt galt.

Die königlichen Küchen von Hyderabad mit ihrer Armee von Köchen wurden zu wahren Laboratorien. Während im übrigen einstigen Fürstenstaat Hyderabad, dem heutigen Andhra Pradesh, die heimischen Andhra-Gerichte gegessen werden, ist die Hyderabad-Küche ausschließlich eine Spezialität der Stadt Hyderabad. Als eine Mischung von Mogul- und Andhra-Geschmack unterscheidet sie sich von der nordindischen Kost vor allem darin, dass sie Kokosnuss, Sesam, Tamarinde, *kababchini* (Piment), *shah jeera* (Schwarzkümmel), *khus khus* (Mohn) und *magaz* (Melonenkerne) verwendet. Es gibt nur wenige vegetarische Gerichte in der Hyderabad-Küche, denn der Adel betrachtete es als unter seiner Würde, etwas anderes als Fleisch zu essen. Vegetarische Kost beschränkte sich auf Gemüse-Raita, *mirchi ka salan* (gewürzte grüne Chilischoten), *bhagāre baigan* (süßsaure Auberginen) und Zubereitungen wie *bhindi gosht* (Fleisch mit Okraschoten) und *aloo gosht* (Fleisch mit Kartoffeln) – gemüselastige Fleischcurrys. Das vielleicht beliebteste Gericht aus dem umfangreichen Repertoire, das *Hyderabadi kacchi biryani* (langsam gegartes Lamm mit Reis), wird oft mit dem nordindischen *Awadhi biryani* verglichen. Während Letzteres aus Schichten gekochten Fleisches besteht und einen feineren Geschmack hat, wird beim feurigen *Hyderabadi kacchi biryani* das rohe Fleisch mit den Gewürzen und dem Reis gegart, so dass deren Aromen in den Reis einsickern. Das *kacchi biryani* im Falaknuma Palace war so berühmt, dass in der Re-

gierungszeit des 17. Nizams, Mir Osman Ali, das Küchenpersonal beachtliche Mengen des täglich im Palast zubereiteten *biryani* durch ein Loch in der Palastmauer verkaufte, um sich schnell etwas dazuzuverdienen.

Esra Jah erinnert sich: »Mein Schwieger-Großvater, Nizam Osman Ali Khan, hatte die besten Köche. Es gab eine eigene Truppe für die Zubereitung täglicher Mahlzeiten und eine andere, die nur für Hochzeiten und Bankette kochte.« Obwohl Esra Jah türkischer Herkunft ist und die meiste Zeit ihres Lebens in England verbracht hat, akzeptierte sie bereitwillig die indische Küche. »Als ich 1953 aus der Türkei nach England kam, wohnte ich bei pakistanischen Freunden, die mich mit den Geschmäckern des indischen Subkontinents vertraut machten«, erklärt sie. Deshalb war sie, als sie den Enkel und Nachfolger von Nizam Osman Ali Khan, Mukarrum Jah, heiratete und nach Hyderabad kam, ebenso auf die Küche vorbereitet wie auf den Glanz und Prunk einer der berühmtesten Dynastien der Welt. Esra Jah verband auch vieles mit ihrer Schwiegermutter, der schönen Fürstin Dürrüşhehvar, die auch aus der Türkei stammte und Tochter des letzten osmanischen Kalifen Abdülmecid II. war.

Für die junge Esra Jah war Hyderabad dennoch eine neue Welt – weit entfernt von ihrer Zeit in England als Architekturstudentin. »Es gab damals so viele Einladungen, sowohl bei uns wie auch bei Freunden wie den Paigarhs und den Dhanrajgirs, dass wir nie dazu kamen, in einem Restaurant zu essen.« Und bei der Qualität der in den fürstlichen Küchen bereiteten und auf den Tafeln der aristokratischen Familien von Hyderabad servierten Speisen dürfte die junge Braut Restaurantbesuche auch kaum ver-

Der Falaknuma Palace besitzt die größte Sammlung venezianischer und belgischer Kristalllüster von F. Osler in Indien.

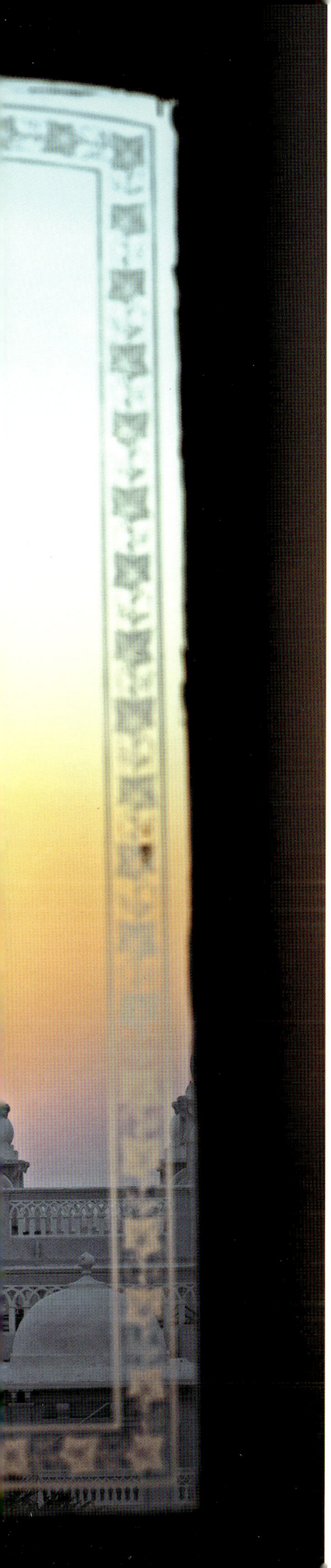

Vorherige Seiten (32–33): Der Falaknuma Palace stellt eine seltene Verbindung von italienischer und Tudor-Architektur dar und hat eine Grundfläche von 93 971 Quadratmetern.

Oben: Besucher der Paläste der Nizams waren tief beeindruckt von der Sammlung schöner Exemplare ornamentaler Kunst und Möbelstücke aus aller Welt. Durch Fürst Azam Jahs Heirat mit Fürstin Dürrüşhehvar (Mitte), Tochter des letzten Kalifen des Osmanischen Reiches, kam der Prunk des Osmanenhofs in das zentralindischeSultanat.

Oben rechts: Ein Empfangsraum im Falaknuma Palace.

Gegenüber: Esra Jah und ihre Tochter Shekyar Jah vor der berühmten Tafel mit 101 Plätzen im Speisesaal des Falaknuma Palace.

misst haben. Sie erzählt: »Mein Mann und ich kamen 1957 nach Hyderabad und lebten allein im Chiran Palace. Mein Schwiegervater schickte uns jeden Tag eigens für uns zubereitetes Essen. Auch wenn wir nur zu zweit waren, lieferten die Köche mindestens 20 Gerichte zu jeder Mahlzeit, weil mein Schwiegervater fand, sie sollten nicht aus der Übung kommen.« Auch europäische Speisen gehörten zur Kost der königlichen Familie, und ihre Köche wurden zur Ausbildung ins Londoner Savoy geschickt. Trotzdem passierten wie überall mal Pannen. Esra Jah lacht und fährt fort: »Ich erinnere mich, dass wir unsere Köche nach England vorausgeschickt hatten, bevor wir selbst die Reise dorthin antraten. Überraschend kamen noch Gäste aus Belgien zu uns, und der Hyderabad-Koch musste eine europäische Mahlzeit zubereiten. Er sollte Gänseleberpasteten servieren, verwechselte aber die Dosen und stopfte Kaviar in die Pasteten. Meine Gäste konnten sich keinen Reim darauf machen, was sie da aßen.«

In einer Zeit, da Fernsehen und Internet noch nicht die Wohnzimmer beherrschten, drehte sich in den meisten Familien viel ums Essen. »In jenen Tagen gab es nicht so viel Ablenkung, was dazu führte, dass oft zu viel gegessen wurde«, fügt Esra Jah hinzu. Es gibt eine Geschichte über einen der früheren Nizams, bei dem man Diabetes feststellte. Nach einigem Zögern erlaubte ihm der Leibarzt, gelegentlich drei *jalebis* (frittierte Teigspiralen mit Zuckersirup) zu essen. Der Herrscher, der Süßes über alles liebte, hielt sich widerwillig an die vorgeschriebene Menge, ließ sich die *jalebis* aber in dreifacher Größe herstellen.

Für Esra Jah war es am schönsten, wenn sie mit ihrem Mann und den Kindern picknicken konnte: »Wir alle fuhren zum Picknick hinaus auf eine unserer Ländereien namens Zebabagh. Das waren unsere Lieblingsausflüge. Wir ließen einen Korb mit Gemüse und Hackfleisch-Teigtaschen *(samosas)* sowie Cupcakes als Leckerbissen für die Kinder vollpacken.« Esras Tochter

Oben:
Ein Gästebuch aus dem Lager des Nizams beim Delhi Durbar 1911, jener Versammlung, bei der der britische Monarch George V. zum Kaiser von Indien ausgerufen wurde.

Gegenüber:
Dieses große Treppenhaus ist aus importiertem italienischem Marmor gebaut und mit griechischen Gottheiten ausgeschmückt, die Lampen tragen. Die Treppe führt zu einem Absatz mit einem Gemälde des ursprünglichen Eigentümers des Palasts, Sir Viqar ul-Umra, Premierminister von Hyderabad.

Shekyar Jah erinnert sich: »Mein Vater und ich ritten mit den Pferden hinaus, meine Mutter ritt manchmal auf einem unserer Elefanten. Wir saßen bei Picknick auf diesen riesigen Felsbrocken in der Landschaft von Hyderabad und schauten auf den See hinaus.« Zuweilen brachte diese glückliche Kindheit sie in Schwierigkeiten. Als sie in England zur Schule ging, wurde sie von ihrer Lehrerin bestraft, weil sie gelogen hätte. Sie hatte in der Klasse behauptet, einen Elefanten als Haustier zu haben. Ihre Mutter musste dann erst in der Schule klarstellen, dass das kleine Mädchen aus Indien die Wahrheit gesagt hatte. Eine schöne Kindheitserinnerung von Shekyar, die jetzt auf ihrer Ranch in Kalifornien lebt, sind die Neujahrspartys im Falaknuma Palace. »Diese Partys waren ein Riesenspaß für mich und meine Brüder. Wir durften mit den Freunden unserer Eltern lange aufbleiben. Es waren Abende voller Musik und köstlichem Essen. Das Tollste war das Feuerwerk.« Ihr Bruder Azmet Jah, Berufsfotograf und Nächster in der Erbfolge, erzählt: »Für mich war es das Größte, wenn ich mit meinem Vater nach dem Freitagsgebet in Hyderabad speisen konnte. Keines der Mädchen durfte daran teilnehmen, und ich genoss dieses Essen mit meinem Vater bei köstlichen Hyderabad-Gerichten.«

Obwohl die Familie die meiste Zeit in England verbringt, ist ihre Liebe zu Hyderabad und seiner Kultur nicht verblasst. Esra war von dem in Hyderabad tief verwurzelten Sinn für Höflichkeit beeindruckt: »Was mich nach meiner Heirat zuerst beeindruckte, waren die enorme Liebenswürdigkeit und die gepflegten Umgangsformen der Menschen der Stadt. Ihr Benehmen war tadellos.« Auch heute ist dieser Geist noch lebendig. Sie fügt hinzu: »Ich sollte eines der Gräber der Familie aufsuchen. Eine meiner ausländischen Freundinnen begleitete mich kurz entschlossen. Der Gärtner, der das Grab pflegte, erwartete mich mit einem Blumenstrauß, doch als er sah, dass ich eine Besucherin mitbrachte, gab er ihn ihr, denn es gehört zu unserer Kultur, Gästen gegenüber freundlich zu sein. So gehe auch ich mit all meinen Gästen um. Man soll sie nicht nach ihrem gesellschaftlichen Rang behandeln. Gastfreundschaft hat nichts mit Angeberei zu tun. Man sollte sich um seine Gäste kümmern, nicht sie beeindrucken wollen.«

In dieser Tradition der Gastlichkeit von Hyderabad sieht sich auch Esra Jah: »In meiner Generation wurden den Mädchen häusliche Tätigkeiten aller Art beigebracht. Ich kann nähen, kochen, Betten machen und einen ganzen Haushalt führen. Und als gute Gastgeberin muss man alles Nötige wissen, um eine gute Mahlzeit zubereiten zu können«, erklärt sie. Sie hat einen kritischen Blick fürs Detail: »Eine Tafel soll immer schön aussehen, und das Servieren sollte geräuschlos vor sich gehen. Alle loben meine Bediensteten, und ich bin ihnen dankbar für alles, das sie für mich tun. Ich behandle sie als Familienmitglieder und freue mich, dass sie schon seit Jahren bei mir sind.«

Der heutige Lunch spiegelt ihre Fähigkeiten als perfekte Gastgeberin wider. Er besteht aus dem berühmten *Hyderabadi kacchi biyani,* einem herrlich duftenden *dum ki nalli* (langsam gegarte Lammkeule) mit Markknochen, einem köstlichen *haleem* aus Weizenschrot und Hammelfleisch, einer weißen *keema* mit Paprikaschoten, einem mit Safran gewürzten *korma*, einem *jahazee korma* (in Joghurt mariniertes Lamm), *reshmi keema* (zerkleinertes getrocknetes Lammfleisch), würzigen *bhagare baigan* (süßsaure Auberginen), *mirchi ka salan* (gewürzte grüne Peperoni) und einem gemischten Gemüsepüree. Zum Nachtisch gibt es eine Hyderabad-Deli-

Die längste Dinnertafel der Welt, die »101« dient jetzt für private Dinners und Bankette – um etwas vom vergangenen Glanz der Gastfreundlichkeit Hyderabads zu vermitteln.

katesse mit Mandel- und Rosenaroma, die sich *gil-e-behishth* (sahniges Reisdessert) nennt. Die traditionsbewusste Esra Jah glaubt, dass man die alten Rezepte beibehalten sollte. »Viele Leute wollen immer etwas anderes, aber ich glaube nicht, dass dieses andere wirklich besser ist.«

Der Glaube an die Erhaltung einer vergangenen Zeit und Kultur wird auch in den Restaurierungsarbeiten sichtbar, die sie zusammen mit der Taj-Hotelgruppe am Falaknuma Palace durchführt. Ein kleines Beispiel für ihre Pingeligkeit bei der Restaurierung des Palasts ist, dass Esra Jah ihn fünfzehnmal neu streichen ließ, bis der richtige Blauton getroffen war – der richtige Farbton für diese prachtvolle ehemalige Residenz der Nizams von Hyderabad, um dem Namen »Spiegel des Himmels« gerecht zu werden. Als Schwiegertochter eines Herrscherhauses mit reicher Geschichte und Tradition versucht Esra Jah diese große Geschichte zu bewahren, indem sie die Erhaltung des Familienbesitzes persönlich überwacht. Die UNESCO erkannte ihre Bemühungen an und zeichnete sie 2010 für die Restaurierung des Chowmahalla Palace mit dem Heritage Conservation Award aus. Esra Jah, die auf einem ihrer seltenen Besuche mit ihren beiden Kindern Azmet Jah und Shekya Jah sowie dem Stiefsohn Azam Jah zur Preisverleihung in Hyderabad weilte, schließt: »Aus unserem Hintergrund und unserer Geschichte entsteht die Zukunft. Ich glaube, dass es die Familien sind, die eine Nation bilden.«

MENÜ

1. Pathar Gosht 2. Jahaazee Korma
3. Haleem 4. Reshmi Keema
5. Dum Ka Gosht 6. Safed Keema
7. Zaffrani Murgh Korma 8. Mirchi Ka Salan
9. Kacche Gosht Ki Biryani 10. Baghare Baigan
11. Guncha Ka Keema 12. Gil-e-Behishth

PATHAR GOSHT

Auf heißem Stein gebratenes Lammfleisch

ZUTATEN FÜR 4–6 PERSONEN

600 g Lammfleisch aus der Keule, in dünnen Scheiben
2 EL Ghee zum Anbraten
1 TL Chaat Masala (ind. Gewürzmischung) zum Bestreuen
frische Minzzweige
2 EL Minz Chutney

Für die erste Marinade:

2 TL Ingwerpaste (Seite 87 oder Fertigprodukt)
1 ½ TL Knoblauchpaste (Seite 87 oder Fertigprodukt)
2 TL Papayapaste
2 TL Zitronensaft
Salz
½ TL Piment

Für die zweite Marinade:

½ TL schwarze Pfefferkörner
1 EL Cashewnüsse, trocken geröstet
25 g Zwiebelringe, geröstet
1 TL Garam Masala (Seite 116 oder Fertigprodukt)

- Alle Zutaten für die erste Marinade vermengen. Das Lammfleisch darin einlegen und 1 Stunde kühl stellen.
- Herausnehmen, Zutaten für die zweite Marinade zufügen und untermischen. Das Fleisch rundherum mit der Mischung bestreichen und über Nacht marinieren.
- Einen heißen Stein oder eine gusseiserne Pfanne mit schwerem Boden erhitzen und mit Ghee bestreichen. Das Fleisch auf jeder Seite 2–3 Minuten braten.
- Mit Chaat Masala bestreuen, mit Minze garnieren und sofort servieren. Minz Chutney dazu reichen.

HALEEM

Traditioneller Lammtopf

ZUTATEN FÜR 6–8 PERSONEN

250 g Weizenschrot
200 g Ghee
10 große Zwiebeln, 6 in Ringen, 4 zerrieben
2 EL Ingwerpaste (Seite 87 oder Fertigprodukt)
2 EL Knoblauchpaste (Seite 87 oder Fertigprodukt)
2 TL Kurkumapulver
2 EL Chilipulver
1 kg Lammfleisch aus der Schulter, gewürfelt
Salz
4 EL Garam Masala (Seite 116 oder Fertigprodukt)
Zitronenspalten, Korianderzweige, geröstete Zwiebelringe und Ingwerstreifen zum Servieren

- Weizenschrot über Nacht in Wasser einweichen. Am nächsten Tag abtropfen lassen. Ghee in einem großen Schmortopf erhitzen. Zwiebelringe darin goldbraun braten. Geriebene Zwiebeln, Ingwer- und Knoblauchpaste, Kurkuma und Chili zufügen und unter Rühren anschwitzen, bis die Gewürze duften.
- Lammfleisch dazugeben und bei mittlerer Hitze 15 Minuten unter häufigem Rühren anbraten. Weizenschrot untermengen und das Ganze erneut 15 Minuten pfannenrühren. Mit Salz würzen.
- 2 Liter Wasser angießen, den Topf verschließen und das Gericht 1 ½ Stunden leise köcheln lassen. Dabei gelegentlich umrühren, damit der Schrot nicht am Topfboden anhaftet. So lange köcheln, bis fast die gesamte Flüssigkeit absorbiert ist und das Fett nach oben steigt. Mit Garam Masala bestreuen.
- In eine vorgewärmte Schüssel füllen. Mit Zitronenspalten, Korianderzweigen, gerösteten Zwiebelringen und Ingwerstreifen garnieren.

SAFED KEEMA

Hackfleisch mit Paprikaschoten

ZUTATEN FÜR 6–8 PERSONEN

1 kg Hähnchenbrüste ohne Knochen
4 gelbe Paprikaschoten
4 mittelgroße Zwiebeln
250 g Ghee
½ TL Ingwerpaste (Seite 87 oder Fertigprodukt)
½ TL Knoblauchpaste (Seite 87 oder Fertigprodukt)
Salz
5 Knoblauchzehen, fein gehackt
6 grüne Chilischoten, im Mörser zerrieben
1 Bund Koriander, fein gehackt
1 Bund Minze, fein gehackt
Saft von 1 Zitrone

- Hähnchenbrüste enthäuten und mit einem scharfen Messer fein hacken oder durch den Fleischwolf drehen. Paprikaschoten putzen, waschen und würfeln. Zwiebeln abziehen und fein hacken.
- Ghee in einem Wok oder einer Pfanne erhitzen. Hälfte der Paprikaschoten und Hälfte der Zwiebeln darin goldgelb anschwitzen.
- Hähnchenhackfleisch, Ingwer- und Knoblauchpaste zugeben und unter Rühren anbraten. Mit Salz würzen.
- Gehackten Knoblauch, grüne Chilis, Koriander und Minze einrühren. Etwas Wasser angießen, Wok oder Pfanne verschließen und das Ganze etwa 25 Minuten schmoren.
- Restliche Zwiebeln und Paprikawürfel untermengen. Offen garen, bis das zuletzt zugefügte Gemüse etwas weich ist.
- Den Zitronensaft untermengen und das Gericht sofort servieren.

ZAFFRANI MURGH KORMA

Safranhähnchen

ZUTATEN FÜR 4–6 PERSONEN

6 Kardamomkapseln
1 Tüte Safranfäden (4,6 g)
½ EL Ingwerpaste (Seite 87 oder Fertigprodukt)
½ EL Knoblauchpaste (Seite 87 oder Fertigprodukt)
½ TL Zimtpulver
1 ½ EL Korianderpulver
1 EL Chilipulver
250 g Joghurt
100 g Ghee
250 g Zwiebeln, fein gehackt
1 küchenfertiges Huhn (ca. 1,2 kg), in 8 Stücken
Salz

- Kardamomkapseln aufschlitzen, die Samen im Mörser zerreiben und in eine Schüssel geben. Safranfäden im Mörser zerreiben und mit 1 Esslöffel Wasser zu einer Paste verarbeiten. Zum Kardamom geben, Ingwer- und Knoblauchpaste, Zimt, Koriander sowie Chili zufügen und das Ganze vermengen. Dann mit dem Joghurt verrühren.
- Ghee in einer Pfanne erhitzen und die Zwiebeln darin goldgelb anschwitzen. Mit einem Schaumlöffel herausnehmen und beiseitestellen.
- Joghurtmischung in die Pfanne geben und erhitzen, bis das Fett nach oben steigt. Hühnerteile salzen und in die Pfanne legen. Das Fleisch zugedeckt in etwa 40 Minuten weich schmoren.
- Die gebratenen Zwiebeln untermengen, etwas Wasser zufügen und das Ganze nochmals 5 Minuten schmoren.
- Mit Salz abschmecken und servieren. Gekochten Reis dazu reichen.

KACCHE GOSHT KI BIRYANI

Lamm-Masala mit Reis

ZUTATEN FÜR 6–8 PERSONEN

1 kg Lammfleisch aus der Keule
1 kg Langkornreis
750 ml Milch
1 Tüte Safranfäden (4,6 g)
50 g Ghee
250 g Zwiebeln, in Ringen
70 g Ingwer
5 Knoblauchzehen
2 TL Papayapaste (Fertigprodukt)
1 EL Chilipulver
1 Bund Koriander, fein gehackt
½ Bund Minze, fein gehackt
6–8 grüne Chilischoten, entkernt und gehackt
6–8 Kardamomkapseln
1 TL schwarze Kreuzkümmelsamen
8–10 Nelken
6 kleine Zimtstangen
½ TL Muskat, frisch gerieben
1 TL gemahlene Muskatblüte
Salz
250 g Joghurt
Saft von 2 Zitronen
2 hart gekochte Eier, geviertelt, zum Garnieren

- Lammfleisch von Fett und Sehnen befreien. Den Reis in 500 ml Milch einweichen, Safranfäden in der restlichen Milch. 1 Esslöffel Ghee in einer Pfanne erhitzen und die Zwiebelringe darin goldgelb braten. Beiseitestellen.
- Ingwer und Knoblauch schälen. Beides fein reiben und das Fleisch mit der Mischung bestreichen. Nun das Fleisch mit der Papayapaste einreiben und 20 Minuten marinieren. Anschließend leicht klopfen. Mit Chili, je 1 Esslöffel Koriander, Minze und gehackten Chilischoten bestreuen.
- Hälfte der gebratenen Zwiebelringe im Mörser zerreiben. Kardamomkapseln aufschlitzen und die Samen gemeinsam mit Kreuzkümmelsamen, 4 Nelken, 4 Zimtstangen, Muskat, Muskatblüte und Salz im Mörser zerreiben. Gewürzmischung mit der Zwiebelpaste vermengen und das Fleisch damit einreiben. 1 Stunde marinieren.
- 2 Esslöffel Koriander, 2 Esslöffel Minze und 2 Esslöffel Chilischoten im Mörser zerreiben und unter den Joghurt mischen. Reis abtropfen lassen. Reichlich Wasser gemeinsam mit restlichen Nelken, Zimtstangen, etwas Koriander, Minze und Chilischoten zum Kochen bringen. Den Reis darin 10 Minuten kochen, dann abgießen.
- Fleisch in grobe Würfel schneiden. Restliches Ghee in einen großen Topf geben. Abwechselnd Fleischwürfel und Reis einschichten. Jede Lage mit etwas Zitronensaft und Safranmilch beträufeln und mit Zwiebelringen, Koriander, Minze und Chilischoten bestreuen. Den Topf verschließen und das Ganze bei mäßiger Hitze etwa 25 Minuten garen, bis das Fleisch weich ist.
- Das Gericht mit Eivierteln, Koriander und Minze garnieren. Den Kräuterjoghurt dazu reichen.

IM TAL DER DÜFTE

JAMMU UND KASHMIR

Das im Lauf der Geschichte von vielen begehrte Land ist wegen seiner atemberaubenden landschaftlichen Schönheit ebenso berühmt wie für sein reiches kulinarisches Angebot.

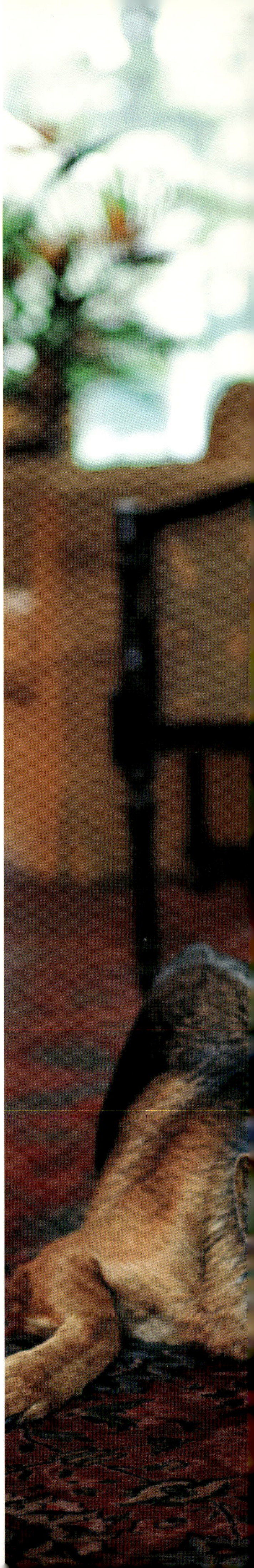

Vorherige Seiten (46–47): Der Esstisch im Kashmir House in Neu-Delhi. Yuvrani Chitrangada Raje Singh überwacht persönlich das Eindecken der Tafel vor jeder Tischgesellschaft.

Vorherige Seiten (48–49): Das Haus der Familie in Delhi, fern von ihrem Heimatstaat, ist voller Antiquitäten und Kunstgegenstände. Ihre Schäferhündin Julie streckt sich auf einem der vielen kostbaren handgewebten Kaschmirteppiche ihrer Sammlung aus.

Gegenüber: Erben eines ruhmreichen Vermächtnisses: Dr. Karan Singh (sitzend) mit Yuvraj Vikramaditya Singh, Martand Singh, Yuvrani Chitrangada Raje Singh und Mriganka Singh (von rechts nach links).

Ich kann mich immer noch an das Aroma der Gewürze erinnern«, sagt etwas wehmütig Dr. Karan Singh, der letzte nominelle Regent *(Sadr-e-Riyasat)* von Jammu und Kashmir, bevor dieses Land der Indischen Union beitrat. Und er fügt hinzu: »Mein Vater war Feinschmecker und begeisterter Koch. Er veranstaltete zweimal im Monat Kochpartys auf dem Rasen des Gulab Bhawan Palace in Kaschmir. Auf niedrigen Asbesthockern wurden Öfchen entzündet, auf die man große silberne Töpfe stellte. Vater nahm die Zutaten von großen Tabletts, auf denen Gewürze säuberlich arrangiert waren, und kochte in den nächsten Stunden mithilfe des Küchenpersonals, während er mit den um ihn versammelten Höflingen das eine oder andere Glas Whisky genoss. Der offizielle Vorkoster war ein höherer Hofbeamter namens Wazir Tejram, der beim Abschmecken half.«

Dr. Karan Singh fährt fort: »Mein Vater war beim Essen so anspruchsvoll, dass er sogar nach Frankreich reiste, um in einem nur wegen eines bestimmten Gerichts berühmten Restaurant zu speisen. Er aß in Paris Austern bei Prunier und im Tour d'Argent Canard, im eigenen Saft geschmorte Ente, und Froschschenkel.« Im Gegensatz dazu, sagt Dr. Singh – namhafter Autor und Mitglied des Rajya Sabha, des Oberhauses im indischen Parlament – lachend, könne er nicht mal ein Ei kochen. »Meine Eltern kochten beide gut, und ich genoss ihre Gerichte. Aber ich bin eher ein Philosoph. Meine Bücher sind die Nahrung meiner Seele«, sagt dieser Literat, der mit hohen Ämtern betraut wurde und Botschafter Indiens in den USA war.

Sein Vater, Maharadscha Hari Singh, war der letzte Herrscher der Dogra-Dynastie, die 111 Jahre lang in Jammu und Kashmir regierte, bevor mit der Unabhängigkeit Indiens die Adelstitel abgeschafft wurden. Der erste Maharadscha dieser Dynastie war Gulab Singh (1846–1857), ein mächtiger Gouverneur unter Maharadscha Ranjit Singh, dem der Sikh-Herrscher die Regierungsgewalt über das Land ein-

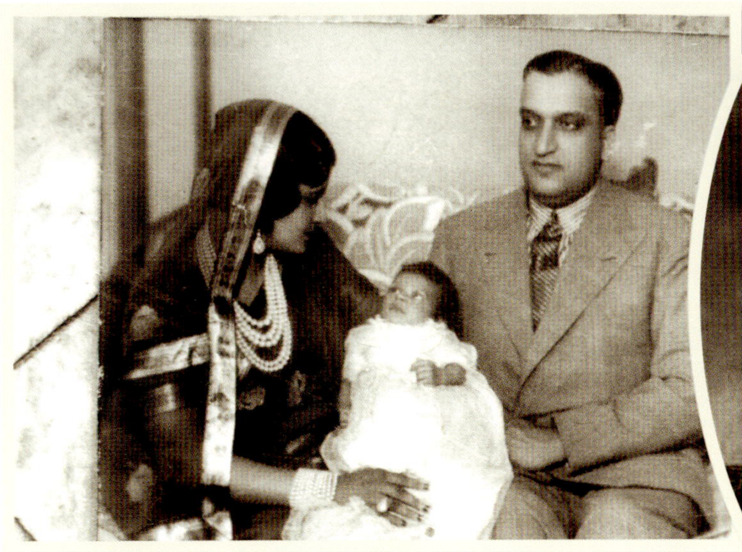

Sein ältester Sohn, Yuvraj Vikramaditya Singh, hat von seinem Großvater die Liebe zum Essen geerbt: »Ich koche gelegentlich und mache vielleicht ein *jungli maas* (langsam gegartes Lamm mit Chili) oder ein *lal maas* (scharfes Lammcurry) für meine Freunde.« Als exzellenter Polospieler hat Vikram, wie ihn seine Freunde nennen, das Royal Kashmir Poloteam zu neuem Leben erweckt. Er erzählt: »Kaschmir war einst als Veranstalter von Polo-Wettkämpfen im Sommer berühmt. Drei Monate lang wurde bei

räumte. Nach dem Zusammenbruch des Sikh-Reiches kauften diese Dogra-Krieger dieses Land – Jammu und Kashmir einschließlich der Stadt Leh – von den Briten. Danach begann die Ära der Dogra-Dynastie.

Maharadscha Hari Singh war unter seinesgleichen als großzügiger Gastgeber und Mann von unfehlbarem Geschmack bekannt. Koffer und Picknickkörbe der Kaschmirs (wie die Herrscherfamilie informell genannt wurde) kamen von Louis Vuitton, die Kronjuwelen einschließlich Krone und Diadem von Cartier und das Tafelgeschirr von Spode und Baccarat. Er versuchte sich auch selbst in Entwürfen: Die Familie besitzt zum Beispiel silberne Esstabletts, die er bestellt hatte, nachdem ihm diese praktischen Teller bei amerikanischen Soldaten aufgefallen waren. Tragbare Waschbecken, *peekdans* genannt, die der einstige Maharadscha entworfen hatte, haben immer noch einen Ehrenplatz im Speisezimmer der Kaschmirs. Der Gulab Bhawan Palace in Kaschmir mit seinen klaren Linien war auch von ihm entworfen worden, »ohne alle viktorianischen oder barocken Schnörkel«, bemerkt Dr. Singh.

uns Polo gespielt, und viele fürstliche Familien aus anderen Teilen des Landes lebten in dieser Zeit hier. Es war ein Sommer des Sports, aber auch der Partys und von vielerlei Unterhaltung. Männer und Frauen und Polospieler aus Indien und dem Ausland zeigten sich in ihrer besten Garderobe und verbrachten die Nachmittage mit Polo und gekühltem Champagner. Die Abende gehörten den Partys und Essenseinladungen. Wir haben schon immer gerne Gäste bewirtet, schon als Kinder. Deshalb wurden so

Oben links:
Dr. Karan Singh als Kind mit seinen Eltern Maharadscha Hari Singh und Maharani Tara Devi.

Oben rechts:
Dr. Karan Singh war erst 18 Jahre alt, als er zum Regenten oder Sadr-e-Riyasat *von Jammu und Kashmir ernannt wurde, nachdem sein Vater 1949 als König zurückgetreten und der Staat an Indien gefallen war.*

Rechts:
Dieser Picknickkoffer aus Leder, Silber und Glas wurde für Maharadscha Hari Singh von Louis Vuitton gefertigt. Er war von dem Koffer so begeistert, dass er 60 Stück als Geschenke für seine Freunde bestellte.

viele von uns Hoteliers.« Er selbst führt den Palast seiner Großmutter in Taragarh, Himachal Pradesh, als Heritage Resort.

Forellenfischen und die Entenjagd waren andere beliebte Sportarten in Kaschmir. »Wir hatten zwei Jagdhütten, eine in Dachigaon in Kaschmir, die andere in Udhampur in Jammu, wohin mein Großvater mit seinen Freunden zu diesen *Shikar*-Jagdausflügen ging«, sagt Vikram. Er ist selbst begeisterter Angler und verrät uns die dort übliche Zubereitungsart für Forellen: »In Butterbrotpapier einwickeln und auf offenem Feuer grillen.« Seine Gemahlin, die bezaubernde Yuvrani Chitrangada Raje Singh, erinnert sich an ihre erste Entenjagd: »Es war im tiefsten Winter in Kaschmir, morgens um drei oder vier. Ich saß auf einer getarnten Plattform über dem gefrorenen See und wartete darauf, dass die Enten kämen.«

Ein anderer beliebter Ort für Vergnügungen waren die Hausboote, *dungas* genannt, auf dem Dal-See. »*Dunga*-Partys waren in Kaschmir sehr beliebt. Wir mieteten ein Boot für eine Nacht und bewirteten dort unsere Freunde. Das Boot wurde mit Getränken und Kaschmir-*Wazawan* (einem vielgängigen Menü) für die Party beladen, die bis in die frühen Morgenstunden dauerte. Auch Musikanten waren an Bord und hielten uns bei Laune, während wir im Mondlicht über das Wasser fuhren«, erzählt ihre Freundin Daisy Nedou.

Chitrangada Singhs Tante Mehar Bhalla erinnert sich an die Hochzeit von Vikramaditya Singh und Chitrangada im Jahr 1987: »Die Hochzeit war *das* Stadtgespräch. Nicht nur indische Journalisten, auch Vertreter der Auslandspresse wollten einen Blick auf die Fürstenhochzeit erhaschen. Ein Mitglied der königlichen Familie entdeckte Jahre später sogar Hochzeitsfotos in einer Ausstellung in Tokio – als exemplarische Beispiele einer indischen Fürstenhochzeit. Wahrhaft fürstlich war sie: Ein blau gefärbter Elefant führte die Hochzeitsgesellschaft an, der Bräutigam wurde in einer silbernen Pferdekutsche in den erleuchteten Jai Vilas Palace von Gwalior geleitet. Schon im Vorfeld der Hochzeit hatten die Honoratioren von Gwalior nicht weniger als acht Lunches veranstaltet.« Chitrangada Singh erinnert sich, dass Vikram als ihr Verlobter Kisten mit Kirschen aus Kaschmir

Die Heirat von Chitrangada Singh und Vikramaditya Singh 1987 galt als bedeutende Verbindung zweier der größten Fürstenstaaten Indiens, Gwalior und Kaschmir.

Oben links:
Ein ergreifender Moment für die Braut und ihre Familie.

Oben rechts:
Der inzwischen verstorbene Madhavrao Scindia begrüßte den Bräutigam und seine Begleitung.

an ihre Eltern sandte, um sie zu beeindrucken. Ihre erste Bekanntschaft mit der ausgeprägten kulinarischen Neigung der Familie machte sie am zweiten Tag nach der Hochzeit, als ihre Schwiegermutter, die inzwischen verstorbene Maharani Yasho Rajyalaxmi von Jammu und Kashmir, ihr sagte, sie müsse ein umfassendes Mahl für die ganze Familie zubereiten. »Ich geriet in Panik, denn ich konnte nicht kochen. Ich wandte mich an John, den Chefkoch der Gwalior-Küchen, und bat ihn um schnelle Nachhilfe.« Es stellte sich dann jedoch heraus, dass ihre Schwiegermutter sie nur zum Besten gehalten hatte – aber letztlich war sie dankbar für den Crashkurs im Kochen. »Ich glaube, eine gute Gastgeberin muss wissen, wie all die Mahlzeiten zustande kommen, die sie auftragen lässt. Und wenn man etwas vom Kochen versteht, kann man auch besser mit dem Personal umgehen.«

Das Mädchen, das einst überhaupt nicht kochen konnte, beherrscht heute die drei unterschiedlichen Küchentraditionen von Kaschmir, Jammu und Nepal und verfügt über beeindruckende Kenntnisse. »Meine Schwiegermutter hat mir viel zugemutet. Aber ich habe sämtliche Rezepte dieses Hauses von ihr gelernt.« Es sind Rezepte, die wohlgehütet und handgeschrieben in den Tagebüchern des Maharadschas Hari Singh und ihrer Schwiegermutter aufbewahrt werden. »Schwiegermama war sehr penibel, was das Aussehen der servierten Speisen betraf. Auf einem Teller mussten unterschiedliche Farben und Texturen der Speisen vereint sein, damit das Gericht appetitlich wirkte.« Sie erklärt uns auch, wieso drei verschiedene Arten von Küchen auf ihre Tafel kommen. »Mein Schwiegervater liebt traditionelle Dogri-Kost aus Jammu, aber wir servieren auch Gerichte aus Kaschmir, und

Die Tischdecke ist ein antiker Do Rukha Jamawar. *Kaschmir ist für seine handbestickten Tücher berühmt. Die Stiche ihrer Muster sind so fein ausgeführt, dass Vorder- und Rückseite eines Tuchs exakt gleich aussehen.*

Gegenuber: Ein Kartenständer mit dem königlichen Monogramm von Jammu und Kashmir.

JAMMU & KASHMIR

Die im Kashmir House servierten Gerichte verbinden die Kaschmir-, Dogri-, Nepal- und Maratha-Küche und spiegeln das vielfältige Erbe der Familie wider. Dr. Karan Singh, das Familienoberhaupt, bevorzugt Dogri-Köstlichkeiten.

Silberbesteck aus Sheffield neben silbernen thalis *(Mitte) nach eigenen Entwürfen des einstigen Maharadschas Hari Singh. Er bewunderte die einfachen Esstabletts der US-Armee und ließ für seine Familie einen Satz in Silber anfertigen.*

meine Schwiegermutter, die aus Nepal stammt, führte die dortige Küche in diesem Haus ein.« Nepalesische Aromen waren nichts Neues für Chitrangada Singh, denn auch ihre Mutter Madhavi Raje kam von dort.

Wie die beiden verschiedenen Bevölkerungen und Kulturen, die in Jammu und Kashmir miteinander leben, so unterscheidet sich auch deren Kost. Dogri-Gerichte aus Jammu werden von *sianji's* genannten Köchen zubereitet. Zutaten wie Granatapfelkerne, Senfsaat und *amchoor* (ein Pulver aus getrockneten Mangokernen) werden reichlich verwendet, um den Currys Schärfe zu verleihen. Es gibt eine Vielzahl von vegetarischen Dogri-Gerichten wie Kürbis, Blattgemüse und Lotuswurzel. Proteinreiches *rajma*, ein Bohnengericht, ist ein Lieblingsessen der Einheimischen. Verglichen mit den ölhaltigen Saucen, die wegen des kalten Klimas in Kaschmir üblich sind, ist die Nahrung im tiefer gelegenen Jammu viel leichter. Die drei Hauptgewürze, die die Kaschmir-Küche bestimmen, sind Ingwer, Aniss und Kreuzkümmel. Schon ein kleiner Löffel mit dieser Gewürzmischung kann einer ganzen Schüssel mit gekochtem Reis ein volles Aroma verleihen.

Die Küche Kaschmirs teilt sich in muslimische *Wazwan-* und in *Pandit*-Kost mit heimischen Früchten wie Pflaumen und Aprikosen, die interessante süßsaure Kontrapunkte liefern. Blattgemüse wie Kaschmir-Spinat gehören zu jeder Mahlzeit. Celosia-Blüten und heimischer Safran verleihen den Gerichten Farbe und Geschmack. Diese nordindische Küche kommt im Übrigen weitgehend ohne Zwiebeln und Knoblauch aus. Fisch aus dem Dal-See ist sehr beliebt, und dunkles Fleisch wird gegenüber hellem bevorzugt. Ein traditionelles *Wazwan*-Festessen besteht aus 36 Gängen, von denen über die Hälfte mit Lammfleisch zubereitet werden. Alle Stücke vom Lamm wie Schenkel, Keule, Kotelett und Hammelhackfleisch dienen als Grundlage für Köstlichkeiten wie *goshtaba* (Fleischklöße in weißer Sauce), *rista* (Fleischklöße mit Spinat), *kabargah* (gebratene Rippen), *tabak maas* (in Milch gegarte Lammkoteletts) und *rogan josh* (kräftig gewürztes Lammcurry).

Das Essen in Nepal wiederum bietet eine ganz andere Geschmackspalette, mit Zutaten wie *timur, jimb* (nepalesische Gewürze) und *methi dana* (Bockshornkleesamen). Chitrangada Singh ist der Ansicht, dass es Aufgabe der Frau des Hauses ist, die Traditionen – auch des Essens – zu bewahren: »Wenn sich jemand in der Familie den Magen verdorben hat, schwöre ich auf *dabua bhat*, ein einfaches Gericht aus Quark, Reis und Kreuzkümmel.« Andere Traditionen sind beispielsweise die gelben Speisen zum Frühlingsfest *Vasant Panchami* und die Zubereitung von *sundh*, ein energiereiches Getränk aus gemahlenem Trockenobst für Schwangere.

In den Küchen der Fürstenfamilie wurden stets besonders begabte Köche beschäftigt. Vikramaditya Singhs Cousine Ranoji Pushpa Devi erzählt: »Seine Hoheit Hari Singhji war ein strenger Arbeitgeber. Wenn Köche Fehler machten, gab er ihnen keine zweite Chance.« Sie erinnert sich an Khakrooji, einen *Dogri*-Koch der Familie, als einen »hervorragenden Koch«. »Es gab diese lokale Köstlichkeit, die *teliya ma* heißt und aus Linsen und Joghurt gemacht wird – darauf hatte er sich spezialisiert. Ich versuchte, ihm sein Rezept zu entlocken, aber er faltete die Hände und antwortete ergeben: ›Wenn ich es Ihnen erkläre, wohin soll ich dann gehen? Ich werde ja hier nicht mehr gebraucht.‹« Die Palastköche hüteten ihre Rezepte und gaben den Speisen ihre geheimen Gewürzmischungen bei, wenn niemand zusah. Dr. Karan Singh kann sich noch an den berühmten Koch seiner Familie, Jagat Chandra, erinnern, der die besten Käse-Soufflés machte.

Chitrangada Raje Singh hat das vorschriftsmäßige Eindecken der Tafel im Salon des Kashmir House in Indiens Hauptstadt Neu-Delhi pesönlich überwacht. Wegen der angespannten politischen Situation verbringt die Familie nicht allzu viel Zeit in Kaschmir selbst. Man nimmt an einem langen Esstisch Platz, der mit einem kostbaren *Do Rukha Jamawar Chadar* bedeckt ist. Silberne *thalis*, entworfen vom verstorbenen Maharadscha Hari Singh, und Silberbesteck aus Sheffield sind feinsäuberlich platziert, ebenso Baccarat-Wassergläser. Das exotische Blumenarrangement in der Mitte der Tafel wird von Kerzen in schweren Silberleuchtern unterbrochen.

Der Lunch am Tag meines Besuchs besteht aus einer köstlichen Mischung aus der Dogri-, Kaschmir- und Nepal-Küche, ganz gemäß dem vielfältigen Geschmack der Familie. Do-

Dieser Wasserspender, entworfen von Maharadscha Hari Singh, wird immer noch verwendet. Der einstige Herrscher war sehr an Kunst und Design interessiert und entwarf öfter Gegenstände, die ebenso zweckmäßig wie elegant waren.

*Traditioneller Kaschmir-*kahwa *aus einem antiken Silber-Samowar wird nach dem Essen in Tassen von Spode gereicht.*

gri-Spezialitäten sind *khatta*, süßsaures geräuchertes Hammelfleisch, *oriya*, scharfe Linsen mit Senfsaat, und *amua*, eine würzige Zubereitung grüner Mangos. Aus der Kaschmir-Abteilung gibt es köstlich gewürztes *gucchi pulao* (Reis mit Morcheln), frischen grünen Spinat und knusprige Lotuswurzel. Traditionelle *Wazwan*-Kost wurde nicht serviert. Die Gastgeberin erklärt dazu: »Die Zubereitung von *Wazwan*-Gerichten erfordert so viel Zeit und Können, wie sie nur professionelle Köche aufbringen. Das Fleisch muss auf eine bestimmte Weise zerkleinert werden, um die richtige Konsistenz für die Fleischklößchen zu erhalten.« Die nepalesischen Gerichte auf der Tafel umfassten *chara sande ko*, ein köstlicher Geflügelsalat, *til ka anda*, gekochte Eier mit würziger Sesamsauce, und ein pikantes Tomaten-Chutney. Zum Schluss kommen kalte *kasoras* aus *phirni* (Grießpudding) und duftender Kaschmir-Tee, *kahwa*, in unterschiedlich farbigen Tassen von Spode auf den Tisch.

Später treffen wir die jüngere Generation der Fürstenfamilie. Martand Singh, der in St. Andrews in Schottland studiert, und seine bezaubernde Schwester Mriganka. Der 18-Jährige hat einen vielseitigen Geschmack, entsprechend dem familiären Erbe mit den kulturellen Einflüssen von Gwalior und Nepal: »Zu Hause mag ich am liebsten nepalesisch, aber wenn ich ausgehe, esse ich Sushi.« Auch wenn er noch jung ist, hat er klare Vorstellungen davon, was er mag und was nicht. Er ist im Einklang mit seiner Herkunft und ganz auf der Höhe der Zeit. Das Vermächtnis von Jammu und Kashmir wird bei ihm in guten Händen sein.

MENÜ

1. Khatta Meat 2. Chara Sande Ko und Khameera
3. Til Ande Ka Achaar 4. Oriya Dal 5. Haak 6. Nadru
7. Amua 8. Guchchi Pulao 9. Phirni

AMUA

Süßsaures Mango-Relish

ZUTATEN FÜR 8 PERSONEN
4 vollreife Mangos
1 EL Senföl
4 rote Chilischoten
1 TL Senfsamen
½ TL Kreuzkümmelsamen
¼ TL schwarze Zwiebelsamen
½ TL Bockshornkleesamen
½ TL Königskümmel (Ajowan)
½ TL Kurkumapulver
200 g Palmzucker (Kokosnusszucker)

- Mangos schälen und das Fruchtfleisch jeweils in Spalten vom Kern schneiden. Senföl in einer großen Pfanne erhitzen. Alle Gewürze bis auf die Kurkuma zufügen. Sobald die Samen anfangen zu spritzen, Mangospalten, 375 ml Wasser und Kurkuma dazugeben. Das Relish sanft köcheln lassen, bis das Mangofruchtfleisch weich ist.
- Palmzucker zufügen und einige Minuten mitgaren, bis er sich vollständig aufgelöst hat. Das Relish gut durchrühren. Zimmerwarm servieren.

NADRU

Frittierte Lotuswurzel

ZUTATEN FÜR 6 PERSONEN

120 g Mehl Type 405
½ TL Salz
½ TL rotes Chilipulver
½ TL Schwarzkümmelsamen
800 g Lotuswurzel
Pflanzenöl zum Frittieren

- Mehl, Salz, Chili und Schwarzkümmelsamen in einem tiefen Teller gut vermischen.
- Lotuswurzeln schälen und in dünne Scheiben schneiden. Die Scheiben in der Mehlmischung wenden.
- Reichlich Pflanzenöl in einer großen Pfanne oder einem Wok erhitzen, bis an einem hineingehaltenem Holzstäbchen Blasen aufsteigen. Die Lotusscheiben portionsweise im Öl goldbraun frittieren. Auf Küchenpapier abtropfen lassen. Heiß servieren.

HAAK

Pfannengerührter Spinat

ZUTATEN FÜR 8 PERSONEN

3 EL Senföl
5 Knoblauchzehen, geschält
1 TL Schwarzkümmelsamen
1 Prise Asant
Salz
4 rote Chilischoten
1 kg Blattspinat, geputzt und gewaschen
1 Prise Zucker
¼ TL Currypulver

- Senföl in einer großen Pfanne kräftig erhitzen. Knoblauch, Schwarzkümmelsamen, Asant, Salz, Chilischoten und 500 ml Wasser zufügen. Pfanne sofort verschließen, weil es stark spritzt, sobald das Wasser mit dem heißen Öl in Berührung kommt.
- Wenn sich der Pfanneninhalt beruhigt hat, Deckel abnehmen und Spinat sowie Zucker zugeben. Den Spinat unter häufigem Rühren 15 Minuten offen garen. Currypulver untermengen und das Ganze unter stetem Rühren nochmals 5 Minuten garen. Heiß servieren.

CHARA SANDE KO

Geflügelsalat

ZUTATEN FÜR 8 PERSONEN

2 rote Chilischoten
1 TL Garam Masala (Seite 116 oder Fertigprodukt)
½ TL Schwarzkümmelsamen
5 Knoblauchzehen, geschält
1 cm frischer Ingwer, geschält
4–6 Hühnerbrüste mit Knochen (ca. 1 kg)
Salz
¼ TL Kurkumapulver
Saft von 2 Zitronen
1 EL Senföl
2 EL Joghurt
3 EL fein gehackter Koriander
4 grüne Chilischoten, entkernt und gehackt
1 EL Pflanzenöl
½ TL Bockshornkleesamen

- Rote Chilischoten, ½ Teelöffel Garam Masala und die Schwarzkümmelsamen in einer Pfanne trocken rösten, bis die Gewürze duften. Knoblauch und Ingwer zufügen und kurz mitrösten. Das Ganze im Mixer oder Mörser zu einer Paste verarbeiten.
- Hühnerbrüste halbieren. 200 ml Wasser gemeinsam mit Salz und Kurkuma in einem Topf zum Kochen bringen. Die Hühnerbrüste darin in etwa 25 Minuten zugedeckt weich garen. Herausnehmen, das Fleisch von den Knochen lösen, klein schneiden und in eine Schüssel geben. Zitronensaft und Gewürzpaste untermengen. Senföl, Joghurt, 2 Esslöffel Koriander und Chilischoten untermengen.
- Öl in einer Pfanne erhitzen. Bockshornkleesamen, restliches Garam Masala und restlichen Koriander einige Sekunden darin anrösten. Über dem Fleisch in der Schüssel verteilen. Den Geflügelsalat kalt servieren.

Chara Sande Ko (vorne) und Khameera (hinten)

TIL ANDE KA ACHAAR

Eier mit Sesam-Joghurt-Sauce

ZUTATEN FÜR 8 PERSONEN

5 hart gekochte Eier
1 Prise Garam Masala (Seite 116 oder Fertigprodukt)
½ TL Schwarzkümmelsamen
4 rote Chilischoten
6 EL Sesamsamen
4 Knoblauchzehen
1 cm frischer Ingwer, geschält
Salz
Saft von 2 Zitronen
400 g Joghurt
1 EL Senföl
½ TL Bockshornkleesamen
4 grüne Chilischoten, entkernt und gehackt
½ TL Kurkumapulver
¼ TL Chilipulver
1 TL fein gehackter Koriander

- Eier schälen, halbieren und auf einer Platte arrangieren. Garam Masala und Schwarzkümmelsamen in einer Pfanne trocken rösten. In einer zweiten Pfanne ganze Chilischoten, Sesamsamen, ungeschälten Knoblauch und Ingwer anrösten. Alle gerösteten Zutaten in einen Mixer geben, dabei den Knoblauch vorher abziehen. Zu einer Paste verarbeiten.
- Gewürzpaste, Salz und Zitronensaft gründlich mit dem Joghurt vermischen. Senföl erhitzen und Bockshornkleesamen, grüne Chilischoten, Kurkuma, Chili und Koriander kurz darin anschwitzen. Die Mischung unter den Joghurt heben.
- Die Eier mit der Sesam-Joghurt-Sauce überziehen.

GUCHCHI PULAO

Reis mit Morcheln

ZUTATEN FÜR 8 PERSONEN

300 g Basmatireis
75 g abgezogene Mandeln
2 Prisen Safranfäden
5 EL Ghee
6 Nelken
Samen von 4 schwarzen Kardamomkapseln
Samen von 3 grünen Kardamomkapseln
3 kleine Zimtstangen
3 Lorbeerblätter
100 g Morcheln, gewaschen und halbiert
1 Prise Asant
Salz
1 TL Ingwerpulver
1 TL Garam Masala (Seite 116 oder Fertigprodukt)

- Reis waschen und in Wasser einweichen. Mandeln und Safran jeweils in etwas Wasser einweichen.
- Ghee in einem großen Topf erhitzen. Nelken, schwarze und grüne Kardamomsamen, Zimt, Lorbeerblätter und abgetropfte Mandeln darin 2 Minuten anschwitzen. Dann die Morcheln zufügen.
- Asant in etwas Wasser auflösen und zugeben. Mit Salz würzen. Reis abgießen und unterrühren. 450 ml Wasser angießen.
- Ingwer und Safranflüssigkeit untermengen. Den Topf verschließen und den Reis etwa 15 Minuten garen. Dann 2 Minuten offen auf der ausgeschalteten Herdplatte stehen lassen. Mit Garam Masala bestreuen und servieren.

Im Uhrzeigersinn: Oriya Dal, Haak und Guchchi Pulao

FESTE IN DER WÜSTE

JODHPUR

Vor 550 Jahren legte der Rathore-Clan hier den Grundstein zu seiner Dynastie. Mit seinen Marwari-Spezialitäten und den vielfältigen Wildgerichten genießt Jodhpur Berühmtheit für seine unverwechselbaren Speisen.

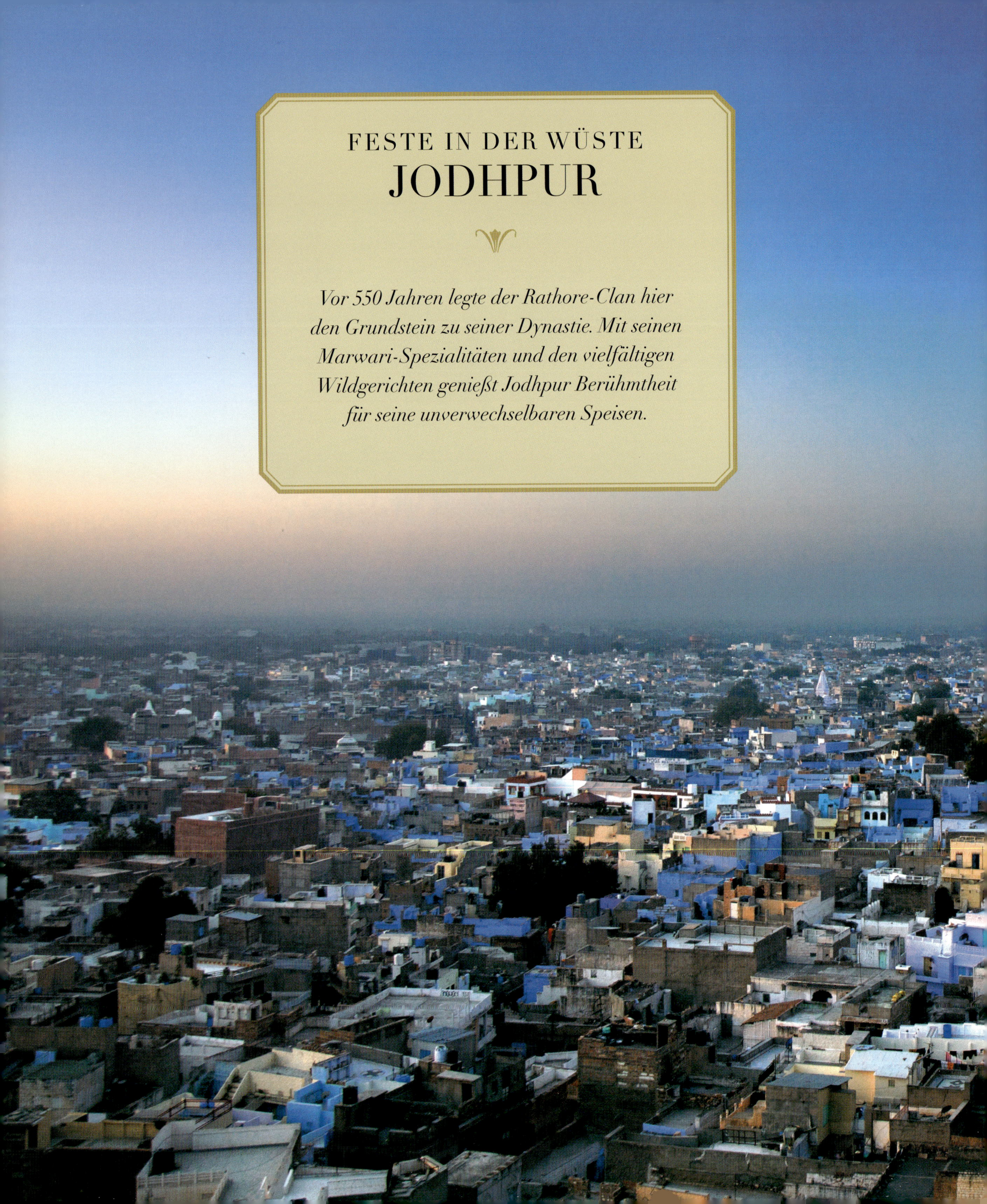

Der Umaid Bhawan Palace ist das Paradebeispiel eines indischen Art-déco-Palasts. Sein Bau dauerte 15 Jahre.

Vorherige Seiten (68–69): Fort Mehrangarh beherrscht das Stadtbild von Jodhpur.

Vorherige Seiten (72–73): Der Umaid Bhawan Palace ist eine vollkommene Verbindung von Marwari-Erbe und europäischem Stil. Mit seinen 347 Räumen ist er eine der größten privaten Residenzen der Welt.

Gegenüber: Maharadscha Gaj Singh II. am Fuß der Marmor- und Sandsteintreppe im Umaid Bhawan Palace. Die Adlerskulptur auf dem Steinpfosten stellt Chamunda Desi, die Familiengottheit der Rathores, dar. Die Trophäe des sich duckenden Leoparden verweist auf die Jagdtradition der Rathores. Der Maharadscha trägt jodhpurs, bandgala *und eine* lehariya safa, *die traditionelle Kleidung der Männer von Jodhpur.*

Jeder stolze Jodhpuri erzählt gerne die Geschichte der legendären Krieger. Es heißt, dass die mächtige Armee des Kaisers Sher Shah Suri beinahe einer viel kleineren Streitmacht von Soldaten Jodhpurs unterlegen wäre. Der zutiefst erschrockene Suri, der die Schlacht zu verlieren drohte, soll gesagt haben: »Ich habe fast den Thron von Hindustan an eine Handvoll Hirse verloren.« Die Krieger, die so tapfer die Stellung hielten, waren niemand anderes als die Rathores von Jodhpur, die dank ihrer Hauptnahrung Hirse *(bajra)* so kampfstark waren. Hirse gedeiht in Fülle in dem trockenen Klima dieses Wüstenreiches. Hirsehalme zieren auch das Familienwappen, und das Motto »Ranbanka Rathore« (unbezwingbare Rathores) erinnert an das Erbe dieses Kriegergeschlechts, das jahrhundertelang in der Stadt Jodhpur regierte.

Im 13. Jahrhundert drangen die Rathores aus Zentralindien in die Region Marwar in Rajasthan vor und machten Jodhpur, die blaue Stadt, zu ihrer Heimat. Hinter den unbezwingbaren Mauern der Festung Mehrangarh regierte Rao Jodha (1453–1489) über seinen mächtigen Kriegsstaat Marwar. 1943 wurde der Königshof in den sagenhaften Chittar Palace (heute Umaid Bhawan Palace) verlegt, ein gewaltiger, nach Entwürfen von Henry Vaughan Lanchester binnen 15 Jahren errichteter Palast mit 347 Räumen. Der Grundstein für den atemberaubenden Sandsteinbau im Art-déco-Stil war unter Maharadscha Umaid Singh (1918–1947) gelegt worden. Heute bewahrt sein Enkel, Gaj Singh II., das königliche Vermächtnis mit seiner großen Geschichte und seinen Traditionen im Einklang mit der modernen Zeit.

Gaj Singh (gemeinhin Bapji genannt) hatte seine Kindheit in England verbracht und war nach dem Abgang vom College nach Jodhpur zurückgekehrt. Als junger Mensch mit westlicher Erziehung musste er sich der neuen Umgebung erst anpassen. »Es war anfangs schwierig, und ich vermisste meine Freunde, aber mein rechtmäßiger Platz war bei meinem Volk«, sagt er. Obwohl ihm die vertraute europäische Kost fehlte, waren die Gerichte von Jodhpur für ihn

Die Privatgemächer der Familie gleichen mit ihren sorgfältig gesammelten und gehüteten Schätzen einer Ausstellung. Im Bild links ist ein Hermès-Aschenbecher mit dem Bild eines Marwari-Pferdes zu sehen, einer in der Gegend um Jodhpur heimischen Rasse.

etwas Besonderes, das er in England nicht bekommen konnte. Das Palastleben bedeutete für den jungen Maharadscha auch eine endlose Folge von Einladungen und Bewirtungen. Bapji erwarb den Ruf als großartiger Gastgeber für Vizekönige, gekrönte Häupter und Politiker. Der Umaid Bhawan Palace gilt als eine der größten in Privatbesitz befindlichen Residenzen der Welt und hat seine Tore für Gäste wie Lord Mountbatten, Präsident Dr. Rajender Prasad, Jacky Kennedy-Onassis, Prince Charles und neuerdings Angelina Jolie und Brad Pitt geöffnet. »Mein erstes formelles Dinner erlebte ich mit 14 in England. Der Duke of Hamilton hatte den indischen Präsidenten Radhakrishnan in eines der Häuser der Queen geladen. Sein Sohn, mit dem ich befreundet war, lud mich dazu ein, da ich ja ein indischer Fürst war. Ich besaß nicht

mal eine Krawatte und musste mir für den Anlass einen Schlips leihen. Der Präsident war ein sehr düsterer Mann – und der ganze Abend eine ziemlich steife Angelegenheit. Man stelle sich vor, wie quälend so ein Abend für einen Jungen ist. Am Ende traten Dudelsackpfeifer auf, die mit ihrer Musik rund um den Tisch gingen«, erinnert sich Bapji. Aber er glaubt, dass ihm solche Erlebnisse durchaus auch genützt haben.

Dieser vielgereiste und erfahrene Fürst erkannte das Gebot der Stunde, als er aus England zurückkehrte. Um sein großes Erbe zu bewahren, musste er Jodhpur auf der Karte des internationalen Tourismus platzieren – und das ist ihm mehr als gut gelungen. Er war einer der ersten Herrscher, die ihre Paläste dem Publikum öffneten und in Hotels umwandelten. Jeder Schritt dieser Veränderung von einer privaten Residenz

Eine beneidenswerte Sammlung an Kunstgegenständen ist im Lauf der Jahre aufgebaut worden.

Rechts: Maharadscha Sardar Singh als Knabe neben seinem berühmten Vorfahren, Maharadscha Takhat Singh.

Oben:
Eine shikar *war eine aufwendige Unternehmung und nicht auf die Jagd beschränkt. Das Lagerleben mit all dem Personal bot viele Annehmlichkeiten*

Unten:
Maharadscha Umaid Singh von Jodhpur (links) auf einer shikar.

in ein Hotel wurde von ihm persönlich überwacht, damit Umaid Bhawan nichts von seinem einzigartigen Zauber verlor.

Die Pflege der Familientraditionen umfasst auch die Neubelebung von Festen und religiösen Feiern. »Wir hatten die Tradition, dass beim Fest *Akha Teej* im April alle Stammesfürsten aus den Händen des Herrschers als Zeichen der Verbundenheit einen Opiumtrank erhielten. Diesen Brauch bewahren wir, ersetzen allerdings Opium durch Safranwasser«, sagt der Mann, der erst vier Jahre alt war, als sein Vater 1952 bei einem Flugzeugabsturz ums Leben kam. »Bapji«, wie sein Volk ihn nennt, belebte auch das Frühlingsfest *Holi* in Jodhpur neu und lädt zum Spiel mit Farben auf das Palastgelände ein. Traditionelle Gerichte werden gereicht, während Volksmusiker und Tänzer die Gäste unterhalten. »Natürlich wäre *Holi* ohne *bhang pakoras* (Schmalzgebäck) nicht vollkommen«, lacht er. *Bhang* (Cannabis) wird in den meisten Gegenden Indiens zu *Holi* konsumiert. In Jodhpur wird es dem Schmalzgebackenen beigegeben.

Jodhpur hat ganz eigene Rezepte für besondere Gelegenheiten, wie etwa das haferbreiartige *lapsi* aus Palmzucker und *desi ghee* für alle Glück verheißenden Anlässe in der Familie; das »Krönungs-Dal« mit vielerlei Zutaten und einer Goldmünze als Beigabe wird nur bei der Krönung eines Rathorte-Königs serviert; und während des *Navratri*-Fests gibt es nur Gerichte aus *khajroo*, dem Fleisch der Ziege, die als Opfer vor der Familiengottheit Chamunda geschlachtet wurde.

Am liebsten denkt Bapji an Familienpicknicks zurück, zu denen man den Palast verlassen konnte, weg von Förmlichkeiten und Protokoll. »Einmal fuhr die Familie im privaten Eisenbahn-Salonwagen nach Pokhran. Der Zug wurde abgestellt, und wir schlugen unsere Zelte darum herum auf. Nachdem wir einen Tag lang

Hasen und Flughühner gejagt hatten, wurde ein Kochwettbewerb mit meiner Großmutter als Preisrichterin veranstaltet. Jeder von uns kochte etwas mit Unterstützung des Küchenpersonals, und wir verspeisten das am Lagerfeuer.« Als Jahre später sein Sohn Yuvraj Shivraj Singh in den Ferien mit seinen Freunden von Eton nach Hause kam, veranstaltete der stolze Vater einen ähnlichen Ausflug. »Ich nahm Shivraj und seine Freunde mit nach Osian. Wir zelteten, unternahmen Kamelritte, veranstalteten ein Feuerwerk, und für unsere Gäste wurde Fleisch gegrillt, dazu gab es heimische Gerichte. Ich wollte einfach auch meinen Sohn erleben lassen, was mir einst so viel Freude gemacht hatte.«

Ausflüge und Picknicks sind stets eine beliebte Freizeitbeschäftigung der Familie gewesen. Dazu gehörte auch *shikar*, die Jagd. Das Jagdhaus der Familie, Sardar Samand, war das Lieblingsziel dieser Jagdausflüge. »*Shikar* war nicht nur ein Sport, sondern für den Adel auch ein Vorwand zum Feiern. Die Jagd selbst dauerte gerade mal zwei Stunden, anschließend genoss man die ungezwungene Geselligkeit und das gute Essen«, erklärt Karni Singh Jasol, der Direktor des Mehrangarh-Museums. Er fügt hinzu, dass die Jagd sehr genau vom Herrscher überwacht und geregelt wurde. »Es gab eine eigene Dienststelle in der Verwaltung, *Shikarkhana* genannt, welche die Jäger kontrollierte. Nur wenige erhielten die Erlaubnis zu jagen, und geschossen werden durfte nur in bestimmten Bereichen der Wälder. Auch war die Jagdperiode einzuhalten, denn in der Paarungs- und Brutzeit

Der junge Bapji (ganz rechts) in einer übermütigen Szene mit seinen Schützenfreunden in Eton, England.

Die Tafel ist mit Silberbesteck und einem Speiseservice in Königsblau und Weiß gedeckt, das das Wappen der Herrscherfamilie von Jodhpur trägt. Die antiken Silberschalen sind voller Bougainvilleablüten aus den Palastgärten.

durfte niemand jagen. Die Dienststelle gab auch die Zahl der Tiere vor, die man erlegen durfte«, sagt Karni. Er erinnert sich, wie er mit begeisterten Jägern, etwa den Maharadschas von Bikaner, Kaschmir und Kota, auf *Shikar* ging: »Ich war vom Maharadscha von Bikaner eingeladen worden, der ein Meisterschütze war. Neben einem so hervorragenden Schützen war ich äußerst unsicher, was ich wohl zustande brächte.« Aber natürlich überließ der höfliche Gastgeber den ersten Schuss seinen Gästen – gentlemanlike, wie sich's gehört.

Der fürstliche Speiseplan besteht zu einem großen Teil aus gegrilltem und gebratenem Fleisch, das man ohne viel Brimborium im Freien zubereiten kann. Es gibt etliche Wildrezepte wie etwa das schlichte *jungli maas*, das aus den drei Zutaten Fleisch, Chili und Salz besteht und für die müden Jäger gedacht ist. Dann gibt's das saftige *khud khargosh*, im Erdboden gegartes Kaninchenfleisch, sowie gebratene Wachteln oder Lammschlegel, die mit der Frucht der wild wachsenden *Kachri*-Pflanze mariniert wurden. Auf der vegetarischen Seite kommen als Gemüse lediglich wildes Strauchwerk aus der Wüste wie *ker sangri* und Aloe vera infrage und Hirse als wichtigstes Getreide. »Wir haben Fleisch von bester Qualität. Unsere Ziegen haben mageres

Fleisch, denn sie sind ständig unterwegs und werden nicht stallgefüttert«, erklärt das Oberhaupt von Jodhpur, der Essen und Kochen liebt. »Meine Nahrung ist wie ein chemisches Experiment. Manchmal gelingt es, manchmal ist es verheerend«, lacht er. Doch als er letztes Jahr bei Maharadscha Amarinder Singh im fürstlichen Haus von Patiala zu Gast war und an einem Kochwettbewerb teilnahm, war es sein *lal maas*, für das die versammelten Gäste einschließlich der Gastgeber stimmten. »Wir hatten fast 150 internationale Gäste, darunter einige berühmte Polospieler – und vor ihnen versuchte ich, *lal maas* zu kochen. Zwischen meinen Experimenten und telefonischen Rückfragen bei meinen Köchen in Jodhpur schaffte ich es, etwas Essbares zustande zu bringen.«

Jeden Tag werden dem anspruchsvollen Bapji von den sechs Mitarbeitern der *khasa rasoda*, der königlichen Küche, beim Frühstück drei Menüvorschläge vorgelegt. Er plant die täglichen Mahlzeiten für die ganze Familie. Die Köche finden dann oft handschriftliche Anmerkungen und Hinweise auf ein neues Rezept für die Menüplanung. »Bapji weiß genau, was er will und wie wir es zubereiten sollen. Manchmal, wenn er Zeit hat, ruft er uns in seine private Küche und lässt uns unter seiner Aufsicht

Links:
Wodka, Bapjis Jack Russell Terrier, macht sich's unter dessen Stuhl am Kopfende des Tisches gemütlich. Er lässt seinen Herrn so gut wie nie aus den Augen.

Rechts:
Die Geländer im Umaid Bhawan Palace sind mit kunstvollen Bildhauerarbeiten gestaltet, die Flugzeuge darstellen. Dieses Muster ist ein Hinweis auf das große Interesse des Maharadschas Umaid Singh an der Luftfahrt.

Speisen zubereiten«, sagt Poorna Ram, der seit 40 Jahren für die Familie kocht. Er hat noch unter den alten Chefköchen der königlichen Küche, die aus Goa stammten, gelernt. »Die Köche aus Goa hatten sich auf europäische Küche spezialisiert, und Maharadscha Hari Singh von Kaschmir, ein guter Freund unserer Familie, überließ uns einige seiner Kaschmir-Köche, die unsere Rezepte und Methoden stark beeinflussten«, erklärt Bapji.

Auf einem Gemälde des Miniaturenmalers Bulakhi aus dem 19. Jahrhundert, das im Fort Mehrangarh hängt, sieht man Maharadscha Takhat Singh, wie er mit seinen Königinnen an einem langen Tisch sitzt und eine Mahlzeit genießt. Dieses Gemälde aus der Marwar-Schule zeigt den europäischen Einfluss auf die Esssitten der Familie, nachdem man die frühere Gewohnheit, auf dem Boden sitzend zu essen, aufgegeben hatte. Ein Bericht des Sergeants Kenneth Lemmon von der Royal Air Force über ein Dinner, das Maharadscha Umaid Singh 1945 im Umaid Bhawan Palace gab, illustriert, wie das Palastpersonal mit großer Souveränität ein europäisches Essen zelebrieren konnte: »Wir hatten Suppe, Fisch, Schinken und Truthahn zum Dinner. Niemand bekam einen Flügel oder einen Schenkel oder dunkles Fleisch, alle erhielten große, saftige Scheiben von der Brust, und alle 2000 Gäste bekamen Plumpudding und *rum sausage*. Um Mitternacht gab es ein Büfett auf dem 20 oder 30 dekorierte Eberköpfe aufgebaut waren, dazu Lachs, Steinbutt und eine unglaubliche Fülle von Salaten, verschiedene Braten und und und – man konnte einfach zugreifen und essen. Dann kamen die Süßspeisen: Trifle und Cremes und Obst … Doch nein, wir wollen den Lesern nicht den Mund wässrig machen. Es genügt zu sagen, dass jeder so viel essen konnte, wie er wollte.«

Bapji ist das Oberhaupt des Rathore-Clans. Oft lädt er Clanangehörige zu einer traditionellen Mahlzeit ein.

Zum Dinner hat Bapji seine eigenen Leute in den Privatflügel des Umaid Bhawan Palace geladen, seine Clanmitglieder, die ihn dabei unterstützen, den Staat zu erhalten und das Erbe zu bewahren. Diese Männer mit ihren vielfarbigen, turbanähnlichen *lehriya safas* nehmen an der mit steifem weißem Leinen gedeckten Tafel Platz; darauf befinden sich glänzende silberne *thalis* mit dem Familienwappen, feinste Kristallkelche und antike Silberschalen voller leuchtend roter Bougainvilleablüten. Unter Bapjis Stuhl am Kopfende der Tafel hat sich sein Jack Russell Terrier namens Wodka zusammengerollt, aufmerksam auf seinen Herrn achtend und sich seiner wichtigen Rolle bewusst.

Die handbemalten Teetassen mit dem Wappen passen zum Speiseservice der Familie. Dies ist eines der vielen Service, die auf Bestellung angefertigt und der Sammlung der Herrscherfamilie einverleibt wurden.

Auf der Menükarte stehen Jodhpur-Lieblingsgerichte wie *akha raan*, zarte, mit Rum und Gewürzen marinierte Lammkeule, und das traditionelle, scharfe *lal maas*. Des Weiteren *jali kebabs*, goldbraun gebratene Fischfilets, würziges *achari murg* – ein berühmtes *Shikar*-Rezept, bei dem ein Hühnchen im Erdboden gegart wird, *pittor ka saag*, mit Kichererbsenmehl gedämpftes Gemüse, und *soyeta*, herzhaftes Gemüse mit Perlhirse. Zum Dessert gibt es *bajra ki kheer*, traditionellen Milch-Hirse-Pudding.

In einem Land, in dem die Menschen auch dann von Überfluss reden, wenn etwas eigentlich knapp ist, werden Gastfreundschaft und Bewirtung besonders hochgehalten. Im 19. Jahrhundert saßen bei fürstlichen Festmählern die Gäste auf dem Boden und aßen aus Tellern oder Schalen, die auf niedrigen Tischchen standen. Karni Singh Jasol erklärt: »Ein Festmahl wurde mit Blick auf die Stellung des Gastes in der gesellschaftlichen Rangordnung gestaltet. Je wichtiger der Gast war, desto näher saß er beim Maharadscha. Ihm servierte man auf Tellern aus Edelmetallen wie Gold oder Silber. Selbst die Menge von *ghee* (Butterschmalz), die gereicht wurde, hing vom sozialen Status ab.«

Königliche Geburtstage wurden 21 Tage lang gefeiert, weil dies eine Glückszahl war. Der Hochzeitszug des Bräutigams aus Jaipur, wurde in Jodhpur sage und schreibe drei Monate lang von Maharadscha Man Singh bewirtet. Und als der junge Shivraj Singh im November 2010 mit Prinzessin Gayatri Kumari von Askot vermählt wurde, gab Bapji eine ganze Woche lang ein spektakuläres Hochzeitsfest, bei dem 5300 Gäste in ein anderes Zeitalter versetzt wurden – es gab traditionelle Zeremonien, Festmähler mit köstlichen Jodhpur-Spezialitäten, Volksmusik und Tanz. Jodhpur blühte mit der legendären Gastfreundlichkeit seiner Herrscherfamilie auf, die in jedem Erben seiner großartigen Geschichte lebendig ist.

MENÜ

1. Fish Jali Kebab 2. Laal Maas 3. Aakha Raan 4. Achaari Murgh
5. Khud Murgh 6. Bajjre Ka Soyeta und Palak Pithore Saag

ACHAARI MURGH

Huhn in Einlegegewürzen

ZUTATEN FÜR 4–6 PERSONEN

Für die Einlegegewürze:

1 ½ Tl Schwarzkümmelsamen
2 TL Anissamen
2 ½ TL Kreukümmelsamen
5 rote Chilischoten
250 g Ghee
250 g Zwiebeln, fein gehackt
5 große Knoblauchzehen
1 TL Bockshornkleesamen
1 TL Chilipulver
1 TL Kurkumapulver
1 TL Korianderpulver
200 g Joghurt
1 küchenfertiges Huhn (ca. 900 g), in 8 Stücken
200 ml Geflügelfond
2 EL Zitronensaft
Salz
2 ½ EL frisch gehackter Koriander

- Ghee in einem Wok erhitzen und Zwiebeln sowie Einlegegewürze darin anschwitzen. So lange braten, bis die Zwiebeln leicht braun sind. Inzwischen den Knoblauch abziehen und im Mörser zu einer glatten Paste zerreiben. Bockshornkleesamen in den Wok geben.
- Die Knoblauchpaste unterrühren und 2 Minuten anschwitzen. Chili-, Kurkuma- und Korianderpulver zufügen. Joghurt glatt rühren und untermischen. Das Ganze so lange köcheln lassen, bis das Fett an die Oberfläche steigt.
- Hühnerteile einlegen und rundherum anbraten. Fond angießen, Hitze reduzieren und das Fleisch zugedeckt in etwa 45 Minuten weich schmoren.
- Zitronensaft einrühren und mit Salz würzen. Das Gericht mit frischem Koriander bestreuen und heiß servieren. Das Fleisch schmeckt noch aromatischer, wenn es am Vortag zubereitet und dann erneut erhitzt wird.

LAAL MAAS

Lammragout mit Tomaten und rotem Chili

ZUTATEN FÜR 4 PERSONEN

40 milde, getrocknete rote Chilischoten
2 cm frischer Ingwer
4 Knoblauchzehen
300 g Ghee
2 mittelgroße Zwiebeln, in Ringen
je 4 grüne und schwarze Kardamomkapseln
10 schwarze Pfefferkörner
10 kleine Nelken
½ TL gemahlene Muskatblüte
800 g Lammfleisch aus der Schulter, gewürfelt
200 g vollreife Tomaten, gewürfelt
1 l Lammfond
1 TL Salz
4 Korianderzweige zum Garnieren
1 EL Ingwer, in feinen Streifen, zum Garnieren

- Chilischoten entstielen und 15 Minuten in Wasser einweichen. Abgießen und entkernen, dabei Handschuhe tragen. Die Schoten mit etwas Wasser im Mixer zu einer Paste verarbeiten. Ingwer und Knoblauch schälen. Separat im Mörser jeweils zu einer feinen Paste zerreiben.
- Ghee in einem großen Topf mit schwerem Boden erhitzen. Zwiebeln darin mitsamt Karadmomkapseln, Pfefferkörnern, Nelken und Muskatblüte goldbraun braten. Ingwer-, Knoblauch- und Chilipaste einrühren.
- Hitze erhöhen, die Fleischwürfel einlegen und 4–5 Minuten anbräunen. Hitze reduzieren und das Fleisch simmern lassen, bis das Fett an die Oberfläche steigt. Tomaten und Lammfond einrühren. Salzen und das Fleisch zugedeckt 1–1½ Stunden köcheln lassen, bis es weich und zart ist.
- Kardamomkapseln entfernen, das Ragout mit Koriandergrün und Ingwerstreifen garnieren und servieren.

AAKHA RAAN

Langsam gegarte Lammkeule

ZUTATEN FÜR 6–8 PERSONEN

200 g Ghee
Würzmischung aus 2 Lorbeerblättern, 2 Nelken, 5 grünen Kardamomkapseln, 3 schwarzen Kardamomkapseln und 2 kleinen Zimtstangen
1 EL Kreuzkümmelsamen
2 ½ EL Koriandersamen
6 milde, getrocknete rote Chilischoten
250 g Zwiebeln, in Ringen
3 ½ TL Ingwerpaste (Seite 87 oder Fertigprodukt)
3 EL Knoblauchpaste (Seite 87 oder Fertigprodukt)
1 Lammkeule (ca. 1,8 kg), pariert
Salz
3 l Lammfond
6 EL Rum
100 g Karotten, in Scheiben
50 g Joghurt
Korianderzweige zum Garnieren

- Ghee in einem Bräter, in dem die Lammkeule Platz findet, erhitzen. Würzmischung, Kreuzkümmel- sowie Koriandersamen und Chilischoten darin kurz anschwitzen. Zwiebeln zufügen und goldgelb braten.
- Ingwer- und Knoblauchpaste einrühren und einige Minuten anschwitzen. Inzwischen die Lammkeule mit Salz einreiben.
- Lammkeule einlegen und von beiden Seiten anbraten. Lammfond, Rum und Karotten dazugeben. Das Fleisch zugedeckt 1 Stunde köcheln lassen. Joghurt einrühren und das Ganze nochmals gute 30 Minuten garen.
- Die Keule herausnehmen und auf eine vorgewärmte Platte legen. Die Sauce durch ein feines Sieb abseihen und mit Salz abschmecken. Das Fleisch mit Korianderzweigen garnieren und servieren. Die Sauce dazu reichen.

FISH JALI KEBAB

Gegrillte Fischfilets

ZUTATEN FÜR 4 PERSONEN

1 kg Fischfilets ohne Haut und Gräten, vorzugsweise von einem Süßwasserfisch mit festem Fleisch, z.B. Zander

Für die erste Marinade:

2 cm frischer Ingwer
4 Knoblauchzehen
2 EL Zitronensaft

Für die zweite Marinade:

300 g Joghurt
1 ½ EL grüne Chilipaste (Fertigprodukt)
1 ½ EL grüne Korianderpaste (Fertigprodukt)
1 ½ TL Garam Masala (Seite 116 oder Fertigprodukt)
1 ½ TL Kurkumapulver
100 ml Senföl
Salz

8 Zitronenspalten

- Die Zanderfilets kalt abspülen und in Portionen von jeweils 60 g schneiden. Ingwer und Knoblauch schälen. Separat im Mörser fein zerreiben und in einer großen Schüssel mit dem Zitronensaft vermischen. Fischstücke einlegen, in der Marinade wenden und im Kühlschrank 2 Stunden durchziehen lassen.
- Zutaten für die zweite Marinade vermengen, zu den Fischstücken geben und alles gut vermischen. Erneut im Kühlschrank 2 Stunden marinieren.
- Auf dem Holzkohlegrill oder unter dem Backofengrill pro Seite 6–7 Minuten grillen. Sofort servieren und Zitronenspalten dazu reichen.

PALAK PITHORE SAAG

Kichererbsenküchlein mit Spinat und Joghurtsauce

ZUTATEN FÜR 4 PERSONEN

Für die Küchlein:

250 g Kichererbsenmehl
100 g Joghurt
250 ml Wasser
1 mittelgroße Zwiebel, fein gehackt
3 Knoblauchzehen, fein gehackt
50 g Blattspinat, fein gehackt
Salz

Für die Joghurtsauce:

100 g Ghee
2 ½ TL Kreuzkümmelsamen
½ TL Asant
1 EL Ingwer-Knoblauch-Paste (Fertigprodukt)
1 EL Korianderpulver
1 ½ TL Kurkumapulver
1 TL rote Chilipaste
400 g Joghurt, aufgeschlagen
Salz
1 EL gehacktes Koriandergrün zum Bestreuen

- Zutaten für die Küchlein in einem Topf mit schwerem Boden vermengen und erhitzen. Unter stetem Rühren kochen, bis sich die Mischung vom Topfboden löst. 5 cm dick auf einem Blech verstreichen und abkühlen lassen. Anschließend in kleine Rauten schneiden.
- Für die Sauce Ghee in einem Wok erhitzen. Kreuzkümmelsamen und Asant darin anrösten. Ingwer-Knoblauch-Paste einrühren und kurz anschwitzen. Koriander- sowie Kurkumapulver und Chilipaste zufügen. Den Joghurt untermengen und das Ganze bei geringer Hitze unter Rühren simmern lassen, bis das Fett an die Oberfläche steigt. Mit etwas Wasser verdünnen und salzen.
- Die Kichererbsenküchlein einlegen und 5 Minuten in der Sauce köcheln lassen.
- Mit Koriander bestreuen und heiß servieren.

Bajjre Ka Soyeta (rechts, Hirse mit Lammfleisch, Rezept siehe Rezeptheft Seite 21) und Palak Pithore Saag (links)

NAWABS MIT GESCHMACK

MAHMUDABAD

Mahmudabad steht für tehzeeb, *die Eleganz, Kultiviertheit und den Feinsinn vergangener Tage, wie sie für die Höfe der Nawabs von Awadh charakteristisch waren.*

Vorherige Seiten (92–93): Der Qila (Festung) von Mahmudabad ist die Residenz der Herrscherfamilie, seit ihre Vorfahren 1677 seinen Grundstein legten.

Vorherige Seiten (94–95): Erben eines großen Vermächtnisses: Amir Khan (links) und Ali Mohammad Khan (rechts).

Gegenüber: Radscha Mohammad Amir Mohammad Khan zwischen seinen beiden Söhnen: Ali (rechts) und Amir (links) – ein Bildnis perfekter formeller Kleidung mit achkans, *den traditionellen Jacken, wie sie die meisten nordindischen Aristokraten tragen. Während Amir und sein Vater unter dem* achkan *enge* churidars *tragen, hat Ali weite Hosen an, wie sie besonders in Awadh die Mode für Männer waren.*

Eine der frühesten Erinnerungen von Radscha Mohammad Amir Mohammad Khan betrifft die Zeremonie, die jede Mahlzeit in Mahmudabad umgab. »Ich sehe noch diese enormen achteckigen Holztabletts, die von unserem Küchenpersonal mit Speisen beladen hereingetragen wurden. Sie waren mit einem Korbdeckel und einem roten Tuch zugedeckt. Dieses trug das Siegel des Küchenchefs, Darogah-e-Matbakh, und durfte nur in Gegenwart meines Vaters aufgebrochen werden.« Das sollte Manipulationen von Staatsfeinden vorbeugen. Die Tabletts wurden von Wächtern geleitet, die der Prozession mit langen Stöcken den Weg bahnten. Der Darogah-e-Matbakh setzte sich dann *oben* an die Tafel und servierte die Gerichte in der Reihenfolge, wie er sie für den Radscha von Mahmudabad, Mohammad Amir Ahmad Khan, als angemessen erachtete.

Das Herrscherhaus von Mahmudabad kann seine Wurzeln bis ins heutige Saudi-Arabien zurückverfolgen, wo seine Vorfahren Abkömmlinge des ersten Kalifen und Schwiegervater Mohammeds, Abu Bakr al-Siddiq, gewesen sein sollen. Als Erster dieses Clans reiste im 13. Jahrhundert ein Gesandter zum Sultan Muhammad Ghori nach Multan, heute Pakistan, von dort an den Mogulhof zu Delhi und schließlich nach Mahmudabad, 55 Kilometer von Lucknow entfernt, dem Machtzentrum von Awadh. Mahmudabad war strategisch wichtig und sollte den Großmoguln Akbar und Jahangir eine kampfbereite Armee und Verstärkung stellen.

Die Nawabs von Awadh waren Vizekönige der Mogulherrscher und für ihre Neigung zu gutem Leben und ihre Wertschätzung der Künste bekannt. Der Lebensstil an den Höfen der Großmoguln beeinflusste sie, und die Nawabs halten sich zugute, Feinschmecker und Getränkekenner zu sein. Im späten 18. Jahrhundert hatte die Awadhi-Küche unter dem Nawab Asif ud Daula einen hervorragenden Ruf erworben. Gerichte wie *kebab* und *korma*, die für die Awadhi-Küche stehen, hatten ihren Ursprung im Iran.

Mohammad Amir Khan erklärt: »Neben seinem Geschmack wurde auch jedes Gewürz, das in ein Awadhi-Gericht kam, von den königlichen *hakims* gemäß der Wissenschaft des Unani, der persisch-arabischen Medizin, vorgeschrieben.« Im Hinblick auf die Gesundheit des Herrschers und seiner Familie wurden Kochrezepte nach ihrem therapeutischen Nutzen erstellt.

Erst seit 1857, als die Briten der Moguldynastie die Macht abgerungen hatten, konnten die Adelsfamilien aus dem Schatten der Großmoguln heraustreten und ihre eigene Identität entwickeln. »Unter der Herrschaft der Briten erhielten unsere Familien die nominelle Unabhängigkeit als Radschas. Die Briten widmeten sich den Regierungsgeschäften, und wir hatten die Freiheit und Muße, uns anderen Dingen zuzuwenden, so der Gastronomie. Bei der Auflösung der Mogulhöfe flohen die Köche der Palastküchen auf der Suche nach Arbeit und Sicherheit zu benachbarten Adelssitzen. Viele Gerichte, die einen Teil der Mahmudabad-Küche ausmachen, stammen aus den Küchen der Großmoguln«, erklärt Suleiman, wie Mohammad Amir von seinen Freunden genannt wird. Und er erzählt: »*Gulatthi* [ein Dessert aus Reis und Milch mit Äpfeln und Kürbis] war ein Lieblingsgericht des Nawabs Asif ud Daula, und es heißt, seine Mutter habe es ihm mit Kamelen dorthin nachgeschickt, wo ihr Sohn stationiert war.« Ein anderes Rezept, das der Kaiserin Nurjahan zugeschrieben wird, der Mutter des Großmoguls Shah Jahan, der den Tadsch Mahal baute, ist *sahnak*. Es wird aus Reis, Joghurt und Rahm gemacht und an Geburtstagen serviert – aber nur verheirateten Frauen oder heranwachsenden Mädchen.

Die Familie ist für ihre Bildung und Kultiviertheit bekannt – Suleimans Großvater, der einstige Radscha Mohammad Ali Mohammad Khan, war Absolvent des Queens College in Kalkutta –, Suleiman selbst hat einen Doktortitel in Astrophysik, und seine beiden Söhne Ali und Amir sind Absolventen der Universität Cambridge beziehungsweise des Imperial College in London. Neben ihrer wissenschaftlichen Betätigung haben alle Männer der Familie eine besondere Liebe zur Dichtung. Und die Namen ihrer Speisen hören sich ebenso poetisch wie köstlich an. »*Labh-e-mashooq* oder die ›Lippen der Liebsten‹ sind eine leichte, souffléartige Zubereitung mit frisch aufgeschlagener Butter. Dann gibt es *naan-e-niamat*, ein lockeres mit Trockenobst und Buttertoffee gefülltes Gebäck, ähnlich einem französischen Blätterteiggebäck«, erklärt Mohammad Ali Khan, wenn er über Raffinement und Vielseitigkeit der Speisen in Mahmudabad spricht. Besonders liebt er *kate gali machli*: »Wir machen es aus Fischen mit dickeren Gräten. Man kann die Gräten wirklich mitessen, weil sie knusprig wie Kekse werden, während das Fleisch zart bleibt.« Für das, was gemeinhin unter dem Namen *biryani* läuft, hat er nichts übrig. *Kacchi*

Der einstige Radscha Mohammad Amir Ahmad Khan (Mitte rechts) hat den Nizam von Haiderabad (Mitte links) beim High Tea im Butler Palace, der Mahmudabad-Residenz in Lucknow, zu Gast.

Gegenüber: Alljährlich unterbricht Ali Mohammad Khan sein Studium an der Universität Cambridge in England und verbringt den Monat Muharram *mit der Familie in Mahmudabad.*

Vorherige Seiten (100–101): *Ein Besuch in Mahmudabad ist wie eine Reise in die Vergangenheit. Eleganz und Anmut eines vornehmen Zeitalters sind im verblassenden Glanz des Qila von Mahmudabad immer noch sichtbar.*

Oben: Das Grundstück, auf dem sich die Familienresidenz befindet, erstreckt sich über 80 000 Quadratmeter. Zu den architektonisch interessanten Bauwerken gehören auch der Najaf, eine Nachbildung des Schreins des Imam Ali im Irak, und der Dargah, des Schreins des Hazrat e Abbas.

Gegenüber: Die Familie von Mahmudabad hat sich stets der Wissenschaft und Kunst gewidmet. Sie kann auch eine kleine Bibliothek mit den besten Werken der Literatur und Dichtung in Urdu, Arabisch und Persisch vorweisen.

biryani, wie es in der Residenz von Mahmudabad serviert wird, bereitet man in einer Brühe zu, die aus demselben Fleisch gekocht wird, das auch in das *biryani* kommt, nicht aus irgendwelchen Fleischresten – so entfaltet sich das volle Aroma. Die Köche sorgen auch dafür, dass kein Zentimeter Fett oder gar Knochenreste in den Reis gelangen. »Unsere Köche haben sich darauf spezialisiert, Speisen so zu tarnen, dass sie nach etwas anderem aussehen und die Gäste überraschen. Zum Beispiel aus getrockneten Früchten und Zucker etwas zu machen, das wie frisches Obst aussieht«, erinnert sich der Hüter dieses reichen Vermächtnisses.

Seine Gemahlin Rani Vijaya Khan überlässt die Beaufsichtigung der Küche lieber den Männern. »Es würde mir nichts ausmachen zu kochen, wenn es für mich selbst wäre«, sagt sie lächelnd. Doch sie ist stolz auf das familiäre Erbe und versteht, »dass es ein sehr wichtiger Teil unseres Lebens und unserer Kultur ist«. In Mahmudabad, wo *zenana/mardana*, die Trennung zwischen Männern und Frauen, strikt eingehalten wurde, hatten Mahlzeiten eine besondere Bedeutung, weil hier diese Schranken aufgehoben waren. »Wenn die Männer der Familie nach Hause kamen, um mit den Frauen zu essen, war dies ein Anlass, bei dem alle Familienmitglieder gemeinsam an etwas teilhatten«, sagt Vijaya.

Die Küchenchefs von Mahmudabad verfügten – mit Unterstützung des Leibarztes – über eigene Rezepte, um die meisten Krankheiten zu heilen. Mohammad Khan verzieht das Gesicht: »Ich erinnere mich, wenn ich krank war, bekam ich eine Portion *sada salan*, dünne Hammelfleischbrühe mit *phulkas*, Brot mit gewässertem *ajwain* [Königskümmel].« Bis heute ist es ihm zuwider, *phulkas* zu essen. Suleiman erzählt, dass – als sein Großvater unter Depressionen litt – die Ärzte den Köchen auftrugen, all seine Speisen in einem bestimmten Topf zuzubereiten, in dem ein Zauberspruch graviert war. Eine andere, recht teure Verordnung bestand darin, die Speisen des Radschas mit Goldmünzen zu »würzen«.

Die Familie ist auch auf einen anderen typischen Awadhi-Brauch stolz: das Rauchen der *huka* oder Wasserpfeife. Das Bildnis einer Nawab-Familie wäre unvollständig ohne den vertrauten Anblick eines Adligen, der an der Röhre einer *huka* saugt. »Die Tabakmischung, die wir in unseren *hukas* rauchen, ist besser als die meisten anderen, und nur wenige Könner in Mahmudabad verstehen sich darauf«, behauptet Mohammad Amir stolz. Als er dem Kronprinzen Hassan von Jordanien diese *tambakuh* anbot, kannte dessen Begeisterung über das Aroma kaum Grenzen.

Vorherige Seiten (104–105): Der Qila bietet auch all jenen, die seit Generationen für die Mahmudabad-Dynastie arbeiteten, ein Zuhause.

Die Küche und Gastfreundschaft von Mahmudabad waren in Awadh und darüber hinaus berühmt. Mahommedali Currim Chagla, Indiens erster Erziehungsminister, erzählt in seinem Buch *Roses in December*, wie aufwendig und großartig ein Dinner in der Residenz von Mahmudabad ablief. Der erste Gang war so opulent, dass er ihn für die gesamte Mahlzeit hielt. Erst danach wurde ihm klar, dass der Hauptgang der Awadhi-Küche noch folgen sollte. Der Freiheitskämpfer Motilal Nehru, Vater von Jawaharlal Nehru, war ein guter Freund der Familie. Als er in Gefängnis von Allahabad einsaß, schickte Suleimans Vater, Mohammed Amir Ahmad Khan, seinem Freund kaltes *biryani* und, darin versteckt, eine Flasche Champagner. Obwohl er keinen Alkohol trank, unterhielt Suleimans Großvater für seine Gäste einen beachtlichen Weinkeller mit edelsten Weinen aus aller Welt.

Suleimans jüngerer Sohn Amir erzählt uns, dass es strenge Regeln gab, wen man zum Essen einladen durfte. »Mein Großvater war erst 18, als er seinen Vater verlor, und es dauerte, bis er gekrönt wurde. In der Zwischenzeit wollte er den Nizam von Haiderabad, einen Freund der Familie, zum Dinner einladen. Doch das Protokoll gestattete es nicht, einen Mann von höherem Stand einzuladen. Schließlich fand man einen Kompromiss, so dass der Nizam zum High Tea, nicht aber zu einer ganzen Mahlzeit kommen

konnte.« Selbstverständlich war der High Tea auch eine aufwendige Speisenfolge, wie sie einem König gebührte.

Die Residenz der ehemaligen Herrscherfamilie, der Qila von Mahmudabad, ist ein Symbol eines vergangenen Zeitalters, immer noch schön, auch wenn sie ihre besten Tage hinter sich hat. Ebenso in frühere Zeiten zurückversetzt fühlt man sich, wenn man den Köchen der Familie bei der Zubereitung des Dinners zusieht. Bei diesen Meistern, deren Familien seit Generationen für die Radschas von Mahmudabad arbeiten, gibt es keine Mikrowellen oder Gasherde. Unter einem bonbonbunten Zelt werden morgens riesige Holzfeuer entzündet, denn für die Zubereitung dieser alten Rezepte braucht man den ganzen Tag. Der Küchenchef Afzal Ahmad Qureishi stellt mit Bedauern fest: »Ich würde gern an einem Kochwettbewerb im Fernsehen teilnehmen, aber dort hat man nur eine Stunde, und ich brauche für meine Art zu kochen einen ganzen Tag.« Afzals Familie ist seit Generationen der Herrscherfamilie von Mahmudabad verbunden, schon sein Vater und Großvater waren hier Küchenchefs. Die Köche beginnen peinlich genau mit ihren Vorbereitungen. Trockenobst wird zu einer feinen Paste zerrieben, frische Sahne von Hand zu einem lockeren Schaum geschlagen; das Lamm wird mit einem speziellen Sägemesser geschickt geschnitten, und in einer Pfanne werden Gewürze leicht angeröstet und verströmen einen betörenden Duft.

Der achtzigjährige Lalu Miyan, der seit Jahren ausschließlich Brot und Fladenbote verschiedenster Art für die Familie bäckt, streicht liebevoll *ghee* auf die Schichten eines *paratha* (Fladenbrot).

Gegenüber und oben: In Mahmudabad werden Speisen stets im traditionellen Awadhi-Stil des dastarkhan *serviert. Die gesamte Familie sitzt zum Essen auf dem Boden.*

Die feinen Kaffeetassen aus Porzellan tragen die Initialen der Herrscherfamilie von Mahmudabad.

Er klagt: »Ich brauche einen Lehrling, sonst wird mein Können mit mir sterben.« Ali, der unter der Anleitung seines Vaters das Erbe von Mahmudabad zu bewahren lernt, stimmt ihm zu: »Ich mache mir wirklich Sorgen – wenn wir keine geeigneten Lehrlinge finden, werden die alten Rezepte und Methoden verloren gehen. Ich muss dafür sorgen, dass das nicht passiert.«

Sie haben geschickte, sichere Hände, sie wissen, was sie können, und ihr Selbstvertrauen beruht auf jahrelanger Erfahrung – so gehen die Köche daran, ein eindrucksvolles Festmahl vorzubereiten. Ein *dastarkhan* wird auf weißen Tüchern auf dem Boden ausgebreitet. Die Männer der Familie tragen alle die gleichen schwarzen *sherwanis* und weißen *churidars*, Jacken und Hosen, und setzen sich im milden Licht von Kerzen, die in rötlich gefärbten Glaskolben stehen, zum Essen nieder. Das elegante Porzellangeschirr hat einen schlichten braunen Rand auf weißem Grund, darauf hebt sich ebenfalls in Braun der Buchstabe »M« ab. Während das Dekor mit Rücksicht auf den Ernst des *Muharram*, eine Zeit der Trauer um den Propheten oder einen Imam, zurückhaltend ist, sind die Speisen so aufwendig, wie es nur geht: ein *gosht ki biryani*, bei dem jedes Reiskorn mit dem Saft des Hammelfleischs getränkt ist, ein saftiges *murg kebab musallam* (Brathähnchen mit dicker Sauce), himmlische *miyanapuri kebabs* (mit Lammhackfleisch gefüllte Kebabs), duftendes *kundan kaliya*, bei dem die in die Bratensauce getunkten Fleischklößchen in goldenem Blattgold glänzen, und *shabdegh* (Lamm mit Rüben), das stundenlang auf dem Holzfeuer geköchelt hat. Das Mahl wird von süßen, mit Safran verfeinerten *shahi tukdas* (geröstetes Brot, in Zuckersirup getaucht und mit Dickmilch bestrichen) abgerundet, dazu gibt es herrlich erfrischendes *sebh kheer* (ein mit getrockneten Früchten garniertes Apfeldessert).

Inmitten ihres Reichtums sind die »Royals« von Mahmudabad freigebig und Anhänger von *tasaruffi*, dem Teilen des Essens mit den weniger Begüterten. Dieser Brauch wurde an den Höfen der Moguln befolgt, wo man Tag für Tag – neben dem *khasa*, den Speisen für den Herrscher und seine Höflinge – *Tasaruffi*-Essen kochte. Ali Khan, Suleimans ältester Sohn, sagt: »Mein Großvater führte es ein, dass außer dem *khasa* auch ein *Tasaruffi*-Gericht bei der Familie auf den Tisch kam.« Noch heute versucht die Familie, diese Tradition in der Zeit des islamischen Trauermonats *Muharram* beizubehalten. Ali Khan fügt hinzu: »An den ersten zehn Tagen von *Muharram* kochen wir für mindestens 1200 Leute im Dorf. Und während des restlichen Monats wird jeden Tag *khamiri roti* (Hefegebäck) an 400 bis 500 Menschen verteilt.«

MENÜ

1. Shabdegh 2. Kundan Kaliya 3. Murgh Kebab Musallam 4. Kebab Miyanpuri
5. Gosht Ki Biryani 6. Lab-e-Mashooq 7. Seb Ki Kheer

HINTER DEN KULISSEN

Der Hof des *zenana* im Qila hallt vom Gelächter und vormittäglichen Treiben der Frauen wider, die für die Herrscherfamilie arbeiten. Normalerweise dürfen Männer diesen Bereich nicht betreten, aber zur Mittagsszeit kommen die Männer der Familie und nehmen die Mahlzeit mit der Dame des Hauses, Vijaya Khan, ein. Die Frauen jeden Alters, die uneingeschränkt ihren Arbeiten nachgehen, achten darauf, dass ihre Schleier richtig sitzen, wenn die drei Männer hier ihre Hände an einer alten Wasserpumpe im Hof waschen, bevor sie zum Essen ins Haus gehen.

Während das Essen in vielen Töpfen und Pfannen in der Küche unter wachsamen Augen vor sich hin köchelt, sitzt eine Küchenhilfe unter einem der alten Bogen der Arkaden vor der Küche und knetet den Vollkornteig für die *rotis* (Fladenbrote). Andere Frauen sieben Reis und Linsen, das ist wichtig, um Verunreinigungen zu entfernen. Der luftige Teig wird dann von abgearbeiteten, aber kundigen Händen bearbeitet, die *rotis* werden ausgerollt und auf glühend heiße *tawas* (Pfannen) geklatscht. Das gebackene Brot wird dann schichtweise in Tücher eingeschlagen, damit es bis zum Mittagessen warm bleibt.

Für große Essen wird eine behelfsmäßige Küche aufgebaut. Die gesamte Mahlzeit bereitet man traditionell auf Holzfeuern zu. Die Köche von Mahmudabad sind stolz auf ihr handwerkliches Geschick und arbeiten stundenlang an jedem Gericht.

SHABDEGH

Lamm mit Rüben und Hackfleischbällchen

ZUTATEN FÜR 6 PERSONEN

300 ml Pflanzenöl
300 g Zwiebeln, fein gehackt
1 kg Lammfleisch aus der Schulter, in ca. 20 Stücke geschnitten
3 EL Ingwerpaste (Seite 87 oder Fertigprodukt)
1 ½ EL Knoblauchpaste (Seite 87 oder Fertigprodukt)
1 Prise rotes Chilipulver
Salz
5 Gewürznelken
4 grüne Kardamomkapseln, aufgeschlitzt
2 kleine Zimtstangen
50 g Mandelpaste (Fertigprodukt)
100 g Joghurt, aufgeschlagen
1 ½ EL Korianderpulver
100 g Sahne
1 TL Kewrawasser, ersatzweise Rosenwasser
2–3 kleine Speiserüben, z.B. Mairüben, ca. 500 g
1 ½ EL Kurkumapulver
50 g Kichererbsenmehl
250 g Lammhack
3 ½ EL Mohnsamen
3 ½ EL Kokoscreme (Fertigprodukt, ist fester als Kokosmilch)
2 TL schwarze Pfefferkörner, im Mörser zerrieben
2 ½ EL Papayapaste
Salz
frisch geriebene Muskatnuss und grünes Kardamompulver zum Bestreuen

- 200 ml Öl in einem großen Topf mit schwerem Boden erhitzen. Die Zwiebeln darin goldbraun braten. Mit einem Schaumlöffel herausnehmen und im Mörser zerreiben.
- Lammfleisch in den Topf geben. Je die Hälfte der Ingwer- und Knoblauchpaste, Chilipulver, Salz, Nelken, Kardamom, Zimt, Mandelpaste, Joghurt und die Hälfte der zerriebenen Zwiebeln zufügen. Das Ganze gut vermengen.
- 500 ml Wasser angießen, den Topf verschließen und das Fleisch bei mittlerer Hitze in etwa 1 Stunde weich garen. Die Hitze erhöhen und das Fleisch kräftig anbraten. Korianderpulver, Sahne, Kewrawasser und erneut 500 ml Wasser zugeben. 5 Minuten offen köcheln lassen, dann vom Herd nehmen.
- Während das Fleisch gart, Speiserüben putzen, waschen und achteln. Reichlich Wasser gemeinsam mit dem Kurkumapulver zum Kochen bringen. Die Speiserüben darin bissfest garen. Anschließend abgießen.
- Kichererbsenmehl in einer Pfanne trocken rösten. In eine Schüssel geben. Lammhack, restliche geriebene Zwiebeln, restliche Ingwer- und Knoblauchpaste, Mohnsamen, Kokoscreme, Pfefferkörner und Papayapaste zufügen. Das Ganze gründlich vermischen und mit Salz würzen. Aus der Masse mit angefeuchteten Händen kleine Bällchen formen. Im restlichen Öl bei geringer Hitze goldbraun braten. Auf Küchenpapier abtropfen lassen.
- Hackbällchen und Speiserüben zum Fleisch im Topf geben und alles zum Kochen bringen. Kurz köcheln lassen. Mit frisch geriebener Muskatnuss und grünem Kardamompulver bestreuen und heiß servieren.

KUNDAN KALIYA

Lammcurry mit Khoya

ZUTATEN FÜR 4 PERSONEN

1,5 l Milch
Salz
schwarzer Pfeffer
125 ml Pflanzenöl
100 g Zwiebeln, feingehackt
500 g Lammfleisch aus der Keule, gewürfelt
1 ½ TL Ingwerpaste (Seite 87 oder Fertigprodukt)
1 TL Knoblauchpaste (Seite 87 oder Fertigprodukt)
½ TL Kurkumapulver
1 Prise rotes Chilipulver
75 g Joghurt, aufgeschlagen
4 grüne Kardamomkapseln
4 Gewürznelken
100 g Sahne
2 EL Cashewnüsse, im Mörser zerrieben
1 TL Kewrawasser, ersatzweise Rosenwasser
½ TL schwarze Pfefferkörner, im Mörser zerrieben
10 Stücke essbares Blattsilber

- Zuerst das Khoya zubereiten. Hierfür die Milch in einer beschichteten Pfanne zum Kochen bringen. Sobald sie kocht, Hitze reduzieren und die Milch unter stetem Rühren mit einem Holzlöffel einkochen, bis sie die Konsistenz von dickflüssigem Honig hat. Das dauert etwa 1 Stunde. Weiter köcheln lassen, bis eine zähe Masse entsteht. Mit Salz und Pfeffer würzen und abkühlen lassen.
- Öl in einer großen Pfanne mit schwerem Boden erhitzen. Zwiebeln darin goldbraun braten. Fleisch, Ingwer- und Knoblauchpaste, Kurkuma, Chili, Joghurt, Kardamomkapseln, Nelken und Salz zufügen. Gut vermengen. 250 ml Wasser angießen und das Fleisch zugedeckt in etwa 1 Stunde bei sanfter Hitze weich garen.
- Hitze erhöhen und offen köcheln, bis das Fett an die Oberfläche steigt. Sahne, zerriebene Cashewnüsse und zerriebene Pfefferkörner untermengen. 325 ml Wasser angießen und das Curry noch gute 10 Minuten leise köcheln lassen.
- Das Khoya zu 10 flachen Bällchen formen und diese in Blattsilber einschlagen. Das Curry damit garnieren.

Gegenüber: Kundan Kaliya, serviert mit Fladen- oder Ballonbrot

MURGH KEBAB MUSALLAM

Würziges Brathähnchen

ZUTATEN FÜR 4–6 PERSONEN

1 küchenfertiges Huhn, ca. 1,2 kg
Salz
100 g Papayapaste
2 EL Ingwerpaste (Seite 87 oder Fertigprodukt)
250 ml Pflanzenöl
250 g Zwiebeln, fein gehackt
200 g Joghurt
3 ½ EL Mandelpaste
4 TL Mohnsamenpaste
2 ½ EL Kokoscreme
2 EL Garam Masala (siehe unten)
einige Safranfäden, in Wasser eingeweicht
3 TL Korianderpulver
rotes Chilipulver
3 EL Kichererbsenmehl, geröstet
1 TL Kewrawasser, ersatzweise Rosenwasser
Ingwerstreifen zum Garnieren

Für das Garam Masala:

½ TL schwarze Pfefferkörner
1 TL Kreuzkümmelsamen
1 TL Piment
3 Gewürznelken
1 Zimtstange, 2–3 cm lang
2 Msp. gemahlene Muskatblüte
Samen von 4–6 grünen Kardamomkapseln
Samen von 2 schwarzen Kardamomkapseln

- Das Huhn rundherum zuerst mit Salz, dann mit Papayapaste und der Hälfte der Ingwerpaste einreiben. Die Haut mehrmals mit einer Gabel einstechen, damit die Marinade gut einzieht. Das Huhn 40 Minuten marinieren.
- Zutaten für das Garam Masala in einer Pfanne trocken rösten, bis die Gewürze duften und anschließend im Mörser fein zerreiben.
- 200 ml Öl in einem Wok erhitzen und die Zwiebeln darin goldbraun braten. Zwiebeln mit einem Schaumlöffel herausheben und im Mörser zu einer groben Paste zerreiben.
- Backofen auf 180 °C vorheizen. In einer Schüssel Joghurt, restliche Ingwerpaste, Mandelpaste, Mohnsamenpaste, Kokoscreme, Garam Masala, 2 Esslöffel Öl, eingeweichten Safran, Korianderpulver, Chili und zerriebene Zwiebeln gründlich vermengen. Kichererbsenmehl, Kewrawasser und Salz unterrühren. Das Huhn mit der Mischung bestreichen und mit Küchengarn binden.
- Mit der Brust nach oben auf ein tiefes Backblech legen und im Ofen etwa 1 Stunde garen. Nach 45 Minuten wenden. Huhn herausnehmen, die Sauce mit einem Löffel entfernen und gemeinsam mit der Sauce vom Blech in einen kleinen Topf geben. Restliches Öl unterrühren, erhitzen und die Sauce etwas einkochen lassen. Das Huhn vom Küchengarn befreien, auf eine vorgewärmte Platte legen und mit Sauce überziehen. Mit Ingwerstreifen garnieren.

STRASSE DER GEWÜRZE

MYSORE

Die legendäre Pracht der Höfe des Fürstenstaates Mysore lockte Reisende und Forscher aus allen Teilen der Welt.

Vorherige Seiten (118–119): Der Mysore Palace wurde 1912 fertiggestellt, doch die folgenden Generationen der Wadiyars fügten dem ursprünglichen Bauwerk immer wieder Erweiterungsbauten hinzu.

Vorherige Seiten (120–121): Der Bangalore Palace ist stark durch die Tudor-Architektur von Windsor Castle in England beeinflusst.

Gegenüber: Der heutige Vertreter der 600 Jahre alten Wadiyar-Dynastie, Maharadscha Shrikantadatta Narasimharaajawadiyar.

Wenn man in den Süden Indiens reist, führt der Weg durch dichte Plantagen mit duftenden Kardamompflanzen und Gewürznelken, Pfeffer- und Chilipflanzen, aromatisch duftenden Zimt- und Lorbeerbäumen. Wir befinden uns in Karnataka, Indiens Bundesstaat der Gewürze und einst Teil des Fürstenstaates Mysore. Dieses alte Land mit seiner reichen Tradition und Kultur wurde von 1399 bis 1947 – mit Unterbrechungen – von der hinduistischen Wadiyar-Dynastie regiert. Und mit jedem Herrscherwechsel hat sich auch der Geschmack in Mysore gewandelt und wurden neue Aromen aufgenommen.

Vom 2. bis 3. Jahrhundert n. Chr. gab es in dem Staat vor allem eine Küche, die den herrschenden Buddhisten eigen war. Ein Machtwechsel erfolgte, als diese von den Jains besiegt wurden und fortan die Religionsgemeinschaft der Kannada Jains über alles in Mysore bestimmte, einschließlich der Ernährungsgewohnheiten. Schließlich rissen im 10. Jahrhundert unter der Führung von Shankaracharya Hindu-Könige die Macht an sich und herrschten seitdem in diesem Reich. Der heutige Vertreter der Wadiyar-Dynastie, Maharadscha Shrikantadatta Narasimharaajawadiyar, erklärt: »Zeitgleich mit dem Niedergang des Vijayanagara-Reichs, zu dem auch Mysore gehörte, brachten uns muslimische Händler arabische Aromen und zahlreiche Fleischzubereitungen, die wir übernahmen.« Auch die Bahmai-Könige, die persischer Herkunft waren, und Herrscher aus Tamil Nadu, die zu verschiedenen Zeiten die Macht im Dekkan-Sultanat ausübten, hinterließen ihre kulinarischen Spuren.

Als einer der reichsten indischen Fürstenstaaten zog Mysore Künstler, Musiker, Schriftsteller und Reisende an, die dann selbst ein Teil der kulturellen Erneuerung wurden, die sich unter den Königen von Mysore vollzog. Zu dieser Lockung zählte auch die Vielfalt und Qualität der Gewürze, die auf Mysores Märkten zu haben waren, und so kamen viele auslän-

Vorherige Seiten (124–125): Seltene Exemplare wie diese Sänfte (links) und eine antike grüne Lampe gehören zu den Schätzen des Mysore Palace.

Oben: Der britische Architekt Henry Irwin entwarf den Neubau (1912) des Amba Vilas Palace in Mysore, nachdem der ursprüngliche Palast 1897 niedergebrannt war.

Oben Mitte: Maharadscha Krishnaraja Wadiyar (reg. 1894–1940) galt als einer der fortschrittlichsten Herrscher seiner Zeit. Unter seiner Regierung verwandelte sich Mysore in einen modernen Staat.

Oben rechts: Das Innere der Durbar Hall im Mysore Palace, um 1921/22.

dische Händler an die Küsten des Landes und mit ihnen neue Einflüsse, insbesondere für die Küche. Shrikantadatta Narasimharaajawadiyar – oder Wadiyar, wie er volkstümlich genannt wird – erklärt: »Bis zwischen 1450 und 1610 die Araber mit ihren Pferden kamen, die sie gegen Gewürze und Elfenbein eintauschten, hatte Mysore kaum Kontakt zu Fremden. Im Vijayanagara-Reich, zu dem Mysore gegen Ende des 14. Jahrhunderts gehörte, war die Küche weitgehend vegetarisch.«

Nach dem Niedergang des gewaltigen Vijayanagara-Reichs, das fast ganz Südindien umfasste, wurde Mysore 1565 unabhängig. Es war der einzige südliche Staat, der sich der mächtigen Moguln erwehren konnte, als Maharadscha Chikka Devaraja Wadiyar (1673–1704) die Truppen Aurangzebs bei Seera nahe Bangalore entscheidend schlug. Nachdem die Briten die Macht über den indischen Subkontinent erlangten und Mysore 1799 unter ihre Herrschaft kam, dehnte sich dieses Königreich über eine Fläche von sage und schreibe 78 000 Quadratkilometern aus.

Für die Herrscherfamilie von Mysore mit ihren 300 Jahre alten Küchentraditionen ist Essen weit mehr als Nahrungsaufnahme. Dazu Wadiyar: »Die Grundlage unserer Ernährungsphilosophie besteht darin, dass die fünf Elemente der Natur – Himmel, Wind, Wasser, Erde und Feuer – am Wachstum der Lebensmittel beteiligt sind. Der menschliche Körper braucht diese Elemente, um zu funktionieren, somit ist die Nahrung der Treibstoff des Lebens.« Die königlichen Köche hielten sich an mittelalterliche Texte wie das *Paka Shastra*, die die Kochkunst detailliert behandelten. »Diese Texte erklärten nicht nur, was man wann und wie essen sollte. Beispielsweise mussten die Gefäße für die Zubereitung der Speisen aus bestimmten Metallen beschaffen sein, die im Kontakt mit der Nahrung wohltuende Eigenschaften entfalteten«, so

Wadiyar weiter. Speisen wurden in Gefäßen aus Kupfer und Messing gekocht und serviert. Ersteres diente auch dem Schutz der Herrscherfamilie, denn Kupfer färbte sich grün, falls dem Essen Gift beigemischt war. Die alten Texte erklärten auch die Eigenschaften aller Kräuter und Gewürze. »Wir hatten eigene Köche für die *zenana*, die Frauengemächer des Palasts, und die *mardana*, die Männerwohnungen, weil die in den Texten vorgeschriebenen Zutaten für Männer und Frauen unterschiedlich waren.« Während Zutaten wie Grüner Kardamom eigens in Gerichten für Frauen verwendet wurden, weil sie deren Fruchtbarkeit förderten, mischte man Muskat in das Essen der Männer, weil er die Potenz antrieb. Dann gab es Rezepte für medizinische Zwecke. »Quark und Reis sollten den Körper kühlen. Man gibt es jetzt noch dem Futter von brünstigen Elefanten bei.«

In den Palastküchen waren an die 150 Köche tätig, die ausschließlich vegetarische Gerichte zubereiteten, 25 weitere Köche waren für nichtvegetarische Speisen zuständig. Jede Gruppe wurde noch in Muslim- und Hindu-Köche unterteilt, die ihre Spezialfertigkeiten hatten. Des Weiteren kochten 20 Brahmanen-Köche in einer getrennten Küche, die von Fleisch, Fisch, Geflügel und »vulgärem« Gemüse *(tamasic)* wie Zwiebeln und Knoblauch rein gehalten wurde. Dort wurden die Speisen für alle religiösen Zeremonien zubereitet. »Diese Köche dienten seit Generationen treu der Familie. Ihr Wissen und ihre Erfahrung waren immens. Tag für Tag aßen mindestens 20 Personen in der *mardana* und 25 in der *zenana*, und zu jeder Mahlzeit mussten mindestens 25 verschiedene Gerichte serviert werden«, erinnert er sich. Im Vergleich dazu ist seine Kost bescheiden. Wadiyar, ein bekennender Feinschmecker, lebt seit ein paar Jahren äußerst gesundheitsbewusst und achtet streng auf sein Gewicht. Doch ab und zu verwöhnt er sich mit heimischer Mysore-Kost und seinen Lieblingsgerichten, als da sind Masala-Lammkoteletts, kalter Hammelbraten und *bisi bele bhat* (Reis mit Linsen und Gemüse).

Wadiyar erinnert sich gerne an seine *Upanayana*-Zeremonie, den wichtigsten Initiationsritus im Leben eines jungen Hindus: »Wir hatten 3000 Gäste von hier, dazu 2000 auswärtige Besucher. Die Feiern dauerten drei Tage, am ersten und zweiten gab es rein vegetarisches

Dieser Thron ist einer der sehenswerten Gegenstände in der Durbar Hall im Mysore Palace. Das aus Feigenholz gefertigte und mit Elfenbein verkleidete Original soll der Großmogul Aurangzeb 1699 dem Chikka Devaraja Wagiyar gesandt haben.

Teile des Mysore Palace sind der Öffentlichkeit zugänglich. Hier kann man die Sammlungen der Wadiyar-Dynastie hautnah erleben.

Essen in großer Vielfalt. Am letzten Tag wurden zwei Bankette veranstaltet. Es gab einen Empfang für ausländische Gäste im Lalitha Mahal Palace mit europäischem Essen, während beim zweiten Bankett für die indischen Fürsten heimischen Köstlichkeiten gereicht wurden.«

Das höfische Leben drehte sich vor allem um Einladungen und Bewirtungen, und in allen Palästen der Wadiyars – in Mysore, Bangalore und Ooty – fanden regelmäßig Bankette, Bälle, High Teas und Gartenfeste statt. Der Mann, der all seine Paläste ohne die Hilfe eines berufsmäßigen Architekten persönlich restauriert hat und sich nebenbei mit Modedesign und Inneneinrichtung beschäftigt, erzählt: »Der Palast von Mysore war unsere Hauptresidenz, in der nur

enge Freunde und Verwandte mit der Familie speisen durften.« Hier servierte man einheimische Köstlichkeitenm die man auf dem Boden sitzend verzehrte; sie wurden auf silbernen Tellern in zwölf Schalen serviert. Die anderen Anwesen in Mysore – wie der Lalitha Mahal Palace, der 1921 für den Vizekönig von Indien im Renaissancestil erbaut wurde, und der Lakranjan Palace – wurden ebenfalls für Bewirtungen genutzt. »Jeder unserer Paläste hat unterschiedliche Tafelservice und Bestecksätze, die eigens angefertigt wurden und für 1500 bis 2000 Gäste ausreichen.« Royal Worcester und Derbyshire waren die bevorzugten Hersteller.

Die Sommermonate brachte die Familie im Fernhill Palace im Bergort Ooty zu. Der Hö-

Die Räume im Mysore Palace spiegeln einen indoeuropäischen Stil der Inneneinrichtung und Architektur wider, wie er vielen Herrscherpalästen in Indien eigen ist.

Oben links: Farbglasfenster entlang einer Galerie in Shrikantadatta Narasimharaajawadiyars Privatresidenz. Die Galerie soll Teil eines Gebäudekomplexes werden, in dem die größte Sammlung antiker Glaseinrichtungen und Kunstobjekte bald für das Publikum geöffnet wird.

Oben rechts: Gusseiserne Wendeltreppe im Amba Vilas Palace.

hepunkt der Sommersaison war die berühmte, von den Mysore-Royals veranstaltete Fuchsjagd, an der Adelfamilien aus ganz Indien sowie britische Offiziere teilnahmen. Wadiyar erzählt: »Drei Generationen in Folge, mein Urgroßvater, mein Großvater und mein Großonkel, hatten die Ehre, die Jagdführer dieser Veranstaltung zu sein. Jeden Tag wurde zum Beginn der Jagd ein opulentes Frühstück im Fernhill Palace gegeben. Nach der Jagd kamen die Teilnehmer dorthin zurückgeritten, und man servierte ihnen einen verspäteten Lunch mit indischen und europäischen Speisen.«

Die Jagdlager der Familie waren berühmt und zogen viele begeisterte Jäger der indischen Adelsfamilien an. »Wir bauten bei unserem Jagdschloss in Kakankote ein Lager für fast 600 Leute auf. Jeden Abend, nach einem Tag des Jagens, wurden vom Palastpersonal Bankette für die Teilnehmer aufgetischt. In zwei gesonderten Zelten gab es – erster Klasse – das Dinner für die Staatsspitze und – zweiter Klasse – für ihre begleitenden Offiziere.« Die Sportbegeisterung der Familie erstreckte sich wie bei den meisten indischen Maharadschas auf Reiterfeste, Tennisturniere, Springreiten und Polo. »Mysore hatte ein eigenes Poloteam, die ›Thunders‹, und sowohl mein Großvater wie auch mein Großonkel waren Weltklassespieler mit einem Handicap von 10«, sagt Wadiyar stolz.

Während der Sitzungsmonate der gesetzgebenden Versammlung von Karnataka zog die Herrscherfamilie in ein anderes beeindruckendes Anwesen, den im Tudorstil erbauten Bangalore Palace – eine etwas kitschige Kopie von Windsor Castle. Chamarajendra Wadiyar hatte den Palast 1884 von Reverend J. Garrett erworben. Bangalore Palace erstreckt sich mitsamt den umgebenden Außenanlagen auf weit über 40 Hektar und ist einer der größten innerstädtischen Besitztümer Indiens in Privathand. »Dieser Palast diente zur Bewirtung von Politikern, hohen Amtsträgern und Regierungsbeamten. Wir zogen hierher, wenn das Parlament des Staates tagte«, erzählt der Mann, der ihm viermal als Abgeordneter angehörte. Jetzt wird Bangalore Palace auch an Leute vermietet, die etwas königlichen Glanz in ihr Leben bringen möchten. Die Außenanlagen dienen heute auch als Location für private Hochzeitsfeiern, und auf einer der vielen Etagen treffen wir auf die Filmschauspielerin Sushmita Sen, Indiens erste Miss Universum, die gerade ein Fotoshooting für ein Schönheitsprodukt absolviert.

Inmitten all dieses Trubels werden wir zum Lunch in die Privatgemächer der Familie im Bangalore Palace eingeladen. Wadiyar liebt nicht nur die Esskultur, sondern ist auch ein begeisterter Sammler von Juwelen und Kunst und besitzt eine beneidenswerte Sammlung von 35 000 Miniaturen. In einem sonnigen Innenhof haben die Chefköche ihre Öfen und Schneidebretter aufgebaut. Auf den Tabletts mit den Gewürzen kann man studieren, was Kannada von der übrigen indischen Küche, insbesondere des Nordens, unterscheidet. Feuerrote *Badige*-Chilis, leuchtend grüne Curryblätter, ebenholzschwarze *kokum* (eine säuerliche Frucht aus Indiens Westen), getrocknete braune Tamarinde, Berge schneeweißer Kokosflocken und goldgelbes Kurkumapulver verleihen dem Mosaik der Gewürze aus Kardamom, Nelken, Sternanis, Zimt, Pfefferkörnern und Lorbeer Farbe. Wadiyar, dessen Kochkünste sich darauf beschränken, schnell mal ein einfaches Omelett zuzubereiten, erläutert: »In den Palastgärten bauen wir viele Gewürze selbst an – dazu Tamarinden, *kokum* und Kokosnüsse.« Seine Köche haben besondere Masalas und Mixturen zusammengestellt, deren Rezepturen von einem Koch zum anderen weitergegeben werden. Sie kommen in die köstlichen Currys, die in alten Kupferkesseln vor sich hin köcheln. »*Garam masala* aus Mysore enthält zu gleichen Mengen Kardamom, Nelken und Zimt – anders als *garam masala* aus Nordindien, das aus weit mehr Gewürzen besteht. Und dann

Pferdekutschen wie diese wurden für feierliche Prozessionen benutzt. Die königliche Familie von Mysore besaß einst 35 Rolls-Royces und sechs Bentleys.

Wadiyar, wie er volkstümlich genannt wird, ist ein ausgewiesener Feinschmecker. Sein Lieblingsgericht ist das traditionelle bisi bele bhat – *Reis mit Linsen und Gemüse.*

verwenden wir etwas, das wir *hatti masudi* nennen, eine Mischung von Chili und Gewürzen aus den Nilgiribergen.« In den meisten Gerichten der Kannada-Küche herrschen Kokos-, Palmzucker- und Tamarindenaromen vor, dazu kommen duftende Gewürze, die den Speisen ihre typische süßsauer-würzige Note verleihen. Die Einheimischen, allesamt Reisesser, bevorzugen gentechnisch veränderten Bt-Reis, der mehr Biss hat als Basmatireis; eine andere beliebte Getreidesorte ist *ragi* (Fingerhirse). Sogar das für die meisten Gerichte verwendete Öl ist Reisöl. »Anders als in der nordindischen Küche verwenden wir Öl sparsam, weshalb unsere Speisen viel leichter sind«, fügt er hinzu.

Der Lunch wird im privaten Wohnbereich serviert, wo die Wände mit Ölgemälden europäischer Meister reich geschmückt sind. Das aus vielen Gängen bestehende Mittagessen umfasst: würzige Masala-Lammkoteletts, ein Lieblingsgericht von Wadiyar, ein ungewöhnliches, *uili saru* genanntes Pferdebohnencurry, das auch mit Hammel zubereitet wird, rustikales *muddiya muttai* aus Hammelhackfleisch und Eiern, ähnlich wie Schottische Eier; ferner ein leichtes Fischcurry *meenu tanginakai saru*, den angloindischen Klassiker *jhat phat fowl jhal frezi* (zerkleinertes Geflügel), einen mit viel Kokosmilch gekochten Gemüseeintopf mit lockeren, kleinen *appams* (Reis-Hirse-Pfannkuchen)und schließlich zwei Reisgerichte, *puliyogare* oder Tamarinden-Reis und *bisi bele bhat*. Zum Dessert gibt es sahniges *saabaki payasam* aus Sago und Milch.

Als gläubige Hindus halten die Mitglieder der Mysore-Familie alle Feste und *Puja*-Rituale im heiligen Hindu-Kalender ein. Das bedeutet, dass bei solchen Feierlichkeiten Tausende von Menschen im Palast verköstigt werden.

»Wir haben alte Rezepte, die für eine Person ebenso geeignet sind wie für Hunderte Gäste. Zu jedem religiösen Fest wurden mindestens 1000 Menschen bewirtet, bei großen Festen wie *Dashahara* gingen die Zahlen in die Hunderttausende.« Selbst heute noch vollzieht das Oberhaupt dieser Dynastie mindestens zwei *havans* oder Feiern im Monat, und 31 Priester stehen dauerhaft auf seiner Gehaltsliste, die diese religiösen Riten wahrnehmen. »Ich bin im Leben nur deshalb so weit gekommen, weil ich mich an diese Tradition und Kultur halte.«

MENÜ

1. Lamb Chop Masala 2. Lamb Ulli Saru 3. Country Muddiya Muttai 4. Jhatpat Fowl Jhalfrezi
5. Meenu Tanginakai Saru 6. Vegetable Stew und Appam 7. Ulli Saru
8. Puliyogare 9. Bisi Bele Bhat 10. Baby Appam

BABY APPAM

Reispfannkuchen mit schwarzen Kichererbsen

ZUTATEN FÜR 6 PERSONEN

100 g schwarze Kichererbsen
400 g Reis
1 große Zwiebel, fein gehackt
4 grüne Chilischoten, entkernt und fein gehackt
1 TL frisch gehackter Koriander
Salz
Ghee zum Ausbacken
Kokosnuss-Chutney zum Servieren

- Kichererbsen und Reis separat über Nacht in Wasser einweichen. Am nächsten Tag abgießen und jeweils unter Zugabe von 1–2 Esslöffeln Wasser im Mixer pürieren. Die beiden Pürees vermengen und 4–5 Stunden ruhen lassen.
- Zwiebel, Chilischoten, Koriander und Salz vermischen. Unter die Kichererbsen-Reis-Masse heben. Sollte der Teig zu zäh sein, etwas Wasser zufügen.
- Eine Förtchenpfanne (Pfanne mit 4–7 runden Vertiefungen) erhitzen und jede Vertiefung mit Ghee ausstreichen. Jeweils einen Schöpflöffel Teig in eine Vertiefung geben und die Unterseite der Pfannkuchen in etwa 3 Minuten goldbraun ausbacken.
- Wenden und die andere Seite goldbraun backen. Vorgang wiederholen, bis der gesamte Teig verbraucht ist. Fertige Pfannkuchen bei 50 °C im Backofen warm halten.
- Die Pfannkuchen heiß servieren. Kokosnuss-Chutney dazu reichen.

COUNTRY MUDDIYA MUTTAI

Eier im Hackfleischmantel

ZUTATEN FÜR 2–4 PERSONEN

500 ml Pflanzenöl
1 große Zwiebel, fein gehackt
500 g Lammhack
3 ½ TL Ingwer-Knoblauch-Paste (Fertigprodukt)
½ TL rotes Chilipulver
½ TL Garam Masala (Seite 116 oder Fertigprodukt)
Salz
2 EL frisch gehackter Koriander
4 hart gekochte Eier
Tomaten-Chutney zum Servieren

- 100 ml Öl in einer großen Pfanne erhitzen. Zwiebel und Lammhack darin anbraten. Ingwer-Knoblauch-Paste, Chili, Garam Masala, Salz und frischen Koriander untermengen. Das Hackfleisch unter mehrmaligem Rühren braten, bis es gar und krümelig ist.
- Die Eier schälen. Jeweils mit der Hackfleischmasse umhüllen und diese gut andrücken. Mit eingeölten Händen geht das am besten.
- Restliches Öl in einer Pfanne erhitzen und die Eier im Hackfleischmantel darin goldbraun ausbraten. Auf Küchenpapier abtropfen lassen.
- Heiß servieren und Tomaten-Chutney dazu reichen.

JHATPAT FOWL JHALFREZI

Schnelle Geflügelpfanne

ZUTATEN FÜR 4 PERSONEN

300 g Puten- oder Hühnerbrust
1 EL Pflanzenöl
1 TL Kreuzkümmelsamen
1 mittelgroße Zwiebel, in Streifen
½ TL Kurkumapulver
1 TL Ingwer-Knoblauch-Paste (Fertigprodukt)
1 rote Paprikaschote, in Streifen
4 grüne Chilischoten, entkernt und gehackt
1 EL Tomatenketchup
Salz
1 Tomate, in Scheiben
1 EL frisch gehackter Koriander

- Puten- oder Hühnerbrust in Streifen schneiden. Öl in einer Pfanne erhitzen. Kreuzkümmel, Zwiebel, Kurkuma, Ingwer-Knoblauch-Paste, Paprikaschote und Fleisch darin anbraten. Kräftig durchrühren.
- Grüne Chilischoten, Ketchup und Salz untermengen. Das Ganze unter gelegentlichem Rühren etwa 10 Minuten braten, bis das Fleisch gar ist.
- Tomatenscheiben und Koriander untermischen und die Pfanne vom Herd nehmen. Das Gericht mit Salz abschmecken und servieren.

LAMB CHOP MASALA

Würzige Lammkoteletts

ZUTATEN FÜR 4–6 PERSONEN
1 kg Lammkoteletts

Für die Marinade:
625 ml kräftiger Rotwein
100 g Joghurt
100 ml Apfelessig
3 ½ TL Ingwer-Knoblauch-Paste (Fertigprodukt)
Salz

Für die Würzmischung:
100 ml Olivenöl
500 g Zwiebeln, fein gehackt
3 ½ TL Ingwer-Knoblauch-Paste (Fertigprodukt)
1 TL Chilipulver
2 TL Korianderpulver
½ EL Kurkumapulver
1 TL Garam Masala (Seite 116 oder Fertigprodukt)
300 g Tomaten, entkernt und gehackt

- Zutaten für die Marinade gründlich verrühren und die Lammkoteletts darin einlegen.
- Für die Würzmischung Olivenöl in einem großen Bräter, in dem alle Lammkoteletts Platz finden, erhitzen. Zwiebeln darin goldgelb anschwitzen. Alle Gewürze zufügen und anschwitzen, bis sie duften. Tomaten einrühren und offen köcheln lassen, bis sie fast zerfallen. Mit Salz würzen. Die Koteletts mitsamt Marinade in den Bräter geben. Zugedeckt 30–40 Minuten schmoren, bis das Fleisch weich ist. Heiß servieren.

MEENU TANGINAKAI SARU

Fisch in Kokosmilch

ZUTATEN FÜR 4–6 PERSONEN

1 kg Königsmakrelen oder roter Zackenbarsch
3 TL Pflanzenöl
1 TL schwarze Senfsamen
1 TL Bockshornkleesamen
3 mittelgroße Zwiebeln, in Ringen
3 TL frisch geriebener Ingwer
2 TL Curryblätter
½ TL Kurkumapulver
1 l Kokosmilch
200 g Tomaten, gewürfelt
Salz
4 grüne Chilischoten, entkernt und gehackt
Ingwerstreifen zum Garnieren

- Königsmakrelen oder Zackenbarsch vom Fischhändler in 5 cm dicke Scheiben schneiden lassen.
- Öl einer großen Pfanne erhitzen. Senfsamen und Bockshornkleesamen darin anrösten, bis das Öl spritzt. Zwiebeln, Ingwer, Curryblätter und Kurkuma einrühren. Hitze reduzieren und die Zwiebeln braten, bis sie weich sind.
- Kokosmilch zugeben und den Pfanneninhalt gut verrühren. Die Fischscheiben einlegen und das Ganze zum Kochen bringen.
- Tomaten untermengen. Den Fisch zugedeckt bei mittlerer Hitze etwa 20 Minuten garen. Das Curry mit Salz abschmecken. Die Chilischoten zufügen und das Ganze servieren. Mit Ingwerstreifen garnieren. Basmatireis dazu reichen.

VEGETABLE STEW

Gemüsetopf mit Kokosmilch

ZUTATEN FÜR 6–8 PERSONEN

4 mittelgroße Kartoffeln (ca. 500 g)
2 mittelgroße Karotten
½ Blumenkohl
½ grüne Paprikaschote
½ rote Paprikaschote
Salz
2 EL Pflanzenöl
1 TL Kreuzkümmelsamen
1 TL Bockshornkleesamen
500 g Zwiebeln, in Ringen
3 EL Ingwer-Knoblauch-Paste (Fertigprodukt)
2 TL Curryblätter
1 l Kokosmilch
1 TL Garam Masala (Seite 116 oder Fertigprodukt)
5 grüne Chilischoten

- Kartoffeln und Karotten schälen und würfeln. Blumenkohl putzen, waschen und Röschen teilen. Paprikaschoten putzen, waschen und würfeln. Alle Gemüsesorten jeweils in Salzwasser bissfest garen.
- Öl in einem großen Topf erhitzen. Kreuzkümmel- und Bockshornkleesamen darin anrösten, bis das Öl spritzt. Zwiebeln, Ingwer-Knoblauch-Paste und Curryblätter zufügen. Unter Rühren einige Sekunden anschwitzen. Vorgegartes Gemüse, Kokosmilch, Garam Masala und grüne Chilischoten zugeben.
- Das Ganze offen etwa 20 Minuten köcheln lassen, bis die Flüssigkeit auf die Hälfte reduziert ist. Dabei öfter umrühren.
- Mit Salz abschmecken und heiß servieren.

Gemüsetopf mit Appam (Reispfannkuchen)

REICHES MAHL

PATIALA

Die luxusverliebten Maharadschas von Patiala waren einst gern gesehene Gäste in den stilbildenden Metropolen der Welt.

Vorherige Seiten (140–141): Silbergeschirr aus den Beständen von Patiala.

Gegenüber: Maharadscha Amarinder Singh (rechts) und sein Sohn Tiakraj Raninder Singh (links) sind die Bewahrer des glanzvollen Erbes von Patiala. Die Fürstenfamilie ist berühmt für ihre Gastfreundschaft.

Mumtaz, der Gutsverwalter von Radscha Randhir Singh, stellt nüchtern fest: »Wir verbrauchen im Monat etwa 60 bis 70 Kilo *desi ghee* (Butterschmalz) für unsere Speisen.« In den meisten indischen Haushalten sind es keine zwei Kilo im Monat. Die Patialas sind eben keine Familie, die sich mit Kleinigkeiten abgibt. Man denke nur an die 300 Ehe- und Nebenfrauen des früheren Maharadschas Bhupinder Singh, der auch der erste Inder war, der sich ein Privatflugzeug kaufte, und 1925 bei Cartier das größte Geschmeide aller Zeiten bestellte. Zu seiner Zeit mussten zu einer alltäglichen Mahlzeit im königlichen Haushalt von Patiala mindestens 31 verschiedene Gerichte aufgetragen werden.

Patiala liegt zwischen den Flüssen Satluj und Yamuna in der Region Malwa im Bundesstaat Punjab, der Kornkammer Indiens. Auf den Feldern des Punjab gedeihen Abertonnen von Weizen, Hirse und Mais, die zu verschiedenen Broten verarbeitet und im berühmten Lehmofen *tandoor* gebacken werden. Brot aus dem Korn des Punjab ist das Grundnahrungsmittel im gesamten Norden Indiens, und der *tandoor* ist in ländlichen Regionen, wo nach wie vor kollektiv gebacken wird, der Mittelpunkt der Dorfgemeinschaft. Auch Molkereiprodukte wie Milch, Butter und *desi ghee* sind von guter Qualität und wesentliche Bestandteile der *Punjabi*-Küche. Ein großes Glas kaltes *lassi, sarson ka saag*, Senfgemüse mit einem Klacks frischer Butter, kräftiges mit *desi ghee* angereichertes *dal* und mit reichlich Butter im *tandoor* gebratene Hühnchen sind typische Spezialitäten der Region. Auf diesen Grundlagen und dank des exotischen Geschmacks seiner weit gereisten Herrscher entwickelte sich die besondere Küche von Patiala, die über die Grenzen des Punjab hinaus Berühmtheit erlangte.

Das Fürstengeschlecht von Patiala wurde 1761 begründet, als der afghanische Herrscher Ahmad Shah Abdali den Titel Maharadscha von Patiala an Baba Ala Singh verlieh. 1763 wurde

Die Fürsten von Patiala besaßen die wohl schönste Juwelensammlung aller indischen Herrscherfamilien. Maharadscha Bhupinder Singh (oben) bescherte Cartier den größten Auftrag seiner Firmengeschichte. Boucheron schuf 1927 für ihn 149 Schmuckstücke aus seinen umfangreichen Edelsteinbeständen.

Oben rechts: Maharadscha Bhupinder Singh 1921 auf der Dachterrasse des Londoner Savoy Hotels.

in Patiala der Grundstein der Festung Qila Mubarak gelegt, dem später der Moti Bagh Palace folgte, die Residenz des heutigen Bewahrers der Sidhu-Dynastie, Maharadscha Amarinder Singh. Die Bewohner Malwas waren als kühne und kampferprobte Krieger bekannt. Jenseits des Schlachtfelds indes fielen diese hochgewachsenen Sikhs mit ihren imposanten Turbanen durch ihren ausgefallenen Geschmack und ihr Stilbewusstsein international auf. Der berühmteste unter ihnen, Bhupinder Singh (1891–1938), der achte Maharadscha von Patiala, war der erste indische Herrscher, der bei Cartier ein aufsehenerregendes fünfreihiges Diamantcollier in Latzform bestellte, mit farbigen Diamanten und dem seltenen gelben, 234,5 Karat schweren Diamanten von De Beers, einem der größten geschliffenen Diamanten der Welt. Neben seiner Neigung zur Protzerei war Singh ein begeisterter Kricketspieler, der der Welt ihren höchstgelegenen Kricketplatz im Gebirgsort Chail bescherte. Der Maharadscha, der sich in einer Autokolonne von etwa 20 Rolls-Royces zu bewegen pflegte, benutzte diese Fahrzeuge einst zur Müllabfuhr, nachdem ihn der Vizekönig Lord Wellington auf seine Extravaganzen angesprochen hatte.

Zu seinen zahlreichen Leidenschaften gehörte auch die Liebe zu gutem Essen und Wein. Wenn er ins Ausland reiste, begleiteten ihn seine Chefköche. »Ganze Hoteletagen waren im Savoy in London und im George V. in Paris für sein Gefolge von Frauen und Bediensteten gebucht«, berichtet sein Enkel, Maharadscha Amarinder Singh. Das Savoy Hotel tapezierte für Bhupinder Singh tatsächlich die gesamte vom Maharadscha bewohnte Etage neu, weil er die Farbe Rosa liebte. Sein Appetit war legendär: Omeletts aus 24 Eiern zum Frühstück, Suppe aus dem Fond von 24 Bekassinen und 40 bis

50 Wachteln verspeiste er als Vorspeise. »All das ging an seiner Gesundheit nicht spurlos vorüber. Er starb mit nur 46 Jahren«, fügt Singh hinzu.

Die Patialas waren bekannt für ihre großzügige Gastfreundschaft. Die Küchen des Reiches hatten enorme Bedeutung und waren mit einem Etat von 1,4 Millionen Rupien üppig ausgestattet, nur die Ministerien für Verteidigung und Finanzen bekamen mehr. Die Küchenchefs waren hoch spezialisierte Stars. Während sich einer auf die Vervollkommnung der 140 *Pulao*-Rezepte konzentrierte, war ein anderer ausschließlich für herrlich zarte *koftas* (Fleisch- oder Gemüsebällchen) zuständig. Ein dritter kümmerte sich um *murgh musallam*, Hühnchengerichte, die in 30 Variationen auf den Teller kamen. Sogar die schlichte Kartoffel wurde auf 40 unterschiedliche Arten zubereitet. Das heutige Oberhaupt der Familie, Amarinder Singh, erinnert sich: »Patiala beschäftigte Meisterköche. Wir hatten ganz Große, wie Mehmood, der aus Afghanistan kam und darauf spezialisiert war, die wunderbarsten *pulaos* zu kochen, und Gulab, der vorzügliche europäische Gerichte zubereitete.« Tatsächlich wurde eine Suppe, die Gulab für Maharadscha Bhupinder Singh kochte, vom Savoy in London als »Soup de Patiala« übernommen. Aminder Singh weiter: »Für diese Köche war ihr Handwerk wie eine Religion. Jeden Morgen betraten sie die Küche, nachdem sie ehrfürchtig mit der Stirn den Boden berührt und ein kleines Gebet gesprochen hatten. Dann entzündeten sie die Herdfeuer und begannen mit dem *langar*, der Gemeinschaftsküche der Sikhs. Diese über-

Dieses silbervergoldete Tafelservice wurde 1921 für damals £ 30 000 von Maharadscha Bhupinder Singh anlässlich des Besuchs des britschen Thronfolgers Edward bei der Goldsmiths & Silversmiths Company bestellt.

Gegenüber, im Uhrzeigersinn: Radscha Randhir Singh, umgeben von seiner Gemahlin Rani Vinita Singh, den Töchtern Mahima, Suhani und Rajeshwari, den Enkelinnen Sia und Ruhani und der Nichte Shagun. Alle tragen nach der Tradition von Patiala juwelenbesetzte tikas *auf der Stirn.*

Die Großfamilie kommt oft am Abend zusammen, und dann dreht sich alles um gutes Essen – eine Leidenschaft, die alle, ob alt oder jung, teilen.

Diese Spiele-schatulle wurde eigens für die Fürstenfamilie von Patiala hergestellt. Maharadscha Bhupinder Singh hatte sie in Auftrag gegeben. Sie birgt Spiele wie Schach und Domino.

ließen sie niemals ihren untergeordneten Helfern.« Ein andere wichtige Institution der Gastgeber war die Position des *nazim*, der für die Bewirtung und Bankette verantwortlich war. Einer der berühmten war der Spanier Frankie Campos. »Mein Großvater war ihm auf dem Schiff nach England begegnet. Er war von seinen Führungsqualitäten so beeindruckt, dass er ihm den Posten im Moti Bagh Palace in Patiala anbot. Frankie organisierte alle Bewirtungen meines Großvaters«, sagt Amarinder Singh.

Die Großzügigkeit der Patiala-Familie war so immens, dass 1938, zur Zeit, als Amarinder Singhs Mutter, Rajmata Mohinder Kaur, heiratete, Tag für Tag 3500 Gäste im Palast aßen. »Als später die Anzahl der Leute auf etwa 2000 verringert wurde, betrachteten wir das als Zeit des Mangels«, lacht der Spross der Patiala-Familie. Ein Bankett in Patiala erforderte 51 Gerichte, ein kleiner Imbiss für Leute mit wenig Hunger nur elf Gerichte. »Als ich klein war, lebten mindestens 800 Menschen im Moti Bagh. Also hatte fast jeden Tag jemand Geburtstag, und der musste gefeiert werden. Es gab immer einen Anlass zum Feiern«, lacht er.

Jedes Fest – der Hindus, Muslime oder Sikhs – wurde im Palast gefeiert. »Zum Opferfest *Eid* trugen die Männer grüne Turbane und die Frauen grüne *Salwar-Kamiz*-Gewänder, zum Lichterfest *Diwali* kleideten wir uns in helles Violett, und zum Erntefest *Baisakhi* trugen wir Rosa«, erinnert sich das Oberhaupt der Familie. »Sogar die Speisen wurden zum *Basant* (Drachenfest) gelb und zum *Diwali* violett gefärbt. Es herrschte so ein freundlicher Geist im Lande, dass die muslimischen Familien beim *Eid* so viel Essen zubereiteten, dass sie all ihren Hindu-Freunden etwas schicken konnten, die ihnen wiederum zu *Diwali* Speisen für alle sandten.

Die Herrscherfamilie von Patiala war mit den afghanischen, Mogul- und Rampur-Royals befreundet, was untereinander zu einem Austausch von Köchen und Rezepten führte. Randhir Singh, der Enkel des Maharadschas Bhupinder Singh und Cousin von Amarinder Singh, merkt an: »Unser Essen ist reichhaltig und vielseitig, und jedes Gericht schmeckt anders, weil

Oben:
Das persönliche Monogramm der Maharani Jaswant Kaur.

Links:
Eine Marmorbüste der Großmutter von Radscha Randhir Singh, Maharani Jaswant Kaur, schmückt eine Nische im Palast.

Die Männer von Patiala veranstalten oft Kochpartys, zu denen sich Freunde versammeln, um die alten Familienrezepte zu kosten.

wir unsere *masalas* (Gewürzmischungen) nicht vermischen. Jedes Gericht hat eine eigene.«

Randhir Singh, der die Familientradition ausgezeichneter männlicher Köche fortführt, erzählt von besonderen Schafrassen, die eigens aus Afghanistan herbeigeschafft und im Ganzen an Metallspießen übers Feuer gehängt wurden. Die Köche fächelten sacht die Flammen, während das Fleisch im Duft von Gewürzen langsam bis zu seiner Vollendung briet. Und er betont, welche Bedeutung heute Milcherzeugnissen wie *ghee*, Sahne, Milch und Quark zukommt, die das *shahjahani pulao*, ein Lieblingsrezept der Familie, zu einem kulinarischen Erlebnis machen.

Randhir Singhs Vater, der verstorbene Radscha Bhalinder Singh, galt als bester Koch der Familie. Amarinder Singh: »Mein Onkel war der beste Koch von uns allen. Ich erinnere mich, wie er kochte und mir das Rezept für *murgh musallam laung elaichi* [Süßsaures Huhn mit einem Hauch von Nelken und Kardamom] verriet.«

Ein typischer Familienabend im Moti Bagh Palace läuft so ab, dass jeder der Männer, Amarinder Singh eingeschlossen, ein Gericht auf dem traditionellen Kohlengrill Nordindiens kocht, unterstützt von Helfern, die zerkleinern, putzen und zur Hand gehen. Das Feuer wird so niedrig wie möglich gehalten, damit genug Zeit bleibt, um vor dem Essen den Whisky zu genießen. Die Schwäche der Patiala-Fürsten für edle Spirituosen ließ den Begriff »Patiala Peg« für Gläser entstehen, die deutlich mehr als die üblichen 60 ml fassten. Im Hintergrund wird klassische indische Musik gespielt, und oft treten auch Sänger der Patiala Gharana (einer von der Familie geförderten klassischen Musikschule) auf. Und so lachen und trinken die Männer und Frauen der Familie den frühen Abend hindurch, bis das Dinner auf altem Silbergeschirr serviert wird. Die meisten Speiseservice sind eigens für die Patiala-Familie von Asprey in England gefertigt worden. Bestimmte Bedienstete haben dafür zu sorgen, dass das Silber stets einwandfrei poliert ist. Amarinder Singh erinnert sich: »Ich veranstaltete 2004 in Pakistan eine denkwürdige Kochparty für Pervaiz Elahi, den Gouverneur von Punjab, bei der seine beiden Belutschi-Köche mit mir und meinen Köchen aus Patiala das Abendessen zubereiteten.« Natürlich war die Verbindung von indischer und belutschischer Küche sensationell.

Diese Familie von Schlemmern nimmt jede Gelegenheit wahr, zusammen zu kochen und zu essen – dieses Mal in Shanti Farms, Randhir Singhs Landhaus in Delhi. Im schwindenden Licht der Dämmerung wird die Terrasse von der Glut in den meterhohen Öfen erleuchtet. Alle Zutaten, geschnittene Zwiebeln, gemahlene und unzerkleinerte Gewürze, Auszüge aus Ingwer und Knoblauch, pariertes Fleisch und das allgegenwärtige *desi ghee*, sind ordentlich auf Tabletts

Maharadscha Amarinder Singh rühmt seinen Onkel, Radscha Bhalinder Singh (Randhir Singhs Vater), auch liebevoll »Peter« genannt, als besten Koch der Familie. Er hatte feste Geschmacksvorstellungen, und jeden Tag aß er zum Frühstück Rührei auf frittiertem Toast.

Eine Tafel in Patiala bleibt nicht nur durch die Speisen in Erinnerung, sondern auch durch feinstes Silber und edelstes Porzellan aus allen Teilen der Welt.

ausgebreitet und mit feinen Netzen abgedeckt, um die Insekten fernzuhalten. Mit ihren bevorzugten Drinks in der Hand eröffnen Amarinder Singh, Tikaraj Raninder Singh und Randhir Singh den Abend, indem sie große Mengen *ghee* in riesigen Töpfen erhitzen. Beim Klang alter Bollywood-Melodien und dem süßen Duft gebratener Zwiebeln wirken die Männer völlig gelassen. »Ich koche immer nach Gefühl. Allen Kochanfängern rate ich, sich nicht verwirren zu lassen, ob nun acht oder zehn Kardamomkapseln – nehmen Sie einfach zwölf! Im Zweifel lieber mehr«, lächelt Amarinder Singh, während er an seinem Single Malt nippt. Er wartet darauf, dass die Zwiebeln bräunen: »Solange ein Gericht nicht fertig ist, lässt ein guter Koch es nicht aus den Augen.« Wie sein Vater und seine Onkel ist Raninder oder Tikku, wie er allgemein genannt wird, ein guter Koch. »Als Student an der University of Buckingham begann ich richtig zu kochen, sonst wäre ich verhungert. Bei meinen ersten Versuchen taugte das Resultat allerdings bestens als Hundefutter«, lacht der Thronfolger, während er darauf wartet, dass ihm ein kühles Bier nachgeschenkt wird. Tikku, der gutes Essen für einen wesentlichen Teil seines Erbes hält, hat mithilfe seines Vaters alle Patiala-Rezepte gesammelt und auf einem USB-Stick gespeichert.

Während Tikku *jhatka khada masala* (trocken gegartes Lamm) zubereitet, macht sein Vater duftendes *murg musallam laung elaichi* (süßsaures Hühnchen) und sein Onkel Randhir Singh ein würziges Gericht aus Tomaten und Kartoffeln. »Mein Vater lehrte mich, die Dinge einfach zu halten und Gerichte nicht mit zu vielen verschiedenen Masalas zu überfrachten«, erklärt er.

Seine Gemahlin, Rani Vinita Singh, kümmert sich darum, dass die Bediensteten alles bereithalten, was die Männer brauchen, und sagt: »Das ist mal ein Haushalt, in dem die Frauen nicht kochen müssen, weil die Männer so gute Köche sind.« Die kulinarische Tradition von Patiala ist so stark, dass – im Gegensatz zu anderen Fürstenhäusern, wo Ehefrauen aus anderen Kulturen die Essgewohnheiten prägten – die Patiala-Rezepte unverfälscht blieben. Sie erinnert

sich an ihren Schwiegervater Bhalinder Singh, der für seine Kochkünste bekannt war. »Ich pflegte meinen Schwiegervater vor jeder Einladung, die Randir Singh und ich gaben, dazuzuholen, um mit ihm das Menü zu planen. Von der Vorspeise bis zum Dessert wies er die Köche an, was sie zu tun hätten, und er kostete alles, bevor die Gäste eintrafen.« Die Tafel war stets überladen mit Palmzucker- und Milchtoffee, die Radscha Bhalinder Singh selbst hergestellt hatte. Würzzutaten wie *mirchi ka aachar* (sauer eingelegte Chilis) und mariniertes Fleisch und Hühnchen werden jedes Jahr nach Familienrezepten gemacht, die von einer Generation an die nächste weitergegeben wurden. *Gajar halwa*, ein Karottendessert, wird immer pfundweise hergestellt, zumindest in den Wintermonaten.

Bachhan Singh Negi, Radscha Bhalinder Singhs 92-jähriger Koch aus den Garhwal-Bergen, erinnert sich: »Dem Sahib war es wichtiger, zu kochen und andere zu bewirten, statt selbst zu essen.« Er aß nur kleine Portionen, und darin lag vielleicht das Geheimnis der Patialas, trotz dieser nahrhaften Kost alt zu werden. Negi, der jetzt im Ruhestand ist, aber weiter bei der Familie lebt, erinnert sich an Gesellschaften, bei denen Menschen aus allen Ecken der Welt auf der Gästeliste standen. »Wir achteten sehr darauf, was wir servierten. Einmal regte sich ein muslimischer Gast aus dem Irak über das Fleisch auf, das ihm

Randhir Singhs jüngste Enkelin Sia bedient sich am pulao, *das ihr Mumtaz serviert, der der Familie seit vielen Jahren dient und alle Patiala-Rezepte beherrscht.*

serviert worden war. Ich versicherte ihm, dass es *halal* sei – Ziege, nicht Schwein! Da war er so froh, dass er mir 200 Rupien Trinkgeld gab!«

Vinita Singh verbürgt sich auch für die vegetarischen Gerichte in ihrem Haus. »Sogar einfache *moong ki dal* (Mungobohnen) und *ghiya* (Flaschenkürbis) sind himmlisch gut. Mein Mann bevorzugt vegetarische Kost.« Jedes Gericht verdient Aufmerksamkeit und hat sein eigenes Gesetz. Die Männer der Familie nehmen das Essen sehr wichtig und haben einen ausgeprägten Geschmack. Captain Sahib, wie Amarinder im Staat Punjab volkstümlich genannt wird, pflegt seine Vorliebe für französische Küche, wenn er im Ausland unterwegs ist, doch zu Hause isst er lieber indisch – »ohne zwingenden Grund habe ich leichte europäische Kost in meinen Speiseplan aufgenommen«, lacht er. Doch heute Abend hat er sich entschieden, solche Dinge zu genießen, mit denen er aufgewachsen ist und die er am liebsten isst. Die Familie speist im Freien an Tischen auf der Terrasse, die von Lampen und Kerzen erleuchtet ist. Heiße Fladenbrote und gedämpfter Reis mit gerösteten Zwiebeln sind die passenden Beilagen zur reichhaltigen Sauce des *jhatka khada masala* (Lamm), zum zarten und duftenden *murg musallam khada masala* (Huhn) und zum würzigen *tamatar aloo* (Gemüse).

Kochen ist eine Leidenschaft der Familie, und alle fangen früh damit an. »Ich war vier, als ich begann, meinen Eltern zu helfen, wenn sie abends kochten. Später baten meine Schwestern und ich – wenn wir zu Hause waren – unsere erfahrenen Köche in unsere Küche, damit sie uns etwas beibrachten. Auch heute noch koche ich abends, wenn ich mich von meinen politischen Aufgaben freimachen kann«, sagt der ehemalige Ministerpräsident von Punjab, der sich gerne in die Berge zurückzieht, zu seinen Häusern in Chail und Narkhanda in Himachal Pradesh. Nichts macht Captain Sahib glücklicher, als das zu tun, was er am besten kann: eines der Patiala-Rezepte für seine Freunde und die Familie zu zaubern.

Auch wenn es nicht im Moti Bagh Palace stattfindet, ist dieses Dinner in Randhir Singhs Landhaus in Neu-Delhi von der berühmten Gastfreundschaft der Patiala-Dynastie geprägt. Eine Tafel für acht Personen ist makellos gedeckt, mit gestärktem weißem Leinen und blank geputzten silbernen *thalis*. Silberne Tierfiguren wie Fasane und Hirsche sind kunstvoll rund um Kristallschalen mit rosaroten Rosen und schwimmenden Kerzen arrangiert.

Wie das in Patiala so ist, sitzt hier Randhir Singh als einziger Mann in einem Damenflor von Schönheiten in den traditionellen *Salwar-Kamiz*-Gewändern des Punjab. An ihren Stirnen glitzern die juwelenbesetzten *tikas*. In der Patiala-Familie sind die Frauen in der Überzahl. Anwesend sind heute Randhir Singhs Gemahlin Vinita Singh, die Töchter Mahima, Suhani und Rajeshwari, die Enkelinnen Sia und Ruhani sowie die Nichte Shagun Khanna. Eine Flasche Rotwein wird geöffnet, während man scherzt und plaudert. Shagun erzählt: »Ich erinnere mich an Picknicks, wenn unsere ganze Familie zu unseren Landsitzen hinausfuhr. Köstliches Senfgemüse wurde mit Maisfladenbroten serviert, die heiß vom Kohlengrill kamen. Es hat einen Riesenspaß gemacht.«

Im Gegensatz zu manch anderem Teenager liebt Randhir Singhs 18-jährige Tochter Rajeshwari das Essen zu Hause: »In unserem Essen steckt zwar sehr viel *ghee*, aber es ist köstlich.« Ihre Mutter Vinita Singh fügt lachend hinzu: »Wenn wir eine Diät einhalten wollen, lassen wir uns das Essen liefern. Bei uns schwimmen sogar *baked beans* in *desi ghee*.«

Antikes Silbergeschirr aus der umfangreichen Sammlung der Familie wird auf Hochglanz poliert, bevor es auf die Dinnertafel kommt. Während sich Randhir Singh um das Essen kümmert, sorgt seine Gemahlin Vinita dafür, dass der Tisch richtig gedeckt wird. Von der Tischwäsche über das Tafelservice bis zu den frischen Schnittblumen schafft die Dame des Hauses den vollendeten Rahmen für die Patiala-Köstlichkeiten.

Als Einzige isst sie nicht die aufwendige Mahlzeit mit, die auf der Anrichte auf silbernen Rechauds bereitgestellt wird. Es ist gerade Vollmond – sie fastet jeden Monat einen ganzen Tag, auf dass ihr Ehemann lange leben möge. Sie hat heute nur Cola Light getrunken und Mandeln gegessen, denn man darf kein Getreide essen, bevor der Mond untergeht. Der *panir* (Frischkäse), den man für sie angemacht hat, verblasst natürlich im Vergleich zu den Köstlichkeiten, die uns serviert werden. Zuerst gibt es einen knackigen, mit Ingwer gewürzten Tomaten-Zwiebel-Salat, der *pilfora* heißt, und *shammi kebabs* (frittierte Lammküchlein). In winzigen Silberschalen steht bereit: duftendes *khade masale ka mutton korma* (ein Hammelgericht), *malka masoor dal* (ein würziges Linsengericht mit Tomaten), *dahiwala* (Hühnchen mit Joghurt), ein ungewöhnliches süßsaures *pulao* mit Hühnchen, Rosinen und Kartoffeln in leichter, würziger Sauce sowie Auberginenscheiben mit einer interessanten Sauce aus Tomaten und Quark. Zum Dessert gibt es selbst gemachtes Milchtoffee und *seviyan*, einen mit Kardamompulver gewürzten Milchpudding aus Fadennudeln … alles Rezepte aus der reichen Tradition der Paitala-Küche, die den Wandel der Zeiten und der Geschmäcker überdauert haben.

Randir Singhs Personal, das unter ihm und seinem Vater ausgebildet wurde, ist versiert in der Zubereitung von Patiala-Rezepten. Bernie, der Bernhardiner der Familie, schielt sehnsüchtig nach den Speisen, die in der Küche gezaubert werden.

MENÜ

1. Shammi Kebab 2. Jhatka Khada Masala
3. Murgh Musallam Laung Elaichi
4. Dahiwala Murgh 5. Burani Baigan
6. Aloo Tamatar 7. Tamatarwali Dal
8. Khatta Meetha Pulao 9. Seviyan

MURGH MUSALLAM LAUNG ELAICHI

Süßsaures Huhn mit einem Hauch von Nelken und Kardamom

ZUTATEN FÜR 4–6 PERSONEN

1 kg Zwiebeln
100 g Ghee
20 milde rote Chilischoten
2 EL Knoblauchpaste (Seite 87 oder Fertigprodukt)
½ EL Gewürznelken
8 grüne Kardamomkapseln
1 kg Hühnerschenkel und -brüste
Salz
½ TL Nelkenpulver
¾ TL grünes Kardamompulver
3–4 EL Zitronensaft
3–4 EL Honig

- Zwiebeln schälen und fein hacken. Ghee in einer großen Pfanne oder einem Wok erhitzen und zwei Drittel der Zwiebeln sowie die Chilischoten hineingeben. Die Zwiebeln bei mittlerer Hitze goldbraun braten. Chilischoten und Zwiebeln mit einem Schaumlöffel herausheben und im Mörser oder Mixer zu einer Paste verarbeiten.
- Restliche Zwiebeln in Pfanne oder Wok anschwitzen. Knoblauchpaste mit 4 Esslöffeln Wasser verrühren und zufügen. Nelken und Kardamomkapseln einrühren. Hitze erhöhen und Hühnerschenkel und -brüste anbräunen. Das Fleisch salzen.
- Hitze reduzieren und Nelken- sowie Kardamompulver untermengen. Pfanne oder Wok verschließen und das Fleisch bei mittlerer Hitze 25 Minuten schmoren.
- Die Zwiebel-Chili-Paste untermengen und das Ganze nochmals 10–15 Minuten garen, bis das Fett an die Oberfläche steigt.
- Mit Salz, Zitronensaft und Honig abschmecken. Das Gericht in eine vorgewärmte Servierschüssel füllen und servieren.

JHATKA KHADA MASALA

Würziges Lammragout

ZUTATEN FÜR 6–8 PERSONEN

500 g Ghee
10–12 milde rote Chilischoten
4 Zimtstangen, je 2–3 cm lang
10–15 grüne Kardamomkapseln
2 Lorbeerblätter
6 Gewürznelken
1 kg Zwiebeln, in Ringen
2 EL Knoblauchpaste (Seite 87 oder Fertigprodukt), in 250 ml Wasser aufgelöst
2 kg Lammfleisch aus der Schulter, in mundgerechten Stücken
Salz
rotes Chilipulver
500 g Joghurt

- Ghee in einem Wok oder einer großen Pfanne erhitzen. Chilischoten, Zimtstangen, Kardamomkapseln, Lorbeer und Nelken darin einige Sekunden anschwitzen. Zwiebeln zufügen und goldbraun braten. 200 ml Wasser angießen, Wok oder Pfanne verschließen und das Ganze 10 Minuten köcheln lassen.
- Aufgelöste Knoblauchpaste einrühren und offen etwas einkochen lassen. Hitze erhöhen, Lammfleischstücke einlegen und 5 Minuten offen garen. Hitze reduzieren und das Fleisch zugedeckt gute 30 Minuten schmoren.
- Mit Salz und Chilipulver würzen. Den Joghurt glatt rühren, unterheben und das Fleisch zugedeckt in 15–20 Minuten weich garen.
- Deckel entfernen, Hitze erhöhen und das Ragout unter stetem Rühren einkochen, bis die gesamte Flüssigkeit fast verdampft ist. Heiß servieren und Basmatireis oder Fladenbrot dazu reichen.

ALOO TAMATAR

Kartoffeln in Tomatensauce

ZUTATEN FÜR 6–8 PERSONEN

1 kg festkochende Kartoffeln
3 EL Pflanzenöl
100 g Ghee
2 Knoblauchzehen, durchgepresst
½ TL frisch geriebener Ingwer
250 ml Tomatenpüree (aus Flasche oder Dose)
Salz
rotes Chilipulver
Saft von 1 Zitrone
6 grüne Chilischoten, aufgeschlitzt

- Kartoffeln in Wasser weich garen. Abgießen, abkühlen lassen, schälen und je nach Größe vierteln oder halbieren. Öl in einem Wok erhitzen und die Kartoffeln darin unter Rühren kräftig anbraten. Auf Küchenpapier abtropfen lassen.
- Ghee in einer Pfanne erhitzen. Knoblauch und Ingwer darin anschwitzen. Tomatenpüree einrühren und köcheln lassen, bis das Fett an die Oberfläche steigt.
- Kartoffeln zugeben. Mit Salz und Chilipulver würzen. Etwas Wasser einrühren und das Ganze zugedeckt 5 Minuten köcheln lassen.
- Zum Schluss Zitronensaft und grüne Chilischoten untermengen. Alles gut verrühren und heiß servieren.

SEVIYAN

Dessert mit Vermicelli

ZUTATEN FÜR 6–8 PERSONEN

200 g geröstete Vermicelli (dünne Reisnudeln, in indischen Lebensmittelläden erhältlich)
2 l Milch
100 g Kokospulver (fein geriebene Kokosraspel, in indischen Lebensmittelläden erhältlich)
200 g Zucker
Samen von 4 grünen Kardamomkapseln
50 g abgezogene und blanchierte Mandeln
50 g Sultaninen
1 TL Ghee
Mandelstifte zum Garnieren

Hinweis: Vermicelli sind bereits geröstet in indischen Läden erhältlich (geröstete Semiya Vermicelli). Bei diesem Rezept werden sie nochmals geröstet, um das Aroma zu verstärken. Anstelle von Mandelstiften können Sie auch gehackte Pistazien zum Garnieren verwenden.

- Die Vermicelli in einer beschichteten Pfanne bei mittlerer Hitze 2 Minuten anrösten. Milch zufügen und aufkochen lassen. Hitze reduzieren und die Milch etwa 30 Minuten köcheln lassen, bis sie cremig wird. Dabei häufig umrühren.
- Kokospulver und Zucker einrühren, dabei darauf achten, dass das Kokospulver keine Klümpchen bildet. Grüne Kardamomsamen untermengen und das Dessert nochmals 5 Minuten simmern lassen.
- Unterdessen die Mandeln und Sultaninen im Ghee anrösten. Beides unter die Vermicellimasse heben.
- Das Dessert auf 6–8 hübsche Schälchen verteilen. Mit Mandelstiften garnieren. Warm oder kalt servieren.

HAUTE CUISINE

RAMPUR

Die Nawabs von Rampur waren Förderer der Künste und trugen wesentlich zur kulturellen Erneuerung an den Höfen von Awadh bei.

Vorherige Seiten (164–167): Die Inneneinrichtung des schönen Zuhauses der Shahzadi Naghat Abedi in Delhi spiegelt den opulenten Lebensstil wider, für den Rampur bekannt war.

Gegenüber: Naghat Abedi, Tochter des verstorbenen Nawabs Murtaza Al Khan, mit ihren drei Töchtern Narjis (rechts), Nida (links) und Sana (stehend) in ihrem offiziellen Salon, in dem Exponate europäischer Kunst mit orientalischen Sujets zu sehen sind. Neben ihrer beeindruckenden Sammlung europäischer Malerei besitzen die Rampurs eine einzigartige Reihe von Familienportraits des großen indischen Landschaftsmalers Ganguly, der für seinen besonderen Umgang mit Lichteffekten berühmt ist.

Shahzadi Naghat Abedi ist in ein lebhaftes Gespräch mit ihrem Koch Majid Khan über das Rezept für *raan kebab* (gefüllte Lammkeule) verwickelt. »Ich will es genauso haben, wie wir es in Rampur servieren – nicht anders!«, sagt sie ruhig, aber bestimmt, wie man sich das in vielen Jahren als Chefin angewöhnt. Sie entstammt der Herrscherfamilie des einstigen Fürstenstaates Rampur in Nordindien. Ihre Gesellschaften in Delhi sind berühmt für ihren verschwenderischen Aufwand. Sie sagt: »Die Rampur-Familie steht für großartiges Essen und freigebige Gastlichkeit. Unsere Tafeln biegen sich unter der Last der Speisen.« In der Tat wurden früher in Rampur bei einer Essenseinladung 80 bis 100 und bei einem Bankett 200 Gerichte serviert. »Die Familie hat immer gern Gäste gehabt, und wir haben unvergessliche Bankette und Festmahle in unseren Palästen veranstaltet«, erinnert sie sich.

Majid Khan, der seit 40 Jahren für die Familie kocht – wie zuvor sein Vater –, erzählt: »Jeden Tag speisten in Rampur außer der Familie mindestens 25 Gäste – mittags und abends.« Um das zu stemmen, gab es in den Palastküchen mehr als 60 ausgebildete Köche und Hilfskräfte. Jeder Koch hatte sich auf ein bestimmtes Gericht spezialisiert, das er bis zur Perfektion vervollkommnete und seiner Herrschaft servierte. »Der frühere Nawab Raza Ali Khan war ein großer Feinschmecker und schickte seine Köche in andere Staaten Indiens und sogar ins Ausland, um die Küchen dieser Länder kennenzulernen. Wenn er irgendwo zu Gast war und ihm ein Gericht schmeckte, nahm er die Menükarte mit und beauftragte seine Köche, das Gericht nachzukochen«, erzählt Majid. Und Naghat Abedi ergänzt: »Ich erinnere mich, dass mein Großvater sogar eine Gruppe unserer Köche nach Frankreich schickte, wo sie die französische Kochkunst erlernen sollten.« Einer der Köche kehrte heim und gestaltete den Audienzsaal in der Festung Hamid Manzil nach einem Entwurf des verstorbenen Nawabs Hamid Ali Khan wie

Oben: Die Heirat des Nawabs Murtaza Ali Khan 1943 war ein großes Ereignis.

Unten: Einladung zum Tee im Khas Bagh Palace in Rampur. Von rechts: Maharadscha Sawai Mansingh II. von Jaipur, Maharadscha Jivajirao Scindia von Gwalior, der britische Oberkommandeur General Auchinleck sowie der Gastgeber, Nawab Murtaza Ali Khan.

einen Kuchen um. Er wurde dafür mit einer Garnitur goldener Armreife belohnt. Die Rainbow Bakery, die immer noch in Rampur existiert, ist ein Beleg dafür, wie sehr ihr Großvater an der Verfeinerung seiner Geschmackskultur interessiert war. Diese Bäckerei wurde von einem seiner Köche begründet, der die Patisserie-Kunst in Frankreich gelernt hatte. Naghat Abedi fügt hinzu: »Trotz seiner Vorliebe für gute Speisen war mein Großvater kein großer Esser, aber er verwöhnte gerne seine Freunde. Und er kontrollierte seine Köche, damit sie nicht zu schlampen begannen.« Offizielle Vorkoster mussten alle Speisen probieren, bevor sie dem Herrscher gereicht wurden. Die Töpfe wurden dann versiegelt, und die Siegel durften erst in Gegenwart des Nawabs aufgebrochen werden. Das Können der Chefköche von Rampur war in aller Munde, und man begann, sie abzuwerben. »Aber nach ein paar Monaten waren sie wieder da, weil niemand ihre Extravaganzen ertragen konnte.«

Die Herrscherfamilie kann ihre Wurzeln bis nach Afghanistan zurückverfolgen, von wo der Stamm der Rohillas im 18. Jahrhundert nach Indien einwanderte. Nachdem sie sich als gute Generäle erwiesen und erfolgreich alle Aufstände in der Region Katehr, heute Rohilkand, niedergeschlagen hatten, erhielten sie vom Großmogul Muhammad Shah den Titel Nawab. Unter dem Nawab Faiz-Ullah Khan wurden die Rohillas 1774 vertrieben und die Grenzen des Staates Rampur neu definiert – unter britischem Protektorat und mit tatkräftiger militärischer Unterstützung des Nawabs von Awadh.

Nach dem Niedergang des Mogulhofs in Delhi und des Hofs des Nawabs Wajid Ali Shah in Lucknow nahmen um 1857 benachbarte Staaten wie Rampur deren vertriebene Künstler auf. Hier entwickelte sich ein Fürstenhof voller Talente: Maler, Dichter, Musiker, die sich unter der Protektion aller folgenden Nawabs von Rampur weiter entfalten konnten. Nicht nur die Künstler selbst, auch ihre Familien wurden von der Herrscherfamilie versorgt. Naghat Abedi erzählt stolz: »Die bedeutendsten Maestri der klassischen indischen Musik spielten am Hof meines Großvaters. Sogar die legendäre Ghasel-Sängerin Begum Akhtar (1914–1974) begann, in der Gharana von Rampur zu singen.« Ihre Stimme verzauberte einst den Nawab Raza Ali Khan so sehr, dass er ihr das goldene Betelkästchen seiner Frau schenkte.

Alte Familienfotos an den Wänden im Heim der Shahzadi Naghat Abedi in Neu-Delhi.

Eine der bedeutendsten Leistungen der Familie auf dem Gebiet der Kunst und Literatur sind ihre großartigen Sammlungen in der Raza-Bibliothek. Was als persönliche Sammlung des ersten Rohilla-Oberhaupts Nawab Faiz Ullah Khan begann, wuchs durch Ankäufe jedes der folgenden Herrscher und erlangte herausragende Bedeutung unter Nawab Raza Ali Khan (1908–1966), nachdem sie als öffentliche Bibliothek allgemein zugänglich gemacht wurde. Die Raza-Bibliothek besitzt eine seltene, umfangreiche Sammlung von Gemälden und illustrierten Büchern der Mogul- und persischen Kultur, darunter das *Ramayana* und die Kaiser-Memoiren *Jahangirnama*. Auch heute befasst sich die Familie mit der Erhaltung der öffentlichen Bibliothek, und Naghat Abedis Bruder, Syed Muhammad Ali Khan oder Murad, wie er allgemein genannt wird, ist Bibliotheksdirektor.

Für ein junges Mädchen, das in Rampur aufwuchs, war das Leben ein reines Vergnügen. Naghat Abedi erzählt: »In der Zeit der Mangoernte gingen wir hinaus in die Obstgärten eines unserer Paläste, des Bagh-e-Benazir. Die Eimer voll reifer Mangos waren der pure Genuss – wir konnten nach Herzenslust davon essen.« Eine andere Besitzung, Eklakha Bagh – 40 Kilometer von Rampur in Shahbadh gelegen, der Garten mit hunderttausend Bäumen, war ein weiteres Lieblingsziel für Familienausflüge. »Wir gingen sehr gerne dorthin«, sagt Naghat Abedi, »denn wir konnten auf dem See dort Boot fahren und angeln.« In den Sommermonaten fuhr die Familie nach Nainital, »und der größte Teil des Palastpersonals kam mit, wo wir für die nächsten zwei Monate blieben, um der Sommerhitze zu entgehen. Auch hier hatten wir täglich Gäste, und jeden Tag war eine Party.« In den Monsunmonaten machte die Familie Picknickausflüge, und die Frauen in ihren hellgrünen und rosafarbenen Schleiergewändern schwebten auf Schaukeln hin und her, die an den Ästen hoher Bäume aufgehängt waren. »Mein Großvater veranstaltete gerne Lesungen und Dorffeste, auf denen sich alle Landeskinder vergnügen konnten. Mein Bruder und ich liebten diese Volksfeste und aßen dort Kebabs und Fladenbrote frisch von den dampfenden Pfannen.« Naghat Abedi erinnert sich auch an große Partys, auf denen sich die Gäste viele Stunden lang beim Tanz im Ballsaal des Khas Bagh Palace vergnügten, wozu die Kapelle die neueste Musik aus Europa spielte: »Als Familie bewahrten wir unsere Traditionen, und doch waren wir in unserer Einstellung sehr modern.«

Naghat Abedi unter einem Bildnis ihres Vaters als Knaben. Sie trägt ein wunderschönes Collier aus seltenen Spinellen, das aus derselben Halskette, die ihr Vater auf dem Bild trägt, neu aufgezogen wurde.

Gegenüber: Die Wände des Salons sind mit beeindruckenden Porträts der Nawabs von Rapur geschmückt, die ihre berühmten Smaragdketten zur Schau tragen.

Das Haus der Rampur-Familie zeigt heute eine Mischung aus Tradition und Moderne.

Es gab keinen größeren Anlass für eine Riesenfeier als eine Hochzeit in der fürstlichen Familie. Naghat Abedis Eltern, Nawab Murtaza Ali Khan und Begum Aftab Zamani aus dem Staat Pirpur nahe Lucknow, waren die letzten Royals, die heirateten, bevor die Fürstenstaaten 1947 der Indischen Union beitraten. »Die Herrscherfamilien ganz Indiens kamen, um der Hochzeit beizuwohnen. Die meisten von ihnen, wie die Gwaliors, Dholpurs und Patialas, reisten mit ihren Privatflugzeugen. Die Hochzeitsgesellschaft des Bräutigams kam in unserem privaten Salonwagen mit der Bahn«, erzählt sie. Nach der Eheschließung in Lucknow reiste die gesamte Hochzeitgesellschaft zurück nach Rampur. Die neue Begum von Rampur entstieg am Privatbahnhof ihres Gemahls mit dem passenden Namen »Nawab Station« dem privaten Salonwagen und wurde den ganzen Weg bis zum Palast in einer silbernen Sänfte getragen. »Entlang der Strecke warf man Silbermünzen unter die Menschen, die an den Straßen den Hochzeitszug verfolgten, damit die junge Braut traditionsgemäß vor dem bösen Blick geschützt würde.« Der Himmel war vom Feuerwerk erleuchtet, Nautch-Mädchen tanzten auf den Rücken von Elefanten, die Familienmitglieder fuhren in goldenen und silbernen Pferdekut-

schen, und die königliche Garde ritt auf Pferden und Elefanten, die mit Brokat und Juwelen geschmückt waren – der Hochzeitszug bot einen unvergesslichen Anblick. »Die Hochzeitsfeierlichkeiten fanden nicht nur im Palast statt, auch in der ganzen Stadt wurde Essen verteilt, damit alle in Rampur an dem Fest teilhaben konnten«, fügt Naghat Abedi hinzu.

Die Gastfreundlichkeit von Rampur war legendär, und die Familie scheute keine Mühen, damit sich ihre Gäste wohlfühlten. So erzählt Naghat Abedi: »Wenn sich der Radscha von Benares bei uns als Gast meines Großvaters aufhielt, wurde er in der Fürstensuite auf den oberen Etagen des Khas Bagh Palace untergebracht. Es gehörte zu den Gewohnheiten des Radschas, dass er morgens beim Aufwachen als Erstes eine Kuh sehen wollte. Mein Großvater veranlasste tatsächlich, dass eine Kuh mit einem Flaschenzug nach oben befördert und in die Gemächer des Radschas geführt wurde, damit er nichts von seinen täglichen Gewohnheiten vermisste.«

Als einer der ersten Paläste erhielt der Khas Bagh Palace eine Klimaanlage, einen beheizten Swimmingpool und ein eigenes Kino. Die Fürstenfamilie von Rampur verstand es zu leben! Eines der tollsten Erlebnisse in Naghat Abedis Kindheit war die Bahnfahrt mit dem

Oben links: Das Hochzeitalbum des Nawabs Murtaza Ali Khan.

Oben Mitte: Das frisch vermählte Brautpaar.

Oben rechts: Das weißblaue Coalport-Porzellan, das im späten 18. und frühen 19. Jahrhundert in England hergestellt wurde, ist der ganze Stolz der Familie.

Vorherige Seiten (176–177): Ein muslimischer Gebetsraum ist im Heim der Rampur-Familie immer noch wichtig.

Unten: Naghat Abedis Mutter kaufte nach Erlangung der Unabhängigkeit Indiens einen Geschirrladen namens Sutherlands am Connaught Place in Neu-Delhi. Das meiste Geschirr wurde der privaten Sammlung einverleibt und wird auch heute von der Familie benutzt.

privaten Salonwagen ihres Vaters. »Mein Vater war Abgeordneter von Uttar Pradesh und fuhr immer mit seinem privaten Salonwagen zu den Parlamentssitzungen nach Lucknow. Auch die Bediensteten der Familie begleiteten ihn. Sobald wir den von Gärten umgebenen Bahnhof ›Lucknow Charbagh Railway Station‹ erreicht hatten, tummelten wir uns im Freien. Wir Kinder liebten dieses Abenteuer, und der Salonwagen war ein luxuriöses Zuhause auf Rädern mit Klimaanlage, Plüsch-Polstermöbeln und hausgemachtem Essen.«

Unter den Feinschmecker-Nawabs erlangte die Kochkunst von Rampur ihren herausragenden Ruf vor allen anderen Staaten in Awadh. Ihr umfangreicher Speiseplan umfasst *galiya*, ein Curry mit Kurkuma und Fleischfond, und *korma*, ein Curry mit Koriander. Die Köche von Rampur waren stolz auf ihre *galiyas* und vervollkommneten zahlreiche Varianten wie *tar gosht*, ein *galiya,* das so saftig ist, dass einem das Ghee durch die Finger rinnt, und *shabhdegh*, das sich von seinem Gegenstück in Kaschmir unterscheidet, weil Fleisch und Rüben gemeinsam über Nacht auf kleiner Flamme gekocht werden. Die Liste der Reisgerichte ist lang und reicht von *yakhni* (in Joghurt gegartes Lamm) über *dum pukht* (langsam gekochter Reis) und *pathani pulao* (Pulao nach Pathani-Art) bis zu den *biryanis* wie *bater ki biryani* (mit Wachteln) und *parcha*

biryani (mit Hammelrippen). Die Kebab-Experten von Rampur haben *kebab-e murg-e musallam* (gefülltes Hühnchen), *shammi kebab, kebab-e-nargisi* (Hackfleisch-Kebab mit Eiern), *kache ghost ke kebab* und *gole ke kebab* (Lammhack-Klößchen) zur Vollendung gebracht. Während im übrigen Bundesstaat Uttar Pradesh zumeist *arhar dal* (Strauchbohnen) gegessen werden, bevorzugt man in Rampur *maash ki dal* (Urdbohnen). Naghat Abedis Mutter Begum Aftab Zamani, die in Lucknow aufgewachsen war, vermisste ihre vertrauten *arhar dal* so sehr, dass die Köche in Rampur diese Bohnen auf den täglichen Speiseplan setzen mussten. Der Variantenreichtum beschränkt sich jedoch nicht aufs Hauptmenü. Es gibt eine Vielzahl von verschiedenen Desserts wie *lauze-e-jahangir* mit Zucker und Trockenobst, *dar-e-bahisht* (Himmelstor) mit Pistazien und Mandeln, *naan-e-santara* mit Orangensaft, *namish*, ein schaumiges Milchdessert, das lockerer ist als ein Soufflé, und Halwas aus Äpfeln, Eiern und Zerealien.

Freunde und die Familie genießen diese heimischen Köstlichkeiten gemeinsam im Monat Ramadan. Jeden Abend veranstaltet Naghat Abedi eine kleine Einladung zum Fastenbrechen. Zum High Tea werden dann frische Limonade und Datteln serviert, es folgen heiße Kebabs, Fischstäbchen, goldbraun frittiertes Gemüse mit frisch gemah-

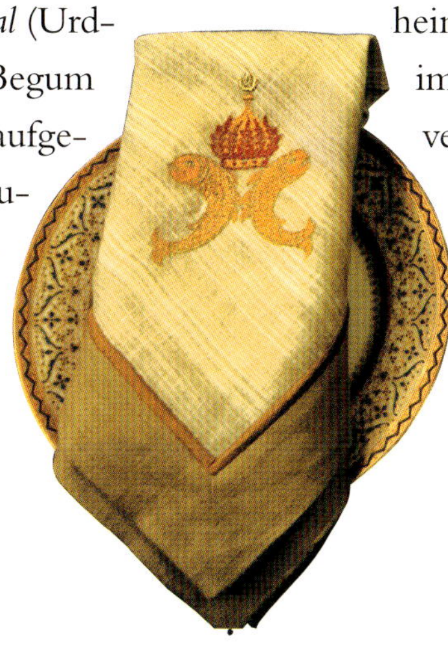

Die Royals von Rampur sind immer noch gerne Gastgeber und verwenden das mit ihrem Emblem geschmückte Porzellan und Silber aus ihren Sammlungen für ihre Gäste.

Diese zeremoniellen Ketten aus Echtsilber und Goldfäden tragen das königliche Emblem von Rampur. Sie wurden den Herrschern von Rampur zu besonderen Gelegenheiten wie Festen und Geburtstagen von ihren Untertanen geschenkt.

lenen Chutneys, *dahi badey* (schmalzgebackene, in gewürzten Joghurt getauchte Linsenklößchen), *guava chaat*, eine Art Imbiss, und grüne Erbsen. Der Höhepunkt des Monats ist schließlich das große Festmahl mit Rampur-Speisen am Tag des *Eid*.

Naghat Abedi hat uns eingeladen, den Geschmack der köstlichen Rampur-Küche kennenzulernen. Zum Lunch sind ihre drei Töchter Narjis, Nida und Sana dabei. Wenn man die schlanken jungen Frauen anschaut, möchte man nicht glauben, dass sie mit der extrem reichhaltigen Rampur-Küche aufgewachsen sind. Nida sagt: »Ich ziehe vegetarisches Essen vor, aber alle anderen in der Familie mögen Fleisch, und das gibt es alle Tage zu jeder Mahlzeit.« Ein ganz alltägliches Essen in Rampur besteht aus mindestens zwei nichtvegetarischen und zahlreichen vegetarischen Gerichten.

Heute biegt sich der Tisch fast unter einem sensationellen Blumenarrangement in roten Farbnuancen, er ist makellos gedeckt mit einem handbemalten österreichischen Speiseservice, das das Rampur-Emblem schmückt, sowie mit schweren Baccarat-Weinkelchen und dem eigens mit dem Monogramm der Familie hergestellten Silberbesteck. Alle Teile des Speiseservice passen perfekt zueinander und sind Ausdruck des feinen Empfindens der Rampur-Familie, die diese Schätze im Laufe der Jahre zusammengetragen hat. Der Kristalllüster von Osler erhellt den Raum, und die Familie nimmt Platz – zu einem Lunch mit *seek kebabs* vom Holzkohlengrill, einem gehaltvollen *tar gosht* (Hammeleintopf), *maash ki dal* mit Pfefferminze und Ingwer, *raan kebab*, saftigem *do goshta biryani* (Lamm, dazu gebratener Reis mit Fleischbällchen) und schließlich einem sahnigen Milchdessert namens *gulathi*.

An normalen Tagen speisen die Begum Naghal Abedi und ihre Familie nie allein. Neben offiziellen Einladungen – mehrmals die Woche – kommen fast jeden Tag Freunde gerade zu Essenszeiten vorbei. »Bei uns gibt es immer etwas, denn wir erwarten es, dass Freunde mit uns essen. Als Kind fragte ich mal meine Oma, warum es in ihrer Küche diesen Überfluss an Speisen gebe. Heute tut meine Mutter das Gleiche und lässt mehr als nötig zubereiten«, erklärt Narjis Abedi, die älteste Tochter. Die Freunde aus Delhi wissen, dass es für sie immer einen Platz an der Tafel von Rampur gibt.

MENÜ

1. Tar Korma 2. Raan Kebab 3. Tar Gosht 4. Nargisi Seekh Kebab
5. Do Goshta Biryani 6. Maash Ki Dal 7. Gulathi

HINTER DEN KULISSEN

Seit dem Morgen sind Küchenchef Majid Khan und sein Chefkoch Mohammad Usman oder Munne Miyan, wie er genannt wird, zusammen mit dem Team von Souschefs, die von Delhi nach Rampur gekommen sind, eifrig bei der Arbeit. Sie tragen identische Pathan-Anzüge und schwarze Hamid-Mützen (die für Rampur typische Kopfbedeckung) und sehen aus, als wären sie in geheimer Mission unterwegs. Das Essen wird im Freien auf behelfsmäßigen Öfen gekocht. Berge von Zwiebeln, Ingwer und Knoblauch wurden von den Küchenhelfern bereitgestellt, gewaltige Mengen *ghee* und Öl werden in riesigen Töpfen erhitzt und wohlriechende Gewürze hinzugegeben, die Aromen und Düfte freisetzen, wie sie für die Küche von Rampur so typisch sind. Munne Miyan sagt, während er das *tar gosht* (Lammcurry) rührt: »Ich muss das Gericht nicht kosten, um zu wissen, ob es fertig ist – der Duft verrät es mir.« Auf Naghat Abedis Drängen sind Mohammad Usman und sein Team von Köchen oft zu Festen eingeladen worden, um dort die traditionelle Kochkunst von Rampur zu präsentieren.

TAR KORMA

Lamm mit Zwiebeln

ZUTATEN FÜR 6–8 PERSONEN

250 ml Pflanzenöl
1 ½ kg Zwiebeln, in Ringen
100 g Ingwer, geschält und in Scheiben
100 g Knoblauch, fein gehackt
2 kg Lammfleisch aus der Keule, in mundgerechten Stücken
Salz
4–6 rote Chilischoten
Samen von 5 schwarzen Kardamomkapseln
2 Lorbeerblätter
1 EL schwarze Pfefferkörner
1 TL Gewürznelken
2 TL Kreuzkümmelsamen
je 1 Prise frisch geriebene Muskatnuss, gemahlene Muskatblüte und Zimtpulver
200 g Joghurt
Korianderzweige zum Garnieren

- Öl in einem großen Topf mit schwerem Boden erhitzen. Zwiebeln, Ingwer und Knoblauch darin 2 Minuten anschwitzen. Das Fleisch und sämtliche Gewürze dazugeben. Das Ganze gut verrühren und zugedeckt bei mittlerer Hitze 30 Minuten schmoren. Dabei häufig umrühren.
- Sobald die Zwiebeln weich sind, Joghurt und 500 ml Wasser untermengen. Nochmals zugedeckt 15 Minuten köcheln lassen. Mit Korianderzweigen garnieren und servieren.

TAR GOSHT

Cremiges Lammcurry

ZUTATEN FÜR 6–8 PERSONEN

Für den Fond:

1 kg Lammhaxen
Salz

500 ml Pflanzenöl
2 Lorbeerblätter
5 Gewürznelken
Samen von 4 grünen Kardamomkapseln
500 g Zwiebeln, fein gehackt
1 ½ EL Ingwerpaste (Seite 87 oder Fertigprodukt)
1 ½ EL Knoblauchpaste (Seite 87 oder Fertigprodukt)
2 kg Lammfleisch aus der Keule, in mundgerechten Stücken
250 g Zwiebelpaste (Fertigprodukt)
200 g Joghurt
3 ½ EL Garam Masala (Seite 116 oder Fertigprodukt)
Salz
3 TL gelbes Chilipulver
3 TL rotes Chilipulver
1 TL Kurkumapulver
3 EL Korianderpulver

- Für den Fond Lammhaxen waschen, in einen großen Topf geben und 1,5 Liter Wasser angießen. Zum Kochen bringen, abschäumen, salzen und halb zugedeckt 3 Stunden köcheln lassen. Anschließend den Fond abseihen.
- Öl in einem großen Topf erhitzen. Lorbeer, Nelken und Kardamom kurz darin anschwitzen. Zwiebeln zufügen und goldgelb braten. Topfinhalt mit einem Schaumlöffel herausnehmen und zu einer Paste verarbeiten.
- Öl erneut erhitzen. Ingwer- und Knoblauchpaste einige Minuten darin anschwitzen. Fleisch, restliche Zutaten, Gewürz-Zwiebel-Paste und Lammfond zugeben. Unter stetem Rühren kochen lassen, bis das Fett an die Oberfläche steigt.
- So viel Wasser angießen, bis das Fleisch gerade bedeckt ist und das Ganze zugedeckt 40 Minuten köcheln lassen.

RAAN KEBAB

Gefüllte Lammkeule

ZUTATEN FÜR 6–8 PERSONEN

1 ½ kg Lammkeule
Salz
500 g Papayapaste
150 g Knoblauchpaste (Seite 87 oder Fertigprodukt)
1 TL Garam Masala (Seite 116 oder Fertigprodukt)
1 ½ TL Chilipulver

Für die Füllung:

500 g Lammhack
1 TL Chilipulver
1 TL Garam Masala (Seite 116 oder Fertigprodukt)
je 1 Prise frisch geriebene Muskatnuss, gemahlene Muskatblüte und gemahlenen Zimt
150 g Kichererbsenmehl, trocken geröstet
Salz

- Lammkeule von Fett und Sehnen befreien. Seitlich bis zum Knochen einschneiden, so dass eine Tasche entsteht. Mit Salz einreiben. Papaya- und Knoblauchpaste, Garam Masala und Chili vermengen. Lammkeule rundum mit der Mischung bestreichen und 2–3 Stunden marinieren.
- Backofen auf 250 °C vorheizen. Alle Zutaten für die Füllung gründlich vermischen. Mit Salz würzen. In die Tasche füllen und die Öffnung mit Küchengarn zunähen.
- Die Keule auf ein tiefes Backblech legen und 1 Stunde im Ofen garen. Nach 30 Minuten wenden. Alternativ die Keule über Holzkohle grillen.

NARGISI SEEKH KEBAB

Hackfleischröllchen mit Ei

ZUTATEN FÜR 6–8 PERSONEN

20 Holzspieße
1 kg Lammhack
je 1 kräftige Prise gemahlene Muskatnuss, Muskatblüte und gemahlener Zimt
1 TL Garam Masala (Seite 116 oder Fertigprodukt)
einige Safranfäden, in 1 TL Kewrawasser aufgelöst
100 g geröstetes Kichererbsenmehl
500 g angeschwitzte Zwiebelpaste
1 ½ EL Ingwerpaste (Seite 87 oder Fertigprodukt)
1 ½ EL Knoblauchpaste (Seite 87 oder Fertigprodukt)
3 ½ EL Papayapaste
100 ml Pflanzenöl
1 TL gelbes Chilipulver
Salz
8 hart gekochte Eier

- Die Holzspieße in kaltem Wasser einweichen. Hackfleisch in eine große Schüssel geben und darin mit allen restlichen Zutaten bis auf die Eier gut vermengen.
- Aus der Masse mit eingeölten Händen etwa 15 cm lange Röllchen formen. Holzspieße aus dem Wasser nehmen und die Röllchen darauf stecken.
- Eier schälen, in Scheiben schneiden und das Eigelb entfernen. Die Eiweißringe in regelmäßigem Abstand auf den Röllchen anbringen. Die Hackfleischspieße über Holzkohle oder unter dem Backofengrill goldbraun und knusprig grillen.

DO GOSHTA BIRYANI

Lamm-Pulao mit Fleischbällchen

ZUTATEN FÜR 6–8 PERSONEN

Für den Lammfond:

1 kg Lammfleisch aus der Schulter, in großen Stücken
500 g Lammhaxen, gewaschen
Salz
50 g Fenchelsamen
50 g Koriandersamen
50 g frischer Ingwer, geschält
2 Knoblauchknollen, geschält
1 Zwiebel, geschält
4 Lorbeerblätter

Für das Pulao:

200 g Ghee
2 TL Kreuzkümmelsamen
½ TL Nelken
1 TL schwarze Pfefferkörner
5 schwarze Kardamomkapseln
2 Lorbeerblätter
1 Zimtstange, 2–3 cm lang
1 große Zwiebel, gehackt
3 EL Knoblauchpaste (Seite 87 oder Fertigprodukt)
3 EL Ingwerpaste (Seite 87 oder Fertigprodukt)
1 EL grüne Chilischoten, fein gehackt
100 g Joghurt
Salz
1 kg Basmatireis, 1 Stunde in Wasser eingeweicht
einige Safranfäden, in 1 TL Kewrawasser aufgelöst

Für die Fleischbällchen:

500 g Lammhack
1 TL Salz
2 TL Knoblauchpaste (Seite 87 oder Fertigprodukt)
2 TL Ingwerpaste (Seite 87 oder Fertigprodukt)
1 TL Chilipulver
1 TL Garam Masala (Seite 116 oder Fertigprodukt)
je 1 Prise gemahlene Muskatnuss, Muskatblüte und gemahlenen Zimt
250 g braune Zwiebelpaste
100 g geröstetes Kichererbsenmehl
250 ml Pflanzenöl

- Für den Fond Fleisch und Haxen in einen großen Topf geben. 2 Liter Wasser und 2 Teelöffel Salz zugeben. Zum Kochen bringen. Fenchel- und Koriandersamen, Ingwer, Knoblauchknollen, Zwiebel und Lorbeerblätter in ein großes Gewürzsäckchen geben und zufügen. Das Ganze halb zugedeckt 1 Stunde köcheln lassen. Den Fond abseihen, das Fleisch beiseitestellen, Haxen und Gewürze wegwerfen.
- Für das Pulao Ghee in einem großen Topf mit schwerem Boden erhitzen. Die Gewürze darin anrösten. Zwiebel zugeben und goldbraun braten. Gekochtes Fleisch, Knoblauch- und Ingwerpaste, grüne Chilischoten und Joghurt dazugeben. Das Ganze 10 Minuten unter stetem Rühren kräftig anbraten. Den Fond angießen und zum Kochen bringen. Mit Salz würzen. Den abgetropften Reis einrühren. Den Topf verschließen und das Pulao 15 Minuten bei mäßiger Hitze garen.
- Inzwischen alle Zutaten für die Fleischbällchen bis auf das Öl gut vermengen. Aus der Masse kleine Bällchen formen und diese in heißem Öl portionsweise goldbraun braten.
- Das Pualo auf eine vorgewärmte Servierplatte geben und mit Safranmischung beträufeln. Die Fleischbällchen auf dem Reis verteilen und alles servieren.

Hinweis: Pulao *bezeichnet ein Gericht, bei dem Reis zusammen mit Fleisch oder Gemüse gegart wird.*

CHRONISTEN DER KÜCHENTRADITIONEN
SAILANA

Die Fürstenfamilie von Sailana hat sich der Herkulesaufgabe unterzogen, die Rezepte der Herrscherhäuser von überall in Indien aufzuzeichnen und zu bewahren.

Familien mit langer Tradition besitzen meist wertvolle Sammlungen. Einige sammeln Kunst, andere Erstausgaben von Büchern oder graviertes Silber, wieder andere alte Autos. Der große Stolz der Fürstenfamilie von Sailana sind ihre mit Sorgfalt zusammengetragenen 2000 alten Rezepte aus Fürstenhäusern in ganz Indien. »Mein Großvater, Radscha Dilip Singhji, und seine Freunde hatten sich einst ohne ihre Bediensteten auf einer Jagd im Wald verirrt. Keiner der vornehmen Herren war imstande zu kochen, also mussten sie sich hungrig schlafen legen. Diese Erfahrung veranlasste meinen Großvater, kochen zu lernen«, erzählt Radscha Vikram Singh, das gegenwärtige Oberhaupt des ehemaligen Fürstenstaates Sailana. Dieser liegt in Zentralindien im Staat Madhya Pradesh. Die Fürstenfamilie regierte in Sailana seit 1730 – als Nachkommen des berühmten Kriegers Ratan Singh, dem dieses Land vom Großmogul Shah Jahan verliehen worden war, nachdem er ihn vor einem wilden Elefanten gerettet hatte.

Der einstige Radscha Dilip Singh lernte nicht nur zu kochen, sondern entschloss sich auch, Anfang des 20. Jahrhunderts Familienrezepte anderer Fürstenhäuser landauf, landab zu sammeln. Jedes dieser Rezepte wurde von ihm in den Palastküchen ausprobiert. »Jeden Tag kochte mein Großvater ein Gericht. Er benützte eine Juwelierwaage, mit der er die Zutaten ganz genau abwog«, sagt Vikram Singh, der die Liebe zum Kochen von seinem Großvater und seinem Vater, Radscha Digvijay Singh, geerbt hat. Heute sind solche Waagen durch elektronische Waagen aus der Küche verdrängt worden. Er erklärt: »Man muss sehr genau sein mit allem, was man in ein Gericht hineingibt. Deshalb wird bei jedem von meiner Familie aufgezeichneten Rezept selbst die Menge von Salz nicht etwa mit Teelöffel oder Messerspitze, sondern in Gramm angegeben.«

Seine Liebe zum Essen wird deutlich, wenn er die Köche kontrolliert, die das Fleisch fürs Dinner marinieren. Er ist der festen Über-

Vorherige Seiten (190–191): Radscha Vikram Singh ist der Erbe des königlichen Vermächtnisses von Sailana in Madhya Pradesh.

Gegenüber: Radscha Vikram Singh und seine Gemahlin Rani Chandra Kumari. Er trägt eine Halskette aus Polki-Diamanten, die über Generationen weitervererbt worden ist.

In seinem leidenschaftlichen Engagement für gutes Essen ist Vikram Singh davon überzeugt, dass es wichtig ist, jeden Tag zu kochen, um die kulinarischen Fertigkeiten zu erhalten. Er hat sein Personal geschult, und er überwacht jedes Gericht, das in der Küche der Familie zubereitet wird.

zeugung, dass es mehr braucht als als nur ein Rezept, um ein perfektes Gericht zu kreieren. Wenn er am Herdfeuer steht und die köchelnden Currys rührt, erläutert er: »Selbst das Wasser, das man zum Kochen verwendet, kann den Geschmack eines Gerichts beeinflussen. Und die Qualität naturreiner Gewürze wie Chili- und Korianderpulver ist ganz entscheidend. Das Fleisch muss von einer einjährigen Ziege stammen – nicht älter –, und die Farbe sollte dunkelrosa sein – nicht rot.« Dieser Blick fürs Detail ist ein Erbe all der Meisterköche und großzügigen Gastgeber in seiner Familie, die es liebten, schöne Feste zu veranstalten.

Er erzählt: »Mein Vater hatte gerne Gäste. Zu jedem *Dashahara*-Fest, das zufällig auch sein Geburtstag war, gab er eine Einladung für seine Freunde.« Der Maharadscha war ein akribischer Gastgeber, der ein Tagebuch führte, in dem er jedes Dinner und die dabei servierten Speisen zusammen mit der Gästeliste festhielt, damit es keine Wiederholungen gab, wenn diese Gäste noch einmal eingeladen wurden. »Wir hatten riesige Metallschränke, in denen die Speisen für die Bankette warm gehalten wurden. Darin befanden sich Fachböden aus Drahtgeflecht, der ganze Schrank wurde von glühenden Kohlen im Innern auf Temperatur gehalten«, erklärt Vikram Singh. Es gab auch praktische Rechauds, aus denen auf einer Seite das überschüssige Öl bestimmter Gerichte abfließen konnte.

Bei der Suche nach alten Rezepten, die er aufzeichnen konnte, überzeugte der einstige Maharadscha seine royalen »Kollegen«, ihm ihre Familienrezepte anzuvertrauen. Sein Enkel erzählt: »Die Fürsten von Mahmudabad waren

für ihr großartiges Essen bekannt. Mein Großvater brachte seinen Freund, den Nawab, dazu, besondere Rezepte herauszurücken, etwa *lab e mashooq*, ein einzigartiges Dessert, und *kache gosht ki biryani* (würziges, langsam gegartes Lamm mit Reis).« Dafür musste ihm Radscha Dilip Singh versprechen, die Einzelheiten dieser Rezepte nicht anderweitig preiszugeben. »Er weigerte sich sogar, sie seinen Töchtern zu verraten, denn diese würden ja in andere Familien einheiraten und die Geheimrezepte mitnehmen«, lacht Vikram Singh. Doch später wurde sein Vater von Freunden überredet, die Rezepte zu veröffentlichen. Daraus ging das berühmte Rezept- und Kochbuch »Cooking Delights of the Maharajas – Exotic Dishes from the Princely House of Sailana« von Digvijay Singh hervor. Bis heute sind die Angehörigen der indischen Fürstenfamilien voller Lob für diese Leistung der Sailana-Familie, weil sie damit die wertvollen alten Familienrezepte zu einem Teil des kulinarischen Welterbes gemacht haben. Digvijaya Singhs Schwiegertochter Rani Chandra Kumari erinnert sich: »Alles, was ich übers Essen weiß, habe ich von meinem Schwiegervater gelernt. Ich ging ihm beim Kochen zur Hand, und er konnte mir so viel beibringen.« Sie lacht und erzählt uns von ihrer ersten Begegnung mit ihren künftigen Schwiegereltern: »Sie stellten mir nur zwei Fragen, ob ich kochen könne – und ob ich gerne kochte.«

Die Sailana-Familie besitzt ihre eigenen Rezepte, darunter solche mit ungewöhnlichen Zutaten wie *hare chane ka halwa* (Erbsen-Dessert), *keeme ke dahi badey* (Hacksteak in Quark) und *maas ki kadi* (Lamm in Kichererbsencurry

Vikram Singh schlägt in »Cooking Delights of the Maharajas – Exotic Dishes from the Princely House of Sailana« nach, das sein Vater, Maharadscha Digvijay Singh, zusammengestellt hat. Es war das erste umfassende Kochbuch mit Rezepten aus indischen Fürstenhäusern.

Oben links: Tikarani Shailaja Katoch, die älteste Tochter von Vikram Singh und Chandra Kumari, gibt dem fürs Dinner gedeckten Tisch den letzten Schliff.

Oben rechts: Chandra Kumari, einstige Prinzessin aus Jaisalmer, behauptet, sie habe alles, was sie übers Kochen weiß, von ihrem Schwiegervater gelernt, als sie ihm in der Palastküche zur Hand ging.

gegart). »Ich erinnere mich an die Picknicks, die unsere Familie während der Monsunmonate unternahm. Wenn gerade Maisernte war, gab es ein ganzes Menü nur aus Mais, von der Vorspeise bis zum Dessert«, erzählt Vikram Singh. Zum *Dashahara*-Fest wurde *mundi payaa* serviert, eine heimische Spezialität aus den Haxen und dem Hals der Opferziege. An manchen Tagen gab es ein kontinentales Frühstück mit Ei im Glas, Leber und Nieren, und in Sailana wurden als Besonderheit die Brötchen durch heimische Brote, *batiyas*, ersetzt, die dick und locker sind und von *ghee* triefen.

Sailana liegt in der Region Malwa im nördlichen Madhya Pradesh und grenzt an Rajasthan. Die Felder sind reich an Getreide wie Hirse, Weizen und Mais. *Baflas*, eine Art Schmalzgebackenes, und *urad ki dal* (Urdbohnen) sind in den meisten Familien die Hauptnahrung. Weitere lokale Spezialitäten sind *makki ki roti*, ein Maisbrot, und das ungewöhnliche *afeem ka saag* (aus Opiumblättern): Die Region Malwa ist das größte legale Opiumanbaugebiet der Welt.

Von den Speisen abgesehen, war Sailana auch für seine Spirituosen berühmt. Aus frischen Rosen aus Pushkar stellte man den Likör *gulab* her, aus Nagpur-Orangen machte man *Narangi*-Likör, und der Betelpfeffer für den *Paan*-Brand kam aus Radscha Dilip Singhs eigenem *paanwadi* oder Betelpfeffer-Garten. Die Betelblätter wurden mit Melasse, Gewürzen und ayurvedischen Kräutern vermischt, wie Wodka dreifach destilliert und in Holzfässern zur Reifung gelagert. »Gäste ließen ihren Whisky stehen, nachdem sie unsere Brände und Liköre gekostet hatten«, behauptet Vikram Singh. Ein anderer Schnaps, den sein Großvater gern im Winter trank, war *mawalin*.

Unter der Aufsicht ihrer anspruchsvollen Herrschaft arbeiteten in den Küchen dieser Familie von Feinschmeckern die besten verfügbaren Köche. Der Bewahrer des Sailana-Vermächtnisses sagt: »Wir hatten vielerlei Köche in unseren Küchen, nicht nur solche, die auf eine bestimmte Kochkultur, etwa aus Europa oder Kaschmir, spezialisiert waren, sondern auch solche, die ein bestimmtes Gericht zur Vollkommenheit brachten. Es gab einen Koch, der nur *biryani* besonders gut konnte, also war er an der Reihe, wenn *biryani* gewünscht wurde. Trotzdem erhielt er das volle Monatsgehalt.« Diese Art von Kunstfertigkeit und Geschick, die die Köche aufbringen mussten, um ihrer Herrschaft Genüge zu tun, klingt fast unwirklich. Vikram Singh sagt: »Wir hatten einen Koch, der *puris*, Ballonbrote, machen konnte, aus denen zur Überraschung des Gasts ein Vogel flog, wenn man sie aufbrach. Eine andere Spezialität war ein Auberginengericht, bei dem die Auberginen gekocht wurden, aber Stiel und Blätter frisch und grün blieben. Diese Köche wurden gut versorgt, und sie erhielten großzügige Vergütungen, ja sogar ein Stück Land – bis zu acht Hektar, um ihnen ein Gefühl der Zugehörigkeit zu vermitteln.

Gut zu essen ist in dieser Familie nicht nur eine Leidenschaft, sondern gelebter Alltag. Wer zu Besuch kommt, wird zu liebevoll zubereiteten Mahlzeiten eingeladen. Der Schwiegersohn Tikaraj Aishwarya Katoch aus Lambagram sagt: »Es ist unglaublich, wie die Sailana-Familie stundenlang übers Essen reden kann. Beim Frühstück planen sie schon das Mittagessen.« Als er nach der Hochzeit erstmals seine Schwiegerfamilie besuchte, wog er 67 Kilo – nach nur zwei Wochen wog er 97! Heute Abend sitzt die Familie um eine Dinnertafel, die mit einem

Die Töchter des Hauses glauben, dass keine andere Küche der Welt den Vergleich mit den Speisen aushält, mit denen sie zu Hause aufgewachsen sind.

Vorherige Seiten (198–199): Zu besonderen Anlässen wird in Sailana den auf niedrigen Hockern sitzenden Gästen das Essen in traditionellen thalis *und* katoris *serviert.*

Oben: Vikram Singh fühlt sich am glücklichsten, wenn er eines der Gerichte nach den Rezepten aus der Sammlung seiner Familie kochen kann.

türkisfarbenen, lebhaft bestickten Tischtuch und silbernen *thalis* (Platten) gedeckt ist, die im Licht der Kerzen und Öllampen glänzen. Traditionelle Ringelblumen verleihen der Dekoration etwas Festliches. Die unter der Aufsicht von Vikram Singh zubereiteten Speisen sind *goolar kebab*, außen knusprig, innen mit zarter Hammel-Hackfleisch-Füllung, und *machchi kebab sailana* mit Fisch und etwas Ingwer und grünen Chilis. Der Hauptgang besteht aus *khade masale ka korma*, einem Hammelgericht mit viel Feuer, *murg mumtaz mahal*, Hühnchen mit Safran, *kalia shafaq seer*, einem milden, sahnigen Hühnchencurry, *murg mussallam do rukha seekh par*, Grillhähnchen mit einer Fülle von Düften, und zwei *biryanis*, einem, das *mewe ki biryani* heißt und Trockenfrüchte enthät, und einem zweiten, das eher süßlich schmeckt: *reshmi biryani*. Das *dal sailana* (Linsen) ist fein mit Kreuzkümmel und Asant gewürzt, das *aloo ka rajai salan* (Kartoffelcurry) ist würzig; und zum Dessert gibt es *makki ki phirni*, Milchpudding mit Mais.

In seinem Bemühen, die kulinarische Tradition von Sailana am Leben zu erhalten, veranstaltet Singh Feste, um der Welt diese gehüteten Schätze vorzustellen: »Diese Rezepte sind Teil unserer Kultur und unserer Überlieferung. Sie müssen bewahrt – und künftigen Generationen vermittelt werden.« Und während die gesundheitsbesessene jüngere Generation schon vor dem Gedanken an die Menge von *desi ghee* zurückschreckt, die für diese Mahlzeiten verwendet werden, entgegnet er: »Jemand hat vorgeschlagen, *desi ghee* durch leichtere pflanzliche Öle zu ersetzen, aber ich sagte ihm, man würde diese Rezepte kaputt machen, wenn man sie verfälschte. Esst diese Gerichte nur ein- oder zweimal im Monat, aber lasst sie so, wie sie sind!«

MENÜ

1. Machchi Kebab Sailana 2. Goolar Kebab
3. Korma Khade Masale Ka 4. Kalia Shafak Sheer
5. Murgh Mumtaz Mahal
6. Murgh Musallam Do Rukha Seekh Par
7. Biryani Reshmi 8. Mewe Ki Biryani
9. Sailana Dal, Makki Ki Phirni und Aloo Ka Rajai Salan

KORMA KHADE MASALE KA

Lamm in würziger Sauce

ZUTATEN FÜR 4–6 PERSONEN

500 g Lammkeule mit Knochen, in mundgerechten Stücken
150 g Ghee
Samen von 4 schwarzen Kardamomkapseln
10 Nelken
2 Lorbeerblätter
1 mittelgroße Zwiebel, fein gehackt
120 g Joghurt
Salz
2 TL Chilipulver
3 rote Chilischoten, entkernt und gehackt
2 EL Koriandersamen
1 ½ TL Kreuzkümmelsamen
½ EL frisch geriebener Ingwer
100 g Perlzwiebeln oder Schalotten, geschält
6 Knoblauchzehen, geschält
4 grüne Chilischoten, halbiert
225 g TK-Erbsen
1 Prise Safranfäden, in Wasser aufgelöst
1 EL Zitronensaft
1 EL frisch gehackter Koriander
4 hart gekochte Eier

- Lammfleisch von etwaigen Sehnen und Fett befreien. Ghee in einem Wok oder großen Topf erhitzen. Kardamom, Nelken und Lorbeer kurz darin anrösten. Die Zwiebel zufügen und goldbraun braten. Fleisch, Joghurt, 1 Teelöffel Salz, Chilipulver und -schoten zugeben. Koriander- und Kreuzkümmelsamen im Mörser zerreiben und gemeinsam mit Ingwer untermischen.
- 200 ml Wasser angießen, das Ganze gründlich vermengen und das Fleisch zugedeckt in etwa 40 Minuten weich garen. Eventuell noch etwas Wasser zufügen.
- Perlzwiebeln oder Schalotten, Knoblauchzehen und grüne Chilischoten unterheben. Das Gericht bei milder Hitze schmoren, bis die Perlzwiebeln oder Schalotten weich sind. Unterdessen die Erbsen in wenig Salzwasser garen, sie sollten nicht zu weich sein.
- Das Fleisch mit Salz abschmecken. Erbsen, Safranwasser, Zitronensaft und frischen Koriander unterrühren. Die Eier schälen und in dicke Scheiben schneiden. Das Gericht in eine vorgewärmte Schüssel geben und mit Eischeiben garnieren.

MURGH MUSALLAM DO RUKHA SEEKH PAR

Mit Papaya mariniertes und gefülltes Brathuhn

ZUTATEN FÜR 4–6 PERSONEN
1 küchenfertiges Huhn, ca. 1 kg
500 g Papaya
150 g Joghurt
30 g Kichererbsen
Salz
4 EL Ghee
120 g Lammhack
4 getrocknete rote Chilischoten, zerrieben
1 ½ TL Koriandersamen, zerrieben
¾ TL Kreuzkümmelsamen
1 EL zerriebene Zwiebel
1 TL durchgepresste Knoblauchzehe
1 TL Garam Masala (Seite 116 oder Fertigprodukt)
1 EL Zitronensaft
4 hart gekochte Eier, grob gehackt
1 EL abgezogene Mandeln, grob gehackt
1 EL Sultaninen, grob gehackt
7 EL geriebene Kokosnuss
8 grüne Chilischoten, fein gehackt
2 TL frisch geriebener Ingwer
2 TL frisch gehackte Minze
2 Zwiebeln, fein gehackt
Salatblätter zum Servieren

- Das Huhn innen und außen waschen, trocken tupfen und enthäuten. Dann mit Küchengarn binden und das Fleisch mehrmals mit einer Gabel einstechen. Papaya schälen, halbieren, entkernen und das Fruchtfleisch auf einer Reibe fein reiben. Das Huhn rundherum mit dem Fruchtmus bestreichen und 12 Stunden im Kühlschrank marinieren. Am nächsten Tag das Fruchtmus mit einem Küchentuch entfernen.
- 120 g Joghurt in ein mit einem Tuch ausgelegtes Sieb geben und 2 Stunden abtropfen lassen. Kichererbsen trocken rösten und dann im Mörser fein zerreiben. Gemeinsam mit 2 Teelöffel Salz unter den abgetropften Joghurt mengen.
- 2 Esslöffel Ghee in einer Pfanne erhitzen. Hackfleisch, restlichen Joghurt, rote Chilischoten, 2 Teelöffel Salz, Koriander- und Kreuzkümmelsamen, geriebene Zwiebel und Knoblauch zufügen. Das Ganze unter stetem Rühren kräftig anbraten. 400 ml Wasser angießen und das Hackfleisch offen köcheln lassen, bis es gar und das gesamte Wasser verdampft ist. Garam Masala und Zitronensaft unterrühren. Eier, Mandeln, Sultaninen, Kokosnuss, grüne Chilischoten, Ingwer und Minze unterheben.
- Restliches Ghee in einer zweiten Pfanne erhitzen und die Zwiebeln darin goldgelb braten. Mit einem Schaumlöffel herausnehmen und im Mörser grob zerdrücken. Zum Hackfleisch geben. Ghee aus der Pfanne aufbewahren.
- Backofen auf 200 °C vorheizen. Das Huhn mit der Hackfleischmischung füllen. Die Körperhöhle mit zwei Zahnstochern zustecken. Das Huhn rundherum mit der Joghurt-Kichererbsen-Mischung bestreichen und auf einen Bratrost legen.
- Den Bratrost über einer Fettpfanne in den Ofen schieben und das Huhn etwa 1 Stunde braten. Dabei mehrmals wenden und mit dem Ghee aus der Pfanne beträufeln.
- Das Huhn aus dem Ofen nehmen, vom Küchengarn befreien und auf Salatblättern servieren. Erst bei Tisch tranchieren.

MEWE KI BIRYANI

Reisauflauf mit Lamm, Mandeln und Pistazien

ZUTATEN FÜR 8–10 PERSONEN

1 kg Basmatireis
Salz
100 g Ghee
2 mittelgroße Zwiebeln, in Ringen
1 kg Lammhack aus Schulter oder Keule
6 getrocknete rote Chilischoten, zerrieben
4 TL Korianderpulver
2 Knoblauchzehen, durchgepresst
2 TL frisch geriebener Ingwer
120 g Joghurt
1 TL Garam Masala (Seite 116 oder Fertigprodukt)
3 EL abgezogene Mandeln, gehackt
3 EL Pistazien, gehackt
4 EL Zitronensaft
Ghee zum Ausstreichen
250 ml Milch
2 EL Kewrawasser

- Den Reis 1 Stunde in Wasser einweichen. Anschließend in reichlich Salzwasser weich garen. In ein Sieb abgießen, abtropfen lassen und auf einem großen Teller abkühlen lassen.
- Das Ghee in einer großen Pfanne erhitzen. Die Zwiebelringe darin goldgelb braten. Hackfleisch, 4 Teelöffel Salz, rote Chilischoten, Korianderpulver, Knoblauch, Ingwer und Joghurt zufügen. Das Ganze unter stetem Rühren braten, bis das Hackfleisch krümelig und goldbraun ist. 150 ml Wasser zufügen und das Ganze zugedeckt 10 Minuten köcheln lassen. Offen weitergaren, bis das Wasser verdampft ist. Garam Masala untermengen.
- In einer Schüssel Mandeln, Pistazien und Zitronensaft vermischen. Einen Topf mit schwerem Boden mit Ghee ausstreichen.
- Den Topfboden mit einer Schicht Reis bedecken. Milch mit Kewrawasser verquirlen und den Reis mit einem Drittel der Milch beträufeln. Die Hälfte des Hackfleischs auf dem Reis verteilen. Eine Lage Reis darüber schichten und diese mit einem weiteren Drittel Milch beträufeln. Die Hälfte der Mandel-Pistazien-Mischung auf den Reis geben.Vorgang wiederholen und mit einer Schicht Reis abschließen. Mit der restlichen Milch beträufeln.
- Ein feuchtes Leinentuch über den Reis legen und den Topf verschließen. Den Auflauf erhitzen, bis Dampf aufsteigt, dann bei geringer Hitze 30 Minuten garen.

SAILANA DAL

Linsen mit Kreuzkümmel und Asant

ZUTATEN FÜR 6–8 PERSONEN

250 g Ghee
3 Knoblauchzehen, gehackt
1 Prise Asant
1 kg gelbe Linsen
2 TL Salz
½ TL rotes Chilipulver
1 TL Kurkumapulver
½ TL Natron
1 EL Palmzucker
8 grüne Chilischoten
3 TL Kreuzkümmelsamen, zerrieben
3 EL Zitronensaft
2 EL frisch gehackter Koriander

- Ghee in einem großen Topf erhitzen und den Knoblauch darin anschwitzen. Asant in etwas Wasser auflösen und zufügen. 3 Liter Wasser angießen und zum Kochen bringen. Linsen, Salz, Chili, Kurkuma, Natron, Palmzucker und grüne Chilischoten einrühren.
- Den Topf verschließen, die Hitze reduzieren und die Linsen in etwa 15 Minuten weich garen. Kreuzkümmel, Zitronensaft und Koriander untermischen. Heiß servieren.

MAKKI KI PHIRNI

Maispudding

ZUTATEN FÜR 6–8 PERSONEN

500 g Zuckermais (aus der Dose)
500 ml Milch
250 g Zucker
½ TL Kardamompulver
120 g Sahne

- Zuckermais abtropfen lassen und im Mörser zu einer glatten Paste verarbeiten.
- In eine Schüssel geben und darin gründlich mit Milch, Zucker und Kardamom vermischen. Durch ein feines Sieb in einen Topf seihen.
- Die Mischung langsam erhitzen und dabei ständig rühren, damit sich keine Klümpchen bilden. Sobald die Masse bindet, vom Herd nehmen und abkühlen lassen.
- Die Sahne unterrühren. Den Pudding kalt servieren.

Gegenüber: Silbertablett mit verschiedenen Speisen, darunter Sailana Dal (zweite von oben), Makki Ki Phirni (dritte von oben) und Bajre Ki Roti (Hirsefladen, Mitte)

VERBORGENE SCHÄTZE

TRIPURA

Wirbelnde Nebelschwaden verhüllen den Blick auf dieses Märchenschloss in den Bergen von Shillong. Tripura Castle ist Sitz einer alten, an Traditionen reichen Dynastie.

Eingebettet in die grünen Hügel von Shillong liegt Tripura Castle, die Sommerresidenz der Fürstenfamilie. Es ist seit 1916 ein bevorzugter Rückzugsort der Herrscherfamilie von Tripura, die hier mit anderen Familienangehörigen und Freunden so manchen Sommer im nordöstlichen Meghalaya verbrachte. Und noch heute hält der 186. Nachkomme dieses Fürstengeschlechts, Maharadscha Pradyot Bikram Deb Burman, die Pforten seines imposanten Hauses für Gäste offen.

Die Manikya-Dynastie ist – nach den Mikados in Japan – in gerader Linie direkter Nachkommen die zweitälteste der Welt. Das Herrscherhaus pflegt mit einzigartigen Bräuchen und Traditionen eifrig seine Identität als altes Stammeskönigreich. »Mit der Zeit zu gehen ist schön und gut – aber nicht um den Preis der eigenen Identität«, erklärt der 32-jährige Pradyot Burman. Diese Überzeugung wird vielleicht in der Küche des Hauses am deutlichsten erkennbar, wo die Speisen nach wie vor auf gleiche Weise und ausschließlich aus heimischen Zutaten bereitet werden.

Die 83-jährige Peggy Martin, die 1969 als Kindermädchen in die Familie kam, erinnert sich an ihren ersten Eindruck vom Essen im Tripura-Haushalt: »Das Essen unterschied sich ganz grundlegend von dem im Rest des Landes. Sie verwendeten Trockenfisch in allem, das sah aus wie winzige Insekten und roch ziemlich streng.« Nachdem sie einige Zeit auch in der Palastküche zugebracht hatte, wandelte sich ihr anfänglicher Widerwille in echte Wertschätzung der Tripuri-Kost, und im Laufe der Jahre hat Peggy neuem Küchenpersonal erfolgreich die alten Familienrezepte beigebracht. »Der grundlegende Unterschied zu den Speisen im übrigen Indien besteht darin, dass nicht so viele Gewürze verwendet werden«, erklärt sie. Zum Würzen werden nur Salz, Kurkuma und Ingwer verwendet, dazu frische heimische Kräuter wie Zitronengras und Ingwerblätter. Schweinefleisch dominiert den Speiseplan und kommt

Vorherige Seiten (210–211): Tripura Castle, die Sommerresidenz der Fürstenfamilie in Shillong.

Gegenüber: Maharadscha Pradyot Bikram Deb Bumran, 186. Spross der Manikya-Dynastie, engagiert sich aktiv in der Politik seines Landes.

pro Mahlzeit in drei oder vier Gerichten auf den Tisch. Mehrere Arten von Blattgemüse sind unverzichtbar, ebenso Bambus. Bei 24 verschiedenen Arten von Reis kann man auf *chapatis* (Fladenbrote) getrost verzichten, und da man sich rühmen darf, die schärfsten Chilis der Welt anzubauen, nämlich Bhut Jhalokiya oder *raja mirchi*, geizen die Speisen nicht mit Schärfe.

Peggy erinnert sich gern an Maharani Kanchan Prabha Devi, Pradyot Burmans Großmutter und einstige Prinzessin von Panna in Madhya Pradesh. »Die Maharani achtete sehr darauf, gut zu speisen, auch wenn keine Gäste da waren. Zu jeder Mahlzeit mussten Speisen aus vier Nationalküchen auf den Tisch kommen: Tripuri-, Bengali-, europäische und nordindische Gerichte.« Sie war so detailbesessen, dass sogar die Servicekräfte im Stil der unterschiedlichen Küchen gekleidet sein mussten. Das Küchenpersonal war in drei Gruppen von Köchen unterteilt: Tripuri-Köche für die heimische Küche, Köche

Oben:
Eine Prozession verlässt Tripura Palace anlässlich der Krönungsfeierlichkeiten für Maharadscha Kirit Bikram Manikya im Jahr 1940.

Rechts:
Eine antike europäische Marmorstatuette ziert den Salon von Tripura Castle.

Gegenüber:
Fotografien vorhergehender Herrscher der Manikya-Dynastie schmücken die Wände des Salons.

Vorherige Seiten (216–217): Kunstgegenstände wie der Schrank aus Holz und Spiegeln mit Gläsern und Karaffen, die chinesische Vase und die antike Buddha-Büste repräsentieren die Mischung aus heimischen, indischen und fernöstlichen Einflüssen in Tripuras kulturellem Erbe.

Pradyot Bikram Deb Burman (gegenüber) und seine Freunde (oben) sitzen um den von drei in Silber gefassten Tierhörnern dominierten Tisch und genießen chuwak, den hiesigen Reiswein.

vom Volk der Thakur für religiöse Feste und Baruas für europäisches Essen. Die Schwester des jungen Pradyot Burman, Rani Kriti Singh von Kavardah, erinnert sich, dass im Palast bedeutende Köche mit ganz besonderen Eigenheiten tätig waren. »Wir hatten da diesen Koch, der sich auf die Zubereitung von Desserts spezialisiert hatte. Er zauberte die köstlichsten Puddings, aber nur wenn er betrunken war – sonst litten seine Kochkünste beträchtlich. Um ihn zu Höchstleistungen anzuspornen, mussten wir ihn mit einer Flasche Schnaps schmieren.« Kriti, die selbst eine gute Köchin ist, verdankt ihr Können den Palastköchen, wie sie meint. »Es gab bei uns die Tradition, junge Witwen in den Palast aufzunehmen, die dann für die Familie arbeiteten. Unter diesen Frauen war Nana Champa, eine hervorragende Köchin, die aber niemandem ihre Rezepte verriet. Ich war gerade mal acht Jahre alt und setzte mich zu ihr auf den Boden, während sie beim Kochen auf einem niedrigen Hocker saß. Wenn niemand zuschaute, gab sie den Speisen geheime Zutaten bei, und nur mich ließ sie's wissen. Sie erteilte mir den ersten Kochunterricht.«

Der verstorbene Maharadscha Bir Bikram Manikya Deb Burman zog es indes vor, seinen Gästen ausschließlich einheimische Speisen vorzusetzen und sie mit den Aromen seines Landes vertraut zu machen. »Paläste sind da, um Gesetze und Verträge zu machen, nicht zur Unterhaltung«, erklärt Pradyot. Deshalb führte der Großvater seine Gäste hinaus in die Dörfer, um sie zu bewirten, und veranstaltete dort große Feste, um ihnen die hiesige Stammeskultur nahezubringen. Der junge Fürst (oder Bhu Bhagra, wie er angesprochen wird) versucht, diese Familientradition neu zu beleben. »Ich nehme meist eine Gruppe von Freunden mit in eines unserer Dörfer, wo unter freiem Himmel gefeiert wird. Alles wird von flackernden Fackeln und Laternen erleuchtet. Es gibt nur unsere traditionellen Speisen zu essen, Grillfleisch, Gemüse und Reis auf Bananenblättern.« Und während die Dorfbewohner ihre Tänze aufführen, sitzen die Gäste im Schneidersitz auf dem Boden, genießen die Gerichte der Tripuri-Küche und trinken den hier gebrauten Reiswein *chuwak*, der in kleinen Bechern aus Bambus gereicht wird.

Um die Unterschiede zwischen diesen Essensgebräuchen und der nordindischen Küche zu erklären, erzählt Kriti, deren Mann aus Chhattisgarh stammt, Folgendes: »Als mein Großvater seine Schwiegerleute in Panna in Madhya Pradesh besuchte, wurde er als Ehrengast behandelt und mit schweren lokalen Köstlichkeiten aus Milch und Milchprodukten wie *ghee* und Sahne bewirtet. Da jedoch Milch nicht zur Ernährungsweise seines Stammes gehörte, vertrug er sie nicht. Nachdem er sich einige Tage höflich gefügt hatte, bat er meine Urgroßeltern, ihn nicht weiter damit zu verwöhnen, sondern ihm leichtere Kost servieren zu lassen.« Die Fürstenfamilien von Tripura gelangten in die Schlagzeilen, als Pradyot Burmans Vater die Prinzessin von Gwalior heiratete. Ihre Hochzeitsfeierlichkeiten im Jahr 1961 waren derart verschwenderisch, dass die Auslandspresse aufmerksam wurde und die Londoner »Times« von der »Hochzeit des Jahres« sprach.

Oben links:
Tierfelle und Stoßzähne schmücken den Palast.

Oben rechts:
Dieser geschnitzte Mahagonistuhl wurde 1911 Pradyot Burmans Urgroßvater beim Delhi Durbar geschenkt.

Staatsbankette der Herrscherfamilie von Tripura wurden normalerweise in der »Woodlands« genannten Familienresidenz in Kalkutta gegeben und umfassten angloindische Gerichte ebenso wie bengalische Köstlichkeiten. Maharajkumari Pragya Deb Burman, die älteste Tochter des Hauses, die jetzt in Italien lebt, erläutert: »Traditionelle Tripuri-Gerichte wurden auf Gold- und Silberplatten serviert. Bei Staatsbanketten wurde europäisches Tafelsilber und Besteck mit graviertem Tripura-Emblem von den Firmen Asprey und Mappin & Webb verwendet.« Der Stolz der Familie sind die vielen Stücke von über 150 Jahre altem venezianischem Glas, darunter Weingläser, Dessertteller und Fingerschalen.

An diesem Abend findet das Dinner in Tripura Castle statt. Auf der Gästeliste stehen nur

Männer; die Jungen dürfen sich die Smokingjacken ausziehen, bevor sie zur Tafel gehen. In den Speisesaal werden die Gäste über einen kostbaren Teppich aus fast 30 Tigerfellen geleitet – ein Überbleibsel aus Zeiten, als man zum Vergnügen auf Tigerjagd ging. Bei den Manikyas, wie in den meisten Fürstenfamilien in ganz Indien, wurde ein Junge erst dann als erwachsen anerkannt, wenn er eine der Großkatzen erlegt hatte. Schwere Mahagonitüren öffnen sich in den Speisesaal, ein beeindruckendes Beispiel sinotibetischer Innenarchitektur mit geschnitzten Säulen aus burmesischem Teakholz, Sprossenfenstern und polierten Rotkieferböden. Die Wände schmücken Fresken in Wasserfarben, sie zeigen indische Göttinnen. Die Tafel ist für acht Personen mit Platzdeckchen gedeckt, Vorzeigestücke heimischer Webkunst. In Silber gefasste Tierhörner und ein geschnitzter Stoßzahn sind Zeugnisse der reichen Stammestraditionen der Familie.

Die beiden Gerichte mit Schweinefleisch sind *musadang*, ein kalter, mit frischem Koriander und grünen Chilis gewürzter Salat, und *chunga bejong*, eine köstliche Zubereitung mit geräuchertem Schweinefleisch, das in ausgehöhlten Bambusstäben über einem Holzfeuer gegart wird. *Aloo phak*, knusprige Kartoffeln, *aloo jhol*, eine schmackhafte Kartoffelsauce, die – anders als üblich – mit Knoblauchsprossen gekocht wird, und *gudak*, ein köstlicher Gemüseeintopf, verwöhnen die Vegetarier am Tisch. Das fette Desi-Hühnchen ist das einzige nordindische Gericht dieses Menüs. Die mit faschiertem Fisch gefüllte Pastete *mach peetha* wird goldbraun gebacken und heiß serviert. Dann gibt es *chakui* (Bambuscurry) mit *maimi* (Klebreis), welche wie das Schweinefleisch in ausgehöhlten Bambusstäben zubereitet wurden. Die köstlichen Säfte von Gemüse und Fleisch werden – außer vom Reis – von *chunga peetha* aufgenommen, einem im Dampf gebackenen Brot aus Reis- und Kokosmehl.

Antike geschnitzte Holztruhe und ein Teppich aus Leopardenfell im Eingangsbereich von Tripura Castle.

Was einem an der nordöstlichen Küche auffällt, ist der schlichte Geschmack der einzelnen Gerichte. Anders als sonstwo in Indien sind die Speisen in diesem Teil des Landes nicht mit Gewürzen überfrachtet. Dadurch kann man den Eigengeschmack des Fleischs oder des Gemüses

viel intensiver wahrnehmen. Die Gerichte sind dank der Zubereitungsart herrlich leicht. Dünsten, kochen, braten, schmoren – all diese Verfahren erhalten die natürlichen Säfte der Zutaten und erfordern nicht zusätzlich noch Öle oder Fette. Wichtig ist auch die Verwendung frischer, regionaler Rohstoffe, weshalb diese traditionelle Nahrung gesund und nachhaltig ist. Die Speisen, die uns in Tripura Castle serviert werden, spiegeln den schlichten, natürlichen Geschmack der Herrscherfamilie ebenso wie des ganzen Umlandes wider. Anders als die meisten Rezepte aus Fürstenhäusern, die schwer und gehaltvoll sind und nur in Maßen genossen werden sollten, ist die Küche von Tripura angenehm leicht und gut bekömmlich.

Die Speisen werden auf glänzenden Silbertellern serviert – zuerst dem jungen Manikya, der am Kopfende des Tisches sitzt. Die alte, »Mai Klei« genannte Regel wird stets eingehalten, denn der König des Landes gilt immer noch als göttlich, und Speis und Trank werden ihm als Erstem dargeboten. In solch einem Moment wird die hohe Verantwortung, die auf seinen Schultern lastet, offenkundig. Pradyot Bikram Deb Burmans Rolle als aktiver Politiker, Autor und Rockmusik-Fan, der sich in den Cafés von Shillong herumtreibt, tritt dann in den Hintergrund. Er ist der oberste Repräsentant eines großen Vermächtnisses und muss diese alte Kultur vor der Aushöhlung durch den Wandel der Zeit bewahren.

Die fürstliche Familie von Tripura pflegt ihre ererbte Stammeskultur ganz besonders in der Küche, wo Fleisch und Gemüse regionaler Herkunft nach zeitlosen überlieferten Rezepten zubereitet werden.

MENÜ

1. Mach Peetha 2. Desi Murgh und Maimi
3. Chunga Bejong 4. Pork Musadang
5. Aloo Phak 6. Aloo Jhol und Gudak
7. Chakhui 8. Chunga Peetha

CHUNGA BEJONG

Würziges Schwein in Bambus gegrillt

ZUTATEN FÜR 4 PERSONEN

800 g Schweinefleisch aus der Lende
½ TL Ingwerpaste (Seite 87 oder Fertigprodukt)
½ Zwiebel, fein gehackt
2 grüne Chilischoten, entkernt und gehackt
1 Bund Koriander, fein gehackt
1 Handvoll Ingwerblätter, fein gehackt
Salz

Außerdem:
4 hohle Bambusstäbe, 30 cm lang, 3 cm Durchmesser

- Das Fleisch in 2 cm große Würfel schneiden.
- Alle restlichen Zutaten in eine große Schüssel geben und vermischen. Die Fleischwürfel zufügen und die Marinade mit beiden Händen in das Fleisch massieren. Im Kühlschrank 1–2 Stunden marinieren.
- Die Bambusstäbe 30 Minuten in kaltem Wasser einweichen, damit sie beim Grillen nicht verbrennen. Jeweils etwa 200 g Fleischwürfel in einen Stab pressen. Einen Holzkohlegrill mit mittlerer Hitze vorbereiten.
- Die Stäbe auf den Grill legen und das Fleisch etwa 30 Minuten garen. Dabei die Stäbe mehrmals drehen, damit das Fleisch gleichmäßig durchgart.
- Die Stäbe mit einem spitzen Gegenstand aufbrechen und das Fleisch darin servieren.

PORK MUSADANG

Schweinefleischsalat

ZUTATEN FÜR 4–6 PERSONEN

500 g Schweinefilet
Salz
100 g grüne Chilischoten
100 g frischer Ingwer, geschält und in dünnen Streifen
2 große rote Zwiebeln, in dünnen Ringen
2 EL frisch gehackter Koriander

- Das Fleisch in 2 cm große Würfel schneiden und salzen. In einen Dämpfeinsatz legen und über kochendem Wasser etwa 15 Minuten dämpfen. Herausnehmen und abkühlen lassen.
- Die grünen Chilischoten trocken in einer Pfanne rösten.
- Fleischwürfel, Chilischoten, Ingwer, Zwiebelringe und Koriander in einer Schüssel gut vermengen. Den Salat mit Salz abschmecken. Kalt servieren.

Hinweis: Wer es weniger scharf mag, nimmt nur 3 bis 4 Chilischoten und entkernt sie nach dem Rösten.

Gegenüber: Pork Musadang

ALOO JHOL

Kartoffelcurry

ZUTATEN FÜR 4–6 PERSONEN

5 große Kartoffeln
3 EL Pflanzenöl
2 rote Chilischoten
1 Handvoll Knoblauchgrün oder Grün einer Frühlingszwiebel, gehackt
Salz
1 Prise Kurkumapulver

- Die Kartoffeln in kochendem Wasser weich garen. Abgießen und abkühlen lassen. Anschließend schälen und würfeln.
- Das Öl in einem Topf erhitzen und die roten Chilischoten darin anschwitzen. Kartoffelwürfel, Knoblauch- oder Frühlingszwiebelgrün zufügen. Mit Salz und Kurkuma würzen. Das Ganze 5 Minuten unter Rühren anbraten.
- Mit 500 ml Wasser ablöschen. Das Curry zugedeckt 20 Minuten köcheln lassen. Heiß servieren.

Gegenüber: Gudak (links) und Aloo Jhol (rechts)

GUDAK

Fisch-Gemüse-Topf

ZUTATEN FÜR 4 PERSONEN

250 g grüne Bohnen
1 große Kartoffel
1 kleine Zwiebel
100 g Bambussprossen
4 grüne Chilischoten, entkernt und gehackt
½ TL Knoblauchpaste (Seite 87 oder Fertigprodukt)
Salz
150 g Rotbarschfilet

- Die Bohnen putzen, waschen und in kleine Stücke schneiden. Kartoffel und Zwiebel schälen. Kartoffel in kleine Würfel, Zwiebel in Ringe schneiden. Alle Gemüse in einer Schüssel mit Chilischoten, Knoblauchpaste und Salz vermengen.
- In einen Dämpfeinsatz geben und über kochendem Wasser zugedeckt 25 Minuten dämpfen. Dann das Rotbarschfilet auf das Gemüse legen, salzen und alles nochmals 10 Minuten zugedeckt dämpfen. Den Fisch vor dem Servieren entgräten.

DESI MURGH

Hähnchencurry

ZUTATEN FÜR 4 PERSONEN

50 g Ghee
50 ml Pflanzenöl
2 große Zwiebeln, in Ringen
1 TL Ingwerpaste (Seite 87 oder Fertigprodukt)
1 TL Knoblauchpaste (Seite 87 oder Fertigprodukt)
1 TL rote Chilipaste
1 TL Kreuzkümmelpulver
1 TL Korianderpulver
½ TL Kurkumapulver
2 kleine, vollreife Tomaten, gehackt
700 g Hühnerbrustfilet, in mundgerechten Stücken
Salz
130 g Kokosnusspaste
50 g Sultaninen
50 g Cashewnüsse, grob gehackt
500 ml Wasser
½ TL Garam Masala (Seite 116 oder Fertigprodukt)

- Ghee und Öl in einem großen Topf mit schwerem Boden erhitzen. Zwiebelringe darin goldgelb anschwitzen. Ingwer-, Knoblauch- und Chilipaste, Kreuzkümmel-, Koriander- und Kurkumapulver einrühren. Tomaten zufügen und das Ganze so lange köcheln lassen, bis das Fett an die Oberfläche steigt.
- Das Hühnerfleisch zugeben und salzen. Unter gelegentlichem Rühren 10 Minuten offen schmoren. Die Kokosnusspaste untermengen und kurz weiter schmoren. Sultaninen und Cashewnüsse untermischen.
- Wasser angießen und das Garam Masala einrühren. Den Topf verschließen und das Curry etwa 20 Minuten köcheln lassen. Heiß servieren.

MAIMI

Reis im Bananenblatt, in Bambus gegart

ZUTATEN FÜR 4 PERSONEN

200 g Klebreis, 2 Stunden in Wasser eingeweicht
½ Zwiebel, fein gehackt
½ TL Ingwerpaste (Seite 87 oder Fertigprodukt)
Salz
1 TL Ghee

Außerdem:
1 großes Bananenblatt
1 hohler Bambusstab, 30 cm lang, 3 cm Durchmesser

- Den Klebreis gründlich mit den restlichen Zutaten vermengen. In das Bananenblatt einschlagen, dieses aufrollen und in den Bambusstab bugsieren.
- Einen Holzkohlegrill mit mittlerer Hitze vorbereiten. Den Stab auf den Grill legen und den Reis etwa 30 Minuten garen.

Gegenüber: Desi Murgh (Mitte) und Maimi

KÖNIGLICHE REZEPTE

UDAIPUR

Im wahrsten Sinne des Wortes eine Oase in der Wüste, ist Udaipur ein Land der Seen – und das Machtzentrum der Ranas von Mewar.

Vorherige Seiten (230–231): Blick auf den Pichola-See mit dem berühmten Lake Palace links und dem halbmondförmigen Shiv Niwas Palace rechts.

Vorherige Seiten (232–233): Der beleuchtete Lake Palace am Abend. Er wurde als Sommerresidenz für die Herrscherfamilie erbaut. Die Architekten ließen sich von Bauwerken des Großmoguls Shah Jahan in Agra inspirieren.

Vorherige Seiten (234–235): Das beeindruckende Innere des Shiv Niwas Palace in Udaipur.

Gegenüber: Shriji Arvind Singh Mewar – oder einfach Shriji – in seinen privaten Wohngemächern im Shambhu Niwas Palace in Udaipur.

Mewar, ich liebe dich mit all deinen Fehlern.« – Captain James Tod, *Annals and Antiquities of Rajasthan,* 1829

Ein typischer Montag im House of Mewar oder Udaipur, wie es allgemein genannt wird: Das Oberhaupt dieser alten Dynastie, Shriji Arvind Singh Mewar, macht sich zum Besuch des Familientempels des Gottes Shiva bereit, und unter den Palastbediensteten herrscht nervöse Anspannung. Shiva – oder Eklangji, wie er in Rajasthan genannt wird – gilt als der Herrscher des Hauses Mewar. Arvind Singh erfüllt wie seine Vorväter nur die Rolle des Statthalters. Dieser einzigartige Brauch wird nur von der Sisodiya-Dynastie gewahrt, die seit dem Jahr 734 in Mewar herrschte.

Er ist mit einem weißen *dhoti* (hosenartig gewickeltes Tuch) und einer *kurta* (langes Hemd) bekleidet und trägt einen Turban in einem bestimmten, ihm zu Ehren *Arvindshahi* benannten Farbmuster: Nach alter Tradition wählt jeder Herrscher dieses Königshauses die Farben der Turbane, die während seiner Regierungszeit getragen werden. Arvind Singh bietet in der Tracht seiner Vorfahren einen beeindruckenden Anblick – steigt in seinen SUV und fährt davon. Doch bevor er das Palastgelände verlässt, hat er sich einer sehr wichtigen Aufgabe gewidmet: der Entscheidung über das Menü für den heutigen Abend. Das Thema Essen ist für ihn so wichtig, dass Shriji, wie er ehrfurchtsvoll genannt wird, selbst über den täglichen Speiseplan der Familie entscheidet. Er hat jede der Palast- und Hotelküchen persönlich entworfen und ausgestattet.

Wir treffen Ambika Singh, die Dame, der die anspruchsvolle Aufgabe obliegt, seinem Geschmack gerecht zu werden. Ambika und ihr Mann waren die Betreuer von Arvind Singhs Sohn, als dieser am Mayo College in Ajmer studierte. Shriji lernte Ambikas Kochkünste kennen, als er seinen Sohn am College besuchte, und war davon so angetan, dass er sie bat, seine Küche zu leiten – keine leichte Aufgabe bei einem Dienstherrn mit so ausgeprägtem Ge-

Unten: *Maharana Bhupal Singh von Mewar (geb. 1884, reg. 1930–1955) erlangte Berühmtheit für seine Bestrebungen auf den Gebieten Erziehung und Bildung, Umweltschutz, Bewässerung und Medizin.*

Unten rechts: Audienz in Choti Chitra Shalika Chowk, abgehalten von Maharana Fateh Singhji (Mitte rechts) am 19. Februar 1890 aus Anlass des Besuchs von Prince Albert Victor (links von ihm), dem Enkel von Queen Victoria. Der Franzose Louis Rousselet, der in den 1870er Jahren Gast bei einem Bankett des Maharanas war, berichtete: »Das Dinner ist ganz europäisch, und der Wein aus dem königlichen Keller ist erste Klasse.«

schmack. Sie erinnert sich: »Als Shriji mir sagte, ich solle für seine Familie kochen, hatte ich erst gehöriges Lampenfieber. Am ersten Tag wies er mich an, ein schlichtes *lal maas* (scharfes Lammcurry) vor ihm zuzubereiten. Ich war wie gelähmt …«

Als 76. Bewahrer eines königlichen Vermächtnisses ist Arvind Singh Mewar tief in dessen Tradition verwurzelt. Und das Essen ist ihm eine Herzensangelegenheit. »Im 21. Jahrhundert geht die Vorstellung von regionalen Speisen durch den freien Warenverkehr weitgehend verloren«, erklärt Shriji. Nach der Teilung Indiens gestattete sein Großvater Maharana Bhupal Singh Flüchtlingen aus dem Sindh, sich in Udaipur niederzulassen, und erst seitdem werden Gemüse und Obst importiert. »Wenn jemand Fruchtsaft trank, bedeutete das, dass er krank war. Obstverkäufer gab es nur vor den Krankenhäusern«, fügt er hinzu.

Udaipur ist reich an Geschichten von Helden und Kriegern wie Rana Pratap und Rana Khumba, die ihr Leben lang die Grenzen von Mewar verteidigten. Es ist der einzige Staat Indiens, der nie von Invasoren besiegt wurde – weder von den Moguln noch von den Briten. Tapfer hat man Land und Ehre verteidigt, und die »Löwenherzen« des Landes erwarben dem House of Mewar den Ehrentitel »Maharana«, Großer Krieger. Die Dynastie ist die einzige in Indien, die diesen Titel trägt.

In Kriegszeiten war Essen eine Lebensnotwendigkeit, kein Luxus. Der *bati*, ein über Kuhdung gebackener Teigkloß aus Weizenmehl, war für Soldaten unterwegs die einfachste und nahrhafteste Speise. Dafür musste man nicht einmal vom Pferd steigen. Soldaten spießten sich einfach ein *bati* vom Feuer und zogen weiter. Dieses regionaltypische Essen hielt tagelang, ohne zu verderben. *Makka* oder Mais war das Haupt-

getreide der Gegend. *Makki ki roti* und *urad ki dal* waren die Standardgerichte in Mewar. Und da es ein Land der Seen ist, gab es hier reichlich Zugvögel, die als besondere Delikatesse der heimischen Küche galten.

Der Schnaps aus den Früchten des Indischen Butterbaums *(mahua)* ist als »Fluch von Mewar« bekannt und war ein verbreitetes Übel unter den Einheimischen. Abgesehen von diesem gewöhnlichen Fusel wurden in Mewar Spirituosen mit reinen und edlen Zutaten wie Safran, Rosenblättern und Fenchelsamen gebrannt. Der Staat besaß eigene Brennereien, in denen exotische Weine und Liköre wie Asha, Kesar Kasturi und Gulab hergestellt wurden, die bei Kennern in hohem Ansehen standen.

Arvind Singh Mewar beklagt die Tatsache, dass indische Gerichte in der heutigen Welt falsch eingeschätzt werden. »Unsere Speisen werden nur nach den Kategorien ›scharf‹ oder ›mild‹ beurteilt.« Doch alle Gewürze oder Kräuter in einem indischen Gericht haben ihre unverwechselbaren Eigenschaften. »Die wirkliche Bewährungsprobe besteht ein Gericht dann, wenn man jedes Gewürz herausschmecken kann«, erklärt Shriji. »Die indische Küche ist deshalb so einzigartig, weil sie nicht nur für den schnellen Gaumenkitzel entwickelt wurde, sondern um des anhaltenden Nutzens für den menschlichen Körper willen«, fügt er hinzu. Er erklärt, warum eine Pfanne ohne Stiel niemals für ein Gericht taugt, das man beim Braten umrühren muss. Unterschiedliche Formen der Töpfe und Pfannen, Löffel und Kellen haben jeweils den Zweck, das Kochen zu erleichtern. Außerdem findet er, dass ein Gasherd niemals die langsame Hitze eines Holz- oder Kuhdungfeuers liefern kann. »Gerichte, die auf einem Dung- oder Holzfeuer gekocht werden, entwickeln ein besonderes Aroma – das ist durch nichts zu ersetzen. Und der Unterschied zwischen frisch gemahlenen Masalas und Masalas aus der Packung ist etwa so wie zwischen frisch gemahlenem Kaffee und Instantkaffee.«

In der Kristallgalerie im Shiv Niwas Palace ist die größte in Privatsammlung mit Exponaten der Glasmanufaktur Osler zu sehen.

Ambika Singh wurde von Shriji persönlich als Chefin der privaten Küche angeworben. Jeden Morgen bespricht sie mit ihm die Zusammenstellung der Speisen für Lunch, Tee und Dinner.

Sein Sohn Laxshyaraj Singh erinnert sich: »Mein Vater veranstaltete Partys auf der Terrasse von Shambu Mahal, zu denen nur gute Freunde und die Familie eingeladen waren. Die Atmosphäre war locker, und es gab viel Spaß. Vater hielt Hof von seiner offenen Küche aus, denn er bereitete das Dinner für alle selbst vor. Für mich als Kind war es toll, wenn er mir erlaubte, einen seiner Töpfe umzurühren, die auf dem Feuer köchelten.« Heute tritt Laxshyaraj Singh in die Fußstapfen seiner Vaters und verfeinert sein Können als Koch. Und er hat eine Hotelmanagement-Ausbildung bei einem führenden Institut in Australien abgeschlossen.

Bei Staatsdinners im House of Mewar saßen die Gäste je nach ihrem sozialen Rang auf niedrigen Matratzen. Die Speisen wurden auf silbernen Platten serviert, die auf niedrigen Tischchen standen. Die Familie besitzt zwar eine erlesene Sammlung von Porzellan von überall auf der Welt, darunter ein kostbares dänisches »Flora-Danica«-Speiseservice; doch Shriji erklärt: »Europäisches Porzellan eignet sich nicht, um eine indische Mahlzeit darauf zu servieren, denn wir tischen unsere Speisen nicht in einzelnen Gängen auf. Unsere *thalis* haben Unterteilungen, so dass man alle Gerichte zusammen genießen kann.«

Die Herrscherfamilie von Udaipur hat eine der sensationellsten Glas- und Kristallsammlungen der Welt: 7000 Stücke von Osler-, Murano-, belgischem, österreichischem und tschechischem Glas. Obwohl die Sammlung seit 1884 im Besitz der Familie ist, bekam die Öffentlichkeit sie erst 1993 zu sehen, als Arvind Singh Mewar eine Kristall-Dauerausstellung im Audienzsaal des Fateh Prakash Palace in Udaipur einrichtete. Es wird erzählt, dass der Maharana Sajjan Singh, der die Sammlung bestellt hatte, just verstarb, als die Lieferung in Kalkutta eintraf. Ein abergläubischer jüngerer Bruder entschied dann, das ganze Glas ein für alle Mal wegzusperren.

Dinner wird stets auf der Terrasse von Shambhu Niwas serviert, von wo aus man einen sagenhaften Blick auf den Lake Palace und den Jag Mandir hat. Die Aperitifs werden gereicht, während Arvind Singh, seine Gemahlin und der Sohn die bevorstehende Hochzeit von Maharaj Kumari Padmaja Singh Mewar besprechen. »Nach langer Zeit gibt es wieder einmal eine Hochzeit in der Familie, und wir planen, sie ganz groß aufzuziehen. Wir haben bereits 2000 Zimmer hier in Udaipur für unsere Gäste gebucht, aber wir brauchen noch mehr«, meint Vijayraj Mewar – und das sagt eine, deren Mann acht Paläste in Udaipur besitzt! Die Feierlich-

Shriji ist ein penibler Chef und verlangt ein Höchstmaß an Leistung von allen, die am Betrieb der Paläste mitarbeiten.

keiten werden sich über eine Woche hinziehen, und alle alten Hindu-Traditionen und Traditionen des Hauses Mewar werden vollzogen. Padmaja Singh Mewar wird im selben Zenana Mahal (dem großen Frauenbereich des Palasts) mit Rajkumar Dr. Kush Singh Parmer von Santrampur verehelicht, wo schon alle Prinzessinnen von Udaipur geheiratet haben. Sämtliche Mahlzeiten wird Shriji persönlich überwachen, und heimische Spezialitäten aus Mewar werden die Speisekarte beherrschen.

Jetzt begibt sich die Familie an den Esstisch, der mit Brokat-Platzdeckchen und Blumen geschmückt ist. Eine prächtige antike Silberlampe beleuchtet die Tafel. Männer in weißer Livree tragen die Platten mit den Speisen herein. Die Gerichte sind rein vegetarisch, denn es ist der Monat des *shradh*, in dem Hindus für den See-

Oben:
Eine Menükarte mit dem Emblem des Fürstenhauses von Udaipur.

Gegenüber:
Wenn die Dämmerung herniedersinkt, erwacht das Leben am Pichola-See: Unzählige Lampen leuchten in all den Palästen auf, deren Besitzer Shriji ist. Auch der Lake Palace gehört dazu.

Oben links: Shrijis Gemahlin, Maharani Vijayraj Kumari Mewar stammt aus Kutch in Gujarat.

Oben rechts: Maharaj Kumar Yuvraj Laxshyaraj Singh Mewar (hier im Gespräch mit seinem Vater) besitzt ein Diplom in Hotelmanagement und wird von seinem Vater persönlich instruiert. Diesem kommt das Verdienst zu, in Eigenregie das große Vermächtnis der Maharanas von Udaipur erhalten zu haben.

lenfrieden ihrer Vorfahren beten. 15 Tage lang wird nur vegetarisch gegessen. Jeder am Tisch hat eine Menükarte mit dem Wappen der Familie vor sich, darauf sind die Speisen des heutigen Tages aufgelistet. Es gibt knusprige, goldgelb frittierte *bagjas* (Schmalzgebackenes aus Kirchererbsenmehl), scharfes *tamatar jholwala* (Tomatencurry), *kanda adrak lassan wali bhindi* (Okragemüse mit Zwiebeln, Knoblauch und Ingwer), köstlich gewürztes *kaghi* (Kirchererbsencurry), würzige *matar latpatta* (Erbsen), *urad mogar dal* (Linsen) und saftigen *ghobi pulao* (Reis mit Blumenkohl). Verschiedene Miniaturbrote werden gereicht: *batis, makki dhoklas, baphlas, thotris, puris* und *rotis* – Brotsorten aus mehrerlei Getreide. Die Mahlzeit endet mit einem Tablett voller *mithai* – indischen Süßigkeiten, die auf einem Silberteller herumgereicht werden.

Shrijis Wissen über Ernährung rührt von seiner Leidenschaft fürs Kochen und Bewirten her. »Speisen müssen einem etwas sagen, bevor man sie isst«, sagt der Mann, der mindestens zweimal wöchentlich in seiner offenen Küche auf der privaten Terrasse von Shambhu Niwas kocht. Im Schatten eines alten Niembaums kann man ihn dann sehen, wie er alte Familienrezepte mit präziser Genauigkeit und großer Hingabe zubereitet. »Man braucht nicht 50 Gewürze, um ein gutes Essen zu kochen. Je einfacher das Rezept, desto feiner ist es.« Er ist davon überzeugt, dass man Männer in die Küche bringen sollte, und findet, sie sei nicht allein die Domäne der Frauen. Augenzwinkernd erzählt er: »Jemand fragte mal meine Frau, warum sie denn diesen Burschen geheiratet habe, und sie antwortete: ›Weil er kochen kann.‹«

MENÜ

1. Tamatar Jholwala, Matar Latpatta und Urad Mogar 2. Kadhi
3. Makki Dhokla 4. Thothri 5. Bati

TAMATAR JHOLWALA

Würziges Tomatencurry

ZUTATEN FÜR 4–6 PERSONEN

700 g vollreife Tomaten
½ TL rotes Chilipulver
¼ TL Kurkumapulver
¼ TL Ingwerpaste (Seite 87 oder Fertigprodukt)
½ EL Knoblauchpaste (Seite 87 oder Fertigprodukt)
2 EL Ghee
4 Knoblauchzehen, fein gehackt
3 cm frischer Ingwer, geschält und in feinen Streifen
1 grüne Chilischote, entkernt und in feinen Streifen
Salz

- Tomaten waschen und vom Stielansatz befreien. 2 Stück auf einer Reibe fein hobeln, die restlichen vierteln. Gehobelte Tomaten mit Chili- und Kurkumapulver, Ingwer- und Knoblauchpaste vermischen.
- Ghee in einem Topf erhitzen. Die Hälfte des Knoblauchs darin 2 Sekunden anschwitzen. Tomaten-Gewürz-Mischung zufügen und 3 Minuten unter Rühren anschwitzen. Tomatenviertel, restlichen Knoblauch, Ingwer- und Chilistreifen dazugeben. Das Ganze gut verrühren und mit Salz würzen.
- Zugedeckt 20 Minuten köcheln lassen, bis die Tomaten zerkocht sind. Das Tomatencurry heiß servieren.

MATAR LATPATTA

Erbsengemüse

ZUTATEN FÜR 4–6 PERSONEN

2 EL Ghee
1 mittelgroße Zwiebel, fein gehackt
1 TL rotes Chilipulver
¼ TL Kurkumapulver
½ TL Korianderpulver
1 EL Ingwerpaste (Seite 87 oder Fertigprodukt)
1 ½ EL Knoblauchpaste (Seite 87 oder Fertigprodukt)
Salz
2 vollreife Tomaten, gerieben
250 g TK-Erbsen

- Ghee in einem Topf erhitzen. Die Zwiebel darin goldbraun braten. 2 Esslöffel Wasser, Chili-, Kurkuma- und Korianderpulver, Ingwer- und Knoblauchpaste sowie Salz dazugeben. Die Mischung anschwitzen, bis die Gewürze duften.
- Die geriebenen Tomaten einrühren und das Ganze köcheln lassen, bis das Fett an die Oberfläche steigt. Die tiefgefrorenen Erbsen untermengen.
- 2–3 Esslöffel heißes Wasser einrühren und die Erbsen bei mittlerer Hitze in etwa 10 Minuten weich garen.

Würziges Tomatencurry (links), Erbsengemüse (Mitte) und Uridbohnen (rechts, Rezept siehe Rezeptheft Seite 64).

MAKKI DHOKLA

Gedämpfte Maisbrötchen

ZUTATEN FÜR 8–10 PERSONEN

500 g grobes Maismehl
1 TL Anissamen
1 TL Koriandersamen
1 TL Schwarzkümmelsamen
1 EL Ingwerpaste (Seite 87 oder Fertigprodukt)
1 EL Knoblauchpaste (Seite 87 oder Fertigprodukt)
1 TL grüne Chilischoten, entkernt und fein gehackt
1 TL rotes Chilipulver
¼ TL Kurkumapulver
1 ½ TL Papad khara, ersatzweise Backpulver
Salz
5 EL Ghee

- Maismehl in eine Schüssel geben. Anis- und Koriandersamen im Mörser grob zerreiben. Gemeinsam mit den restlichen Zutaten bis auf das Ghee zum Maismehl geben. Das Ganze gut vermengen. 150 ml heißes Wasser zufügen und die Mischung in etwa 5 Minuten zu einem zähen Teig verarbeiten. Eventuell mehr heißes Wasser zugeben.
- Beide Hände mit Ghee einfetten. Vom Teig kleine Portionen abnehmen, jeweils zur Kugel und dann zu einem kleinen Fladen formen. In jeden Fladen eine Vertiefung drücken. Auf diese Weise den gesamten Teig verarbeiten.
- In einem großen Topf Wasser zum Kochen bringen. Einen Dämpfeinsatz einlegen, er sollte das Wasser nicht berühren. Die Fladen darin übereinander schichten. Zugedeckt bei mittlerer Hitze 25 Minuten dämpfen. Die Brötchen vorsichtig voneinander lösen und heiß servieren.

THOTHRI

In Ghee getränkte Weizenfladen

ZUTATEN FÜR 4–6 PERSONEN

250 g Weizenmehl
5 EL Ghee
¼ TL Salz
Ghee zum Tränken

- Mehl, Ghee und Salz zu einem festen Teig verarbeiten. In 6 Portionen teilen und jede Portion zu einem 1 cm dicken Fladen ausrollen. Die Fladen mehrmals mit einer Gabel einstechen.
- Eine beschichtete Pfanne bei mittlerer Hitze heiß werden lassen. Jeweils 1 Fladen einlegen und auf beiden Seiten in 2–3 Minuten hellbraun backen. Nach dem Backen 20 Minuten in Ghee einlegen. Die Fladen auf Küchenpapier abtropfen lassen. Sie halten 3 Tage frisch.

BAPHLA

Würzige Teigbällchen

ZUTATEN FÜR 6 PERSONEN
1 EL Anissamen
1 EL Kreuzkümmelsamen
1 EL Koriandersamen
500 g Weizenmehl
1 EL Kümmelsamen
3 EL Ghee
Salz
¼ EL Kurkumapulver
Pflanzenöl zum Frittieren

- Anis-, Kreuzkümmel- und Koriandersamen im Mörser grob zerreiben. Gemeinsam mit Mehl, Kümmelsamen, Ghee und Salz in einer Schüssel zu einem Teig vermengen. Aus dem Teig kleine Bällchen formen.
- In einem großen Topf reichlich Wasser zum Kochen bringen. Kurkumapulver einrühren. Die Bällchen einlegen und garen, bis sie an die Oberfläche steigen. Mit einem Schaumlöffel herausnehmen und unter fließendem Wasser kalt abspülen. Gut abtropfen lassen.
- In einer schweren Pfanne ausreichend Öl erhitzen. Die Bällchen darin portionsweise in 5–10 Minuten goldbraun frittieren. Auf Küchenpapier abtropfen lassen und heiß servieren.

BATI

Weizenmehlbällchen

ZUTATEN FÜR 6 PERSONEN
3 EL Ghee
½ TL Salz
Ghee zum Eintauchen

- Backofen auf 180 °C vorheizen. Alle Zutaten zu einem glatten Teig verarbeiten. Aus dem Teig mittelgroße Bällchen formen.
- Die Bällchen auf ein mit Backpapier belegtes Blech setzen und 25 Minuten im Ofen backen. Wenden und erneut 30 Minuten backen.
- Herausnehmen, in Ghee tauchen und servieren.

Gegenüber: Bati

ANMERKUNGEN ZUR EINLEITUNG

1. Rosita Forbes, *India of the Princes.* London: Book Club, 1939
2. Vijayaraje Scindia, *Princess.* Neu-Delhi: Times Books International, 1988
3. Lizzie Collingham, *Curry: A Tale of Cooks and Conquerors.* Vintage Books, 2006
4. William Irvine, Übers., *Storia Do Mogor.* Neu-Delhi: Oriental Reprint, 1981
5. H. Blochman, Übers., *Ain-i-Akbari.* Kalkutta: Royal Asiatic Society of Bengal, 1927
6. Abdul Halim Sharar, *Lucknow: The Last Phase of an Oriental Culture,* übersetzt und lektoriert von E.S. Harcourt und Fakhir Hussain. Neu-Delhi: Oxford University Press, 2001
7. Ebd.
8. Ravi Bhatt, *Life and Times of the Nawabs of Lucknow.* Neu-Delhi: Rupa & Co., 2006
9. Abdul Halim Sharar, *Lucknow: The Last Phase of an Oriental Culture.* ebd.
10. Mehrunissa Khan, *An Extraordinary Life: Princess Mehrunissa of Rampur.* Neu-Delhi: Blue Leaf, 2006
11. H.A.R. Gibb, Übers., *The Travels of Ibn Batuta.* Cambridge University Press, 1971
12 H. Blochman, Übers., *Ain-i-Akbari,* ebd.
13. Amin Jaffer, *Made for Maharajas: Luxus und Design.* München: Christian Verlag, 2007
14. Ebd.
15. Ebd.
16. Michael H. Fisher, *Beyond the Three Seas, Traveller's Tales of Mughal India.* Neu-Delhi: Random House, 2007
17. Ebd.
18. Richard C. Foltz, *Mughal India and Central Asia.* USA: Oxford University Press, 1999
19. Mark Boxer, *The Paris Ritz.* Großbritannien: The Ritz Hotel Limited, 1991
20. Peter Vacher, *The History of the Jodhpur Flying Club, and the Royal Airforce in Princely India.* Kanada: Apogee Books, 2008
21. Gayatri Devi, *A Princess Remembers: The Memoirs of the Maharani of Jaipur.* Neu-Delhi: Rupa & Co., 2010
22. Ganesh Saili und Supriya Mukherjee, *Mussoorie Medley: Tales of Yesteryear.* Neu-Delhi: Niyogi Books, 2010
23. H. Blochman, Übers., *Ain-i-Akbari,* ebd.
24. Abdul Halim Sharar, *Lucknow: The Last Phase of an Oriental Culture,* ebd.

BIBLIOGRAFIE

Abdul Halim Sharar. *Lucknow: The Last Phase of an Oriental Culture,* übersetzt und lektoriert von E.S. Harcourt und Fakhir Hussain. Neu-Delhi: Oxford University Press, 2001

Abraham Eraly. *The Mughal World: Life in India's Last Golden Age.* Neu-Delhi, New York: Penguin Books, 2007

Amin Jaffer, *Made for Maharajas: Luxus und Design.* München: Christian Verlag, 2007

Barbara Schmitz und Ziyaud-Din A Desai. *Mughal and Persian Paintings and Illustrated Manuscripts in The Raza Library.* Neu-Delhi: IGNCA, Rampur Raza Library & Aryan Books International, 2006

Camellia Punjabi. *50 Great Curries of India.* Neu-Delhi: Rupa & Co., 1995

Clive J. Christie. *Modern History of South East Asia.* London: I. B Tauris, 1998

Digvijay Singh. *Cooking Delights of the Maharajas.* Mumbai: Vakils, Feffer & Simons Pvt. Ltd., 2002

E. Jaiwant Paul. *The Unforgettable Maharajas.* Neu-Delhi: Lustre Press, Roli Books, 2004

Ganesh Saili und Supriya Mukherjee. *Mussoorie Medley, Tales of Yesteryear.* Neu-Delhi: Niyogi Books, 2010

Gayatri Devi. *A Princess Remembers: The Memoirs of the Maharani of Jaipur.* Neu-Delhi: Rupa & Co., 2010

H.A.R. Gibb, Übers. *The Travels of Ibn Batuta.* Cambridge: Cambridge University Press, 1971

H. Blochman, Übers. *Ain-i-Akbari.* Kalkutta: Calcutta Royal Asiatic Society of Bengal, 1927

H.K. Kaul. *Traveller's India.* Neu-Delhi: Oxford University Press, 1979

ders. *Historic Delhi.* Neu-Delhi: Oxford University Press, New York, 1985

IGNCA. Rampur Raza Library & Aryan Books International. Neu-Delhi, 2006

Jahanara Habibullah. *Remembrance of Days Past: Glimpses of a Princely State during the Raj.* Pakistan: Oxford University Press, 2001

Julie Sahni. *Classic Indian Cooking.* London: Dorling Kindersley, 1986

KT Achaya. *The Illustrated Foods of India.* Neu-Delhi: Oxford University Press, 2009
ders. *Indian Food-A Historical Companion.* Neu-Delhi: Oxford University Press, 1994

Lizzie Collingham. *Curry: A Tale of Cooks and Conquerors.* Großbritannien: Vintage Books, 2006

Mark Boxer. *The Paris Ritz.* Großbritannien: The Ritz Hotel Limited, 1991
MC. Chagla. *Roses in December.* Bombay: Bharatiya Vidya Bhawan, 1973
Mehrunissa Khan. *An Extraordinary Life: Princess Mehrunissa of Rampur.* Neu-Delhi: Blue Leaf, 2006
Michael H. Fisher. *Beyond the Three Seas, Traveller's Tales of Mughal India.* Neu-Delhi: Random House, 2007

P. Brown. *Anglo Indian Food and Customs.* Neu-Delhi: Penguin Books, 1998
Peter Vacher. *The History of the Jodhpur Flying Club, and the Royal Airforce in Princely India.* Kanada: Apogee Books, 2008
Pushpesh Pant. *Indien. Das Kochbuch.* Hamburg: Edel, 2012

Ravi Bhatt. *Life and Times of the Nawabs of Lucknow.* Neu-Delhi: Rupa & Co., 2006
Richard C. Foltz. *Mughal India and Central Asia.* USA: Oxford University Press, 1999
Rosita Forbes. *India of the Princes.* London: Book Club, 1939

Salma Husain. *The Emperor's Table.* Neu-Delhi: Lustre Press, Roli Books, 2008
Sharada Diwedi und Shalini Devi Holkar. *Almond Eyes Lotus Feet.* USA: Collins, 2007
Shivaji Holkar Rao und Sally Holkar. *Cooking of the Maharajas: The Royal Recipes of India.* New York: Viking Press, 1975

Vijayaraje Scindia. *Princess.* Neu-Delhi: Times Books International, 1988

William Irvine, Übers., *Storia Do Mogor.* Neu-Delhi: Oriental Reprint, 1981

DANKSAGUNG

Ich möchte mich bei allen bedanken, die mir geholfen haben, dieses Buch zu verwirklichen. Ich danke meinem Mann, Jitin Prasada, für seine strenge Kritik und für seine ständige Ermutigung, Poonam und Adesh Seth, meinen Eltern, dafür, dass sie mich stets meinem Herzen folgen und meinen Weg dahin finden ließen, mein erstes Buch zu schreiben, und Abhishek Seth, meinem Bruder, der mir immer eine verlässliche Stütze war.

Ich danke Priya Kapoor dafür, diese großartige Idee an mich herangetragen zu haben, ein Buch über das faszinierende Thema der Sozialgeschichte des Essens und des Lebensstils der fürstlichen Familien Indiens zu schreiben. Priya begleitete mich durch alle Stadien der Entstehung dieses Buches. Meine Partnerin bei der Herstellung des Buches, die Fotografin Ashima Narain, brachte meine Texte mit ihren schönen Bildern zum Leben und vervollkommnete es dadurch. Ich danke Pramod Kapoor für seine Anleitung. Malavika Singh war die treibende Kraft dahinter, dass ich dieses Buch verfasste. Adil Ahmeds Ermutigung, sein profundes Wissen über das Thema und seine Anregungen haben viel zu dem Buch beigetragen. Pushpesh Pants kritische Anmerkungen waren unschätzbar. Ich danke Madhu Singh und Jaisal Singh für ihre Hilfe in kritischen Momenten bei der Entstehung des Buches.

Ich möchte all den fürstlichen Familien danken, die ich interviewen durfte und die die Türen ihrer Paläste für mich öffneten. Dies sind Fürstin Esra Jah, Shekyar Jah, Azmet Jah, Azam Jah, Shahzadi Naghat Abedi, Narjis Abedi, Nida Abedi, Sana Abedi, Shriji Arvind Singh Mewar, Yuvraj Laxshyaraj Singh, Maharadscha Gaj Singh, Maharadscha Amarinder Singh, Tikaraj Raninder Singh, Radscha Randhir Singh, Rani Vinita Singh, Dr. Karan Singh, Yuvrani Chitrangada Raje Singh, Yuvraj Vikramaditya Singh, Maharadscha Pradyot Bikram Deb Burman, Maharajkumari Pragya Deb Burman, Rani Kriti Singh, Maharadscha Srikantadatta Narasimharaajawadiyar, Radscha Vikram Singh, Rani Chandra Kumari, Rani Vijaya Khan, Radscha Mohammad Amir Mohammad Khan, Ali Khan und Amir Khan. Ebenfalls danke ich den engagierten und hart arbeitenden Bediensteten dieser Familien, die deren wunderbare Rezepte zubereiteten und uns servierten. Ich danke Karni Singh Jasol vom Mehrangarh Museum, Noorpriya Singh, Dhananjaya Singh, Sunder Singh und Dhruba Bastakoti vom Umaid Bhawan Palace, Michael Ludgrove und Richard Graham vom Bangalore Palace, Tikaraj Aishwarya Katoch und Tikarani Shailaja Katoch, Jyoti Jasol vom Shiv Niwas Palace, Ashfer Biju vom Falaknuma Palace und Manu Pankaj von der Taj-Hotelgruppe – sie alle halfen mir bei der Recherche und mit Interviews für das Buch.

Schließlich möchte ich mich besonders beim Team von Roli Books bedanken, bei den Lektorinnen Jyotsna Mehta und Neeta Datta und der Grafikerin Sneha Pamneja.

Neha Prasada

DANKSAGUNG

Hinter der Entstehung eines Buches verbergen sich viele Köpfe und Hände. Ich möchte deshalb die Gelegenheit wahrnehmen, einigen Leuten zu danken, die mir dieses Unternehmen ermöglichten.

Priya Kapoor schrieb mir vor einem Jahr und fragte an, ob ich einen Fotografen wüsste, der die Bilder für dieses Buch aufnehmen könnte. Ich antwortete: »Ja – ich.« Ich danke ihr herzlich, dass sie meiner Empfehlung gefolgt ist und dass daraus eine großartige Freundschaft entstehen konnte. Großer Dank gebührt auch Pramod Kapoor und dem ganzen Kapoor-Team für ihre Unterstützung und Ermutigung bei dem gesamten Projekt; Neha Prasada dafür, diese unglaublichen Geschichten der Royals ausgegraben zu haben; Sneha Pamneja für ihre Geduld, als wir tagtäglich Fotos wieder und wieder auswählten; den Familien von Priya, Neha und Sneha, dass sie uns jeweils in ihrem Heim und ihrem Leben länger ertrugen als vorgesehen; und dem ganzen Team von Roli Books für vielerlei Hilfe: indem sie uns Festplatten beschafften, uns sicher durchs Land kutschierten, uns Flugtickets buchten und sogar Mittagessen kochten.

Dank an Matthew Spacie, der mit seinem offenen, lauten Lachen jeder Situation eine gute Wendung gab, an Rewa und Arvind Narain, deren Schränke wir auf der Suche nach Tischwäsche und Geschirr plündern durften, und auch für den ständigen Nachschub von *aloo parathas*, die uns bei unseren Aufnahmen stärkten; an Ruchi Narain für manchen Anstoß, wenn meine Batterien leer waren, an Valerie und Ian Spacie, die mir auch aus der Ferne so nah waren; an Jerry Pinto von dem man nur das Unerwartete erwarten konnte; an Kaushal Parikh, Anshika Varma und Dwaipayan Mazumdar, die mir ihre Beleuchtungsausrüstung liehen.

Wenn man mit einer sperrigen Ausrüstung im Heim anderer Menschen anrückt, ihre Möbel umstellt und ihr Geschirr und Besteck durchstöbert, kann das als recht aufdringlich empfunden werden. Umso mehr danke ich all den fürstlichen Familien dafür, dass sie uns Zugang gewährten und uns ihre kostbare Zeit schenkten, damit wir die Bilder für dieses Buch aufnehmen konnten – es war eine Ehre und Auszeichnung, sie fotografieren zu dürfen.

Ich hatte das Glück, etwas mehr Zeit bei einigen der Familien verbringen zu können, denen ich dafür besonders danken möchte: der Herrscherfamilie von Mahmudabad, die mir den Einblick in den Zauber eines vergangenen Zeitalters gewährte, der liebenswürdigen Familie von Patiala, bei der ich die ersten und letzten Fotos für dieses Buch aufnahm, und Maharadscha Pradyot Bikram Deb Burman von der Herrscherfamilie von Tripura für seine Gastfreundschaft, seinen Humor und sein großes Wissen über die Rockbands der 1990er Jahre.

Und schließlich: Dank all den Bediensteten für ihre engagierte und freundliche Unterstützung!

Ashima Narain

BILDNACHWEIS

Baccarat Archives: Seite 12
Corbis: Seite 9 (oben rechts)
Hermes: Seite 52 (unten rechts)
Hulton Archives: Seite 214
Kapurthala Family Archives: Seites 8 (oben links), 9 (oben links), 10
Louis Vuitton Patrimony: Seite 14
Mahmudabad Family Collection: Seite 99
Rampur Collection: Seite 170
Roli Books Collection: Seite 8, 13, 19, 34, 52, 78-79, 126, 127,
144, 238 (unten links und rechts)
The Royal Archives, HM Queen Elizabeth II, Windsor Castle: Seite 126
Princess Rajyashree Kumari of
Bikaner and Maharaja Ganga Singhji Trust: Seite 18
The Savoy Group Archives: Seite 144 (oben rechts)
The Worcester Porcelain Museum: Seite 11 (Mitte und unten)
Thomas Goode and Co.: Seite 11 (oben rechts), 15
Umaid Bhawan Palace Archives: Seite 17

Die Originalausgabe erschien 2013 unter dem Titel
Dining with the Maharajas. A Thousand Years of Culinary Tradition bei
Roli Books Pvt Ltd, M–75, Greater Kailash II Market, Neu-Delhi, Indien
www.rolibooks.com

Konzept und Lektorat: Priya Kapoor
Layout: Sneha Pamneja

Aus dem Englischen von Frank Auerbach
Übersetzung Rezepte: Isabelle Fuchs

1. Auflage 2016

Satz und Redaktion: bookwise, München

Printed and bound in India

ISBN 978-3-8369-2090-2
www.gerstenberg-verlag.de

DINNER
mit den
MAHARADSCHAS

Kochkunst an Indiens Fürstenhöfen

REZEPTHEFT

GERSTENBERG

REZEPTE

HYDERABAD

1. Pathar Gosht 2. Jahaazee Korma
3. Haleem 4. Reshmi Keema
5. Dum Ka Gosht 6. Safed Keema
7. Zaffrani Murgh Korma 8. Mirchi Ka Salan
9. Kacche Gosht Ki Biryani 10. Baghare Baigan
11. Guncha Ka Keema 12. Gil-e-Behishth

PATHAR GOSHT

Auf heißem Stein gebratenes Lammfleisch

ZUTATEN FÜR 4–6 PERSONEN

600 g Lammfleisch aus der Keule, in dünnen Scheiben
2 EL Ghee zum Anbraten
1 TL Chaat Masala (ind. Gewürzmischung) zum Bestreuen
frische Minzzweige
2 EL Minz Chutney

Für die erste Marinade:

2 TL Ingwerpaste (Seite 18 oder Fertigprodukt)
1 ½ TL Knoblauchpaste (Seite 18 oder Fertigprodukt)
2 TL Papayapaste
2 TL Zitronensaft
Salz
½ TL Piment

Für die zweite Marinade:

½ TL schwarze Pfefferkörner
1 EL Cashewnüsse, trocken geröstet
25 g Zwiebelringe, geröstet
1 TL Garam Masala (Seite 25 oder Fertigprodukt)

- Alle Zutaten für die erste Marinade vermengen. Das Lammfleisch darin einlegen und für 1 Stunde kühl stellen.
- Herausnehmen, Zutaten für die zweite Marinade zufügen und untermischen. Das Fleisch rundherum mit der Mischung bestreichen und über Nacht marinieren.
- Einen heißen Stein oder eine gusseiserne Pfanne mit schwerem Boden erhitzen und mit Ghee bestreichen. Das Fleisch auf jeder Seite 2–3 Minuten braten.
- Mit Chaat Masala bestreuen, mit Minze garnieren und sofort servieren. Minz Chutney dazu reichen.

JAHAAZEE KORMA

Lamm in Joghurtsauce

ZUTATEN FÜR 4–6 PERSONEN

1 kg Joghurt
1 TL Salz
½–1 TL rotes Chilipulver
1 kg Lammfleisch aus der Schulter, grob gewürfelt
250 g Ghee

- Joghurt in einer großen Schüssel unter Zugabe von Salz und Chilipulver kräftig aufschlagen. Die Lammfleischwürfel einlegen, gut durchmischen, bis das gesamte Fleisch von Joghurt überzogen ist. Abdecken und im Kühlschrank 45 Minuten marinieren.
- Ghee in einem großen, schweren Topf langsam erhitzen. Die Lammfleischwürfel mitsamt Joghurt zufügen und anbräunen. Topf verschließen und das Fleisch etwa 1 ½ Stunden sanft köcheln lassen, bis es weich ist. Heiß servieren.

HALEEM

Traditioneller Lammtopf

ZUTATEN FÜR 6–8 PERSONEN

250 g Weizenschrot
200 g Ghee
10 große Zwiebeln, 6 in Ringen, 4 zerrieben
2 EL Ingwerpaste (Seite 18 oder Fertigprodukt)
2 EL Knoblauchpaste (Seite 18 oder Fertigprodukt)
2 TL Kurkumapulver
2 EL Chilipulver
1 kg Lammfleisch aus der Schulter, gewürfelt
Salz
4 EL Garam Masala (Seite 25 oder Fertigprodukt)
Zitronenspalten, Korianderzweige, geröstete Zwiebelringe und Ingwerstreifen zum Servieren

- Weizenschrot über Nacht in Wasser einweichen. Am nächsten Tag abtropfen lassen. Ghee in einem großen Schmortopf erhitzen. Zwiebelringe darin goldbraun braten. Geriebene Zwiebeln, Ingwer- und Knoblauchpaste, Kurkuma und Chili zufügen und unter Rühren anschwitzen, bis die Gewürze duften.
- Lammfleisch dazugeben und bei mittlerer Hitze 15 Minuten unter häufigem Rühren anbraten. Weizenschrot untermengen und das Ganze erneut 15 Minuten pfannenrühren. Mit Salz würzen.
- 2 Liter Wasser angießen, den Topf verschließen und das Gericht 1½ Stunden leise köcheln lassen. Dabei gelegentlich umrühren, damit der Schrot nicht am Topfboden anhaftet. So lange köcheln, bis fast die gesamte Flüssigkeit absorbiert ist und das Fett nach oben steigt. Mit Garam Masala bestreuen.
- In eine vorgewärmte Schüssel füllen. Mit Zitronenspalten, Korianderzweigen, gerösteten Zwiebelringen und Ingwerstreifen garnieren.

RESHMI KEEMA

Knusprige Lammstreifen

ZUTATEN FÜR 2–4 PERSONEN

250 g Lammfleisch aus der Keule, in Streifen
½ TL Ingwerpaste (Seite 18 oder Fertigprodukt)
½ TL Knoblauchpaste (Seite 18 oder Fertigprodukt)
250 ml Wasser
½ TL Salz
½ TL rotes Chilipulver
1 TL Korianderpulver
4 EL Ghee

- Lammfleisch, Ingwer- und Knoblauchpaste in einen Topf geben. Wasser angießen, gut umrühren und das Ganze erhitzen. Das Fleisch zugedeckt etwa 35 Minuten köcheln lassen, bis es trocken und gar ist.
- Fleisch herausnehmen und abkühlen lassen. Dann mit den Fingern in ganz feine Streifen zerpflücken. In einen tiefen Teller geben und mit Salz, Chili- und Korianderpulver bestreuen.
- Das Ghee in einer Pfanne kräftig erhitzen. Die Fleischstreifen darin rundum knusprig braten. Mit einem Schaumlöffel herausnehmen und heiß servieren.
- Tipp: Mit Spiegeleiern ergeben die knusprigen Lammstreifen ein herzhaftes Frühstück. Reicht man Reis und Linsen dazu, eignen sie sich als Zwischengang.

DUM KA GOSHT

Butterweiche Lammstücke

ZUTATEN FÜR 4–6 PERSONEN

1 kg Lammfleisch aus der Keule, in 5 x 5 cm großen Würfeln
1 EL Papayafruchtfleisch, zerrieben
8 grüne Kardamomsamen
6 Gewürznelken
1 TL schwarze Pfefferkörner
2 TL schwarze Kreuzkümmelsamen
10 Pimentbeeren
4 TL Mohnsamen
4 TL Charoli-Samen (Indienladen)
8 Cashewnüsse
2 TL Ingwerpaste (Seite 18 oder Fertigprodukt)
2 TL Knoblauchpaste (Seite 18 oder Fertigprodukt)
1 TL Salz
250 ml Pflanzenöl
500 g Zwiebeln, fein gehackt
2 kleine Zimtstangen
1 ½ TL rotes Chilipulver
500 g Joghurt
Zwiebelringe, Zitronenviertel, gehackte Minze und gehackten Koriander zum Garnieren

- Fleischwürfel mehrmals mit einer Gabel einstechen und mit Papayafruchtfleisch einreiben. Alle ganzen Gewürze (Kardamom, Nelken usw.) und die Cashewnüsse im Mörser fein zerreiben. In einer Schüssel mit Ingwer- und Knoblauchpaste sowie Salz vermischen. 50 ml Öl erhitzen und die Gewürzmischung darin anschwitzen, bis sie duftet. Mit den Fleischwürfeln vermengen.
- Zwiebeln, Zimt und Chilipulver mit dem Joghurt vermischen. Das Fleisch 20 Minuten darin marinieren.
- Restliches Öl in einem Wok oder einer großen Pfanne erhitzen und das Fleisch mitsamt der Marinade darin zugedeckt etwa 1 ½ Stunden schmoren. Mit Zwiebelringen, Zitronenvierteln, Minze und Koriander garnieren.

SAFED KEEMA

Hackfleisch mit Paprikaschoten

ZUTATEN FÜR 6–8 PERSONEN

1 kg Hähnchenbrüste ohne Knochen
4 gelbe Paprikaschoten
4 mittelgroße Zwiebeln
250 g Ghee
½ TL Ingwerpaste (Seite 18 oder Fertigprodukt)
½ TL Knoblauchpaste (Seite 18 oder Fertigprodukt)
Salz
5 Knoblauchzehen, fein gehackt
6 grüne Chilischoten, im Mörser zerrieben
1 Bund Koriander, fein gehackt
1 Bund Minze, fein gehackt
Saft von 1 Zitrone

- Hähnchenbrüste enthäuten und mit einem scharfen Messer fein hacken oder durch den Fleischwolf drehen. Paprikaschoten putzen, waschen und würfeln. Zwiebeln abziehen und fein hacken.
- Ghee in einem Wok oder einer Pfanne erhitzen. Hälfte der Paprikaschoten und Hälfte der Zwiebeln darin goldgelb anschwitzen.
- Hähnchenhackfleisch, Ingwer- und Knoblauchpaste zugeben und unter Rühren anbraten. Mit Salz würzen.
- Gehackten Knoblauch, grüne Chilis, Koriander und Minze einrühren. Etwas Wasser angießen, Wok oder Pfanne verschließen und das Ganze etwa 25 Minuten schmoren.
- Restliche Zwiebeln und Paprikawürfel untermengen. Offen garen, bis das zuletzt zugefügte Gemüse etwas weich ist.
- Den Zitronensaft untermengen und das Gericht sofort servieren.

ZAFFRANI MURGH KORMA

Safranhähnchen

ZUTATEN FÜR 4–6 PERSONEN

6 Kardamomkapseln
1 Tüte Safranfäden (4,6 g)
½ EL Ingwerpaste (Seite 18 oder Fertigprodukt)
½ EL Knoblauchpaste (Seite 18 oder Fertigprodukt)
½ TL Zimtpulver
1 ½ EL Korianderpulver
1 EL Chilipulver
250 g Joghurt
100 g Ghee
250 g Zwiebeln, fein gehackt
1 küchenfertiges Huhn (ca. 1,2 kg), in 8 Stücken
Salz

- Kardamomkapseln aufschlitzen, die Samen im Mörser zerreiben und in eine Schüssel geben. Safranfäden im Mörser zerreiben und mit 1 Esslöffel Wasser zu einer Paste verarbeiten. Zum Kardamom geben, Ingwer- und Knoblauchpaste, Zimt, Koriander sowie Chili zufügen und das Ganze vermengen. Dann mit dem Joghurt verrühren.
- Ghee in einer Pfanne erhitzen und die Zwiebeln darin goldgelb anschwitzen. Mit einem Schaumlöffel herausnehmen und beiseitestellen.
- Joghurtmischung in die Pfanne geben und erhitzen, bis das Fett nach oben steigt. Hühnerteile salzen und in die Pfanne legen. Das Fleisch zugedeckt in etwa 40 Minuten weich schmoren.
- Die gebratenen Zwiebeln untermengen, etwas Wasser zufügen und das Ganze nochmals 5 Minuten schmoren.
- Mit Salz abschmecken und servieren. Gekochten Reis dazu reichen.

MIRCHI KA SALAN

Grüne Chilischoten mit Tamarinde

ZUTATEN FÜR 8 PERSONEN

1 EL Koriandersamen
1 TL Kreuzkümmelsamen
3 EL Sesamsamen
1 TL Mohnsamen
4 EL Erdnusskerne
1 EL frische Kokosraspel
1 mittelgroße Zwiebel, gehackt
2–3 cm frischer Ingwer, geschält und fein gehackt
1 EL Knoblauchpaste (Seite 18 oder Fertigprodukt)
½ TL Kurkumapulver
1 TL rotes Chilipulver
1 TL weicher, brauner Zucker
4 EL Tamarindenextrakt (Indienladen)
Salz
250 ml Pflanzenöl
5–6 große grüne Chilischoten
10–15 Curryblätter
1 TL Bockshornkleesamen

- Koriander-, Kreuzkümmel, Sesam- und Mohnsamen, Erdnüsse und Kokosraspel in einer Pfanne 2–3 Minuten trocken rösten. Gemeinsam mit Zwiebel, Ingwer, Knoblauchpaste, Kurkumapulver, Chili, Zucker und Tamarindenextrakt in einen Mixer geben. Mit Salz würzen und das Ganze zu einer glatten Paste verarbeiten.
- Das Öl in einer schweren Pfanne mittelstark erhitzen. Die Chilischoten darin 15 Sekunden anbraten. Curryblätter und Bockshornkleesamen zufügen und weitere 30 Sekunden unter Rühren braten. Die Gewürzpaste zugeben und das Ganze unter mehrmaligem Rühren etwa 10 Minuten garen, bis das Öl an die Oberfläche steigt. Heiß servieren.

KACCHE GOSHT KI BIRYANI

Lamm-Masala mit Reis

ZUTATEN FÜR 6–8 PERSONEN

1 kg Lammfleisch aus der Keule
1 kg Langkornreis
750 ml Milch
1 Tüte Safranfäden (4,6 g)
50 g Ghee
250 g Zwiebeln, in Ringen
70 g Ingwer
5 Knoblauchzehen
2 TL Papayapaste (Fertigprodukt)
1 EL Chilipulver
1 Bund Koriander, fein gehackt
½ Bund Minze, fein gehackt
6–8 grüne Chilischoten, entkernt und gehackt
6–8 Kardamomkapseln
1 TL schwarze Kreuzkümmelsamen
8–10 Nelken
6 kleine Zimtstangen
½ TL Muskat, frisch gerieben
1 TL gemahlene Muskatblüte
Salz
250 g Joghurt
Saft von 2 Zitronen

2 hart gekochte Eier, geviertelt, zum Garnieren

- Lammfleisch von Fett und Sehnen befreien. Den Reis in 500 ml Milch einweichen, Safranfäden in der restlichen Milch. 1 Esslöffel Ghee in einer Pfanne erhitzen und die Zwiebelringe darin goldgelb braten. Beiseitestellen.
- Ingwer und Knoblauch schälen. Beides fein reiben und das Fleisch mit der Mischung bestreichen. Nun das Fleisch mit der Papayapaste einreiben und 20 Minuten marinieren. Anschließend leicht klopfen. Mit Chili, je 1 Esslöffel Koriander, Minze und gehackten Chilischoten bestreuen.
- Hälfte der gebratenen Zwiebelringe im Mörser zerreiben. Kardamomkapseln aufschlitzen und die Samen gemeinsam mit Kreuzkümmelsamen, 4 Nelken, 4 Zimtstangen, Muskat, Muskatblüte und Salz im Mörser zerreiben. Gewürzmischung mit der Zwiebelpaste vermengen und das Fleisch damit einreiben. 1 Stunde marinieren.
- 2 Esslöffel Koriander, 2 Esslöffel Minze und 2 Esslöffel Chilischoten im Mörser zerreiben und unter den Joghurt mischen. Reis abtropfen lassen. Reichlich Wasser gemeinsam mit restlichen Nelken, Zimtstangen, etwas Koriander, Minze und Chilischoten zum Kochen bringen. Den Reis darin 10 Minuten kochen, dann abgießen.
- Fleisch in grobe Würfel schneiden. Restliches Ghee in einen großen Topf geben. Abwechselnd Fleischwürfel und Reis einschichten. Jede Lage mit etwas Zitronensaft und Safranmilch beträufeln und mit Zwiebelringen, Koriander, Minze und Chilischoten bestreuen. Den Topf verschließen und das Ganze bei mäßiger Hitze etwa 25 Minuten garen, bis das Fleisch weich ist.
- Das Gericht mit Eivierteln, Koriander und Minze garnieren. Den Kräuterjoghurt dazu reichen.

BAGHARE BAIGAN

Süßsaure Auberginen

ZUTATEN FÜR 6–8 PERSONEN
1 kg mittelgroße Auberginen
2 EL frische Kokosraspel
1 TL Sesamsamen
1 TL Kreuzkümmelsamen
2 EL Erdnusskerne
1 TL Koriandersamen
1 EL weicher, brauner Zucker
1 EL frisch gehackter Koriander
Salz
1 EL rotes Chilipulver
1 TL Kurkumapulver
1 EL Ingwerpaste (Seite 18 oder Fertigprodukt)
1 EL Knoblauchpaste (Seite 18 oder Fertigprodukt)
1 TL Kichererbsenmehl, geröstet
1 TL Garam Masala (Seite 25 oder Fertigprodukt)
125 ml Sesamöl
1 kleine Zwiebel, gehackt
1 EL Tamarindenextrakt (Indienladen)

- Die Auberginen waschen und bis zum Stielansatz längs halbieren, sodass die Hälften noch zusammenhängen. Kokosraspel in einer Pfanne 1 Minute trocken rösten. Dann herausnehmen. Sesam- und Kreuzkümmelsamen sowie Erdnüsse in der Pfanne ebenfalls 1 Minute trocken rösten. Herausnehmen und die Koriandersamen trocken rösten. Den Koriander im Mörser zerreiben.
- Kokosraspel, Sesamsamen, Kreuzkümmelsamen, Erdnüsse, Zucker und frischen Koriander mit etwas Wasser in einen Mixer geben. Zu einer glatten Paste verarbeiten.
- Mit Salz würzen. Chili, zerriebene Koriandersamen, Kurkumapulver, Ingwer- und Knoblauchpaste, Kichererbsenmehl und Garam Masala zufügen und das Ganze kräftig durchmixen.
- Die Auberginenhälften mit der Paste bestreichen, restliche Paste auf der Oberfläche der Auberginen verteilen.
- Sesamöl in einer großen Pfanne erhitzen, bis ein Brotwürfel in 30 Sekunden darin goldbraun frittiert ist. Öl vom Herd nehmen und abkühlen lassen. Erneut mittelstark erhitzen und die Auberginen darin portionsweise 2 Minuten anbraten. Mit einem Schaumlöffel herausnehmen und abtropfen lassen.
- Die Zwiebel in die Pfanne geben und goldbraun braten. Auberginen und Tamarindenextrakt zufügen. Hitze reduzieren und die Auberginen zugedeckt etwa 10 Minuten simmern lassen. Ab und zu vorsichtig umrühren. Heiß servieren.

GUNCHA KA KEEMA

Würziger Blumenkohl

ZUTATEN FÜR 4 PERSONEN

2½ EL Ghee
1 TL Kreuzkümmelsamen
2 rote Chilischoten
2 Knoblauchzehen, gehackt
½ TL frisch geriebener Ingwer
1 kleine grüne Chilischote, entkernt und gehackt
1 kg Blumenkohl, gewaschen und in sehr kleinen Stücken
2 mittelgroße Zwiebeln, gehackt
1 rote Paprikaschote, entkernt und gewürfelt
100 g Zwiebel-Tomaten-Masala (s. unten)
Salz
2 mittelgroße Tomaten, entkernt und gewürfelt
3 EL frisch gehackter Koriander
½ TL Zitronensaft

- Ghee in einem großen schweren Topf erhitzen. Kreuzkümmelsamen darin anschwitzen, bis sie »knistern«. Ganze rote Chilischoten und Knoblauch zufügen und goldbraun braten. Ingwer und grünen Chili dazugeben und einige Sekunden unter Rühren anbraten.
- Blumenkohlstücke, Zwiebeln und Paprikaschote einrühren. Unter mehrmaligem Rühren 10 Minuten anschwitzen, bis der Blumenkohl bissfest gegart ist.
- Zwiebel-Tomaten-Masala und 50 ml Wasser zufügen. Topf verschließen und das Ganze 2 Minuten köcheln lassen. Salzen, die Tomaten einrühren und das Gemüse offen nochmals 1 Minute kräftig köcheln lassen.
- Das Blumenkohlgemüse in eine Schüssel füllen. Mit Koriander bestreuen und mit Zitronensaft beträufeln.

Für das Zwiebel-Tomaten-Masala: 1 Esslöffel Öl in einem Wok erhitzen; 2 mittelgroße, gehackte Zwiebeln darin goldgelb braten. Je 1 Teelöffel Knoblauch- und Ingwerpaste zufügen, kurz anschwitzen. Drei kleine, gehackte Tomaten einrühren. Offen köcheln lassen, bis das Öl an die Oberfläche steigt.

GIL-E-BEHISHTH

Cremiger Mandelreis

ZUTATEN FÜR 6–8 PERSONEN

400 g Basmati-Bruchreis
250 g Mandeln
1 Tüte Safranfäden (4,6 g)
250 g Khoya (ind. Spezialität aus eingekochter Vollmilch, im Indienladen erhältlich)
750 g Zucker
250 g weiche Butter
3–4 EL Rosenwasser (Apotheke)

- Den Reis in einem Sieb waschen. In der doppelten Wassermenge weich kochen. In ein feines Sieb geben und abtropfen lassen.
- Die Mandeln in heißem Wasser einweichen. Abgießen, die Schalen abreiben und die Mandeln im Mörser zu einer Paste zerreiben. Den Safran in 2 Esslöffeln Milch einweichen.
- Den Reis in eine große Schüssel geben. Von Hand gründlich mit Mandelpaste, Safranmilch, Khoya, Zucker, Butter und Rosenwasser vermengen.
- Das Dessert kalt servieren.

JAMMU UND KASHMIR

1. Khatta Meat 2. Chara Sande Ko
3. Til Ande Ka Achaar 4. Oriya Dal
5. Haak 6. Nadru 7. Amua
8. Guchchi Pulao 9. Khameera 10. Phirni

KHATTA MEAT

Lammfleisch mit Granatapfelaroma

ZUTATEN FÜR 8 PERSONEN

250 g Granatapfelkerne
4 ½ EL Senföl
1 TL Bockshornkleesamen
1 TL Asant
2 kg Lammfleisch aus der Keule, gewürfelt
1 ½ TL Kurkumapulver
1 ½ TL Chilipulver
1 ½ Gewürznelken, im Mörser zerrieben
1 kleine rote Chilischote, entkernt und fein gehackt
500 g Joghurt
Salz
100 g Palmzucker oder brauner Zucker
½ TL Ghee

- Die Granatapfelkerne in 250 ml Wasser aufkochen und so lange köcheln lassen, bis die Kerne weich sind. Abgießen, abkühlen lassen und über einer Schüssel mit beiden Händen ausdrücken, den Saft beiseitestellen.
- Senföl im Wok oder in einer großen, schweren Pfanne erhitzen. Bockshornkleesamen und Asant darin anrösten. Lammfleisch zufügen und anbräunen. Kurkuma- und Chilipulver, Nelken und Chilischote gründlich untermengen.
- Joghurt aufschlagen und untermischen. Mit Salz würzen. Wok oder Pfanne verschließen und das Fleisch bei milder Hitze etwa 1 Stunde köcheln lassen, bis das Fett an die Oberfläche steigt.
- Granatapfelsaft und Palmzucker unterrühren.
- Ein kleines Stückchen Holzkohle in einer Pfanne erhitzen. Mit Ghee überziehen und zum Fleisch geben. Das Ganze zugedeckt etwa 5 Minuten ziehen lassen, damit das Fleisch den Rauchgeschmack annimmt. Holzkohle entfernen und das Gericht servieren.

CHARA SANDE KO

Geflügelsalat

ZUTATEN FÜR 8 PERSONEN

2 rote Chilischoten
1 TL Garam Masala (Seite 25 oder Fertigprodukt)
½ TL Schwarzkümmelsamen
5 Knoblauchzehen, geschält
1 cm frischer Ingwer, geschält
4–6 Hühnerbrüste mit Knochen (ca. 1 kg)
Salz
¼ TL Kurkumapulver
Saft von 2 Zitronen
1 EL Senföl
2 EL Joghurt
3 EL fein gehackter Koriander
4 grüne Chilischoten, entkernt und gehackt
1 EL Pflanzenöl
½ TL Bockshornkleesamen

- Rote Chilischoten, ½ Teelöffel Garam Masala und die Schwarzkümmelsamen in einer Pfanne trocken rösten, bis die Gewürze duften. Knoblauch und Ingwer zufügen und kurz mitrösten. Das Ganze im Mixer oder Mörser zu einer Paste verarbeiten.
- Hühnerbrüste halbieren. 200 ml Wasser gemeinsam mit Salz und Kurkuma in einem Topf zum Kochen bringen. Die Hühnerbrüste darin in etwa 25 Minuten zugedeckt weich garen. Herausnehmen, das Fleisch von den Knochen lösen, klein schneiden und in eine Schüssel geben. Zitronensaft und Gewürzpaste untermengen. Senföl, Joghurt, 2 Esslöffel Koriander und Chilischoten untermengen.
- Öl in einer Pfanne erhitzen. Bockshornkleesamen, restliches Garam Masala und restlichen Koriander einige Sekunden darin anrösten. Über dem Fleisch in der Schüssel verteilen. Den Geflügelsalat kalt servieren.

TIL ANDE KA ACHAAR

Eier mit Sesam-Joghurt-Sauce

ZUTATEN FÜR 8 PERSONEN

5 hart gekochte Eier
1 Prise Garam Masala (Seite 25 oder Fertigprodukt)
½ TL Schwarzkümmelsamen
4 rote Chilischoten
6 EL Sesamsamen
4 Knoblauchzehen
1 cm frischer Ingwer, geschält
Salz
Saft von 2 Zitronen
400 g Joghurt
1 EL Senföl
½ TL Bockshornkleesamen
4 grüne Chilischoten, entkernt und gehackt
½ TL Kurkumapulver
¼ TL Chilipulver
1 TL fein gehackter Koriander

- Eier schälen, halbieren und auf einer Platte arrangieren. Garam Masala und Schwarzkümmelsamen in einer Pfanne trocken rösten. In einer zweiten Pfanne ganze Chilischoten, Sesamsamen, ungeschälten Knoblauch und Ingwer anrösten. Alle gerösteten Zutaten in einen Mixer geben, dabei den Knoblauch vorher abziehen. Zu einer Paste verarbeiten.
- Gewürzpaste, Salz und Zitronensaft gründlich mit dem Joghurt vermischen. Senföl erhitzen und Bockshornkleesamen, grüne Chilischoten, Kurkuma, Chili und Koriander kurz darin anschwitzen. Die Mischung unter den Joghurt heben.
- Die Eier mit der Sesam-Joghurt-Sauce überziehen.

ORIYA DAL

Würziges Linsengemüse

ZUTATEN FÜR 8 PERSONEN

400 g grüne Linsen
3 EL Senföl
200 g gelbe Senfsamen
100 g Joghurt
1 EL Kreuzkümmelsamen
2 mittelgroße Zwiebeln, gehackt
1 TL Knoblauchpaste (Seite 18 oder Fertigprodukt)
1 TL Ingwerpaste (Seite 18 oder Fertigprodukt)
100 ml Tomatenpüree
je ½ TL Kurkumapulver, Korianderpulver, Chilipulver und Garam Masala (Seite 25 oder Fertigprodukt)
1 TL getrocknete Bockshornkleeblätter (Bio- oder Asienladen)
Salz
½ TL Bockshornkleesamen
4 rote Chilischoten
½ TL Ghee

- Linsen über Nacht einweichen. Am nächsten Tag abgießen und in reichlich frischem Wasser etwa 45 Minuten kochen, bis sie weich sind. Erneut abgießen.
- 1 Esslöffel Senföl, Senfsamen und 50 ml Wasser im Mixer zu einer glatten Paste verarbeiten. Mit dem Joghurt vermengen und 15 Minuten ziehen lassen.
- 1 Esslöffel Senföl in einer Pfanne erhitzen. Kreuzkümmelsamen und Zwiebeln darin anschwitzen, bis die Zwiebeln goldbraun sind. Knoblauch- und Ingwerpaste, Tomatenpüree, Kurkuma-, Koriander- und Chilipulver, Garam Masala und Bockshornkleeblätter zugeben. Kräftig anrösten.
- Linsen einrühren und mit Salz würzen. Die Joghurtmischung untermengen.
- Restliches Senföl erhitzen, bis es leicht raucht. Bockshornkleesamen und ganze Chilischoten darin einige Sekunden anschwitzen. Zu den Linsen geben.
- Ein kleines Stückchen Holzkohle in einer Pfanne erhitzen. Mit Ghee überziehen und zu den Linsen geben. Das Ganze zugedeckt etwa 5 Minuten ziehen lassen. Holzkohle entfernen und das Gericht servieren.

HAAK

Pfannengerührter Spinat

ZUTATEN FÜR 8 PERSONEN

3 EL Senföl
5 Knoblauchzehen, geschält
1 TL Schwarzkümmelsamen
1 Prise Asant
Salz
4 rote Chilischoten
1 kg Blattspinat, geputzt und gewaschen
1 Prise Zucker
¼ TL Currypulver

- Senföl in einer großen Pfanne kräftig erhitzen. Knoblauch, Schwarzkümmelsamen, Asant, Salz, Chilischoten und 500 ml Wasser zufügen. Pfanne sofort verschließen, weil es stark spritzt, sobald das Wasser mit dem heißen Öl in Berührung kommt.
- Wenn sich der Pfanneninhalt beruhigt hat, Deckel abnehmen und Spinat sowie Zucker zugeben. Den Spinat unter häufigem Rühren 15 Minuten offen garen. Currypulver untermengen und das Ganze unter stetem Rühren nochmals 5 Minuten garen. Heiß servieren.

NADRU

Frittierte Lotuswurzel

ZUTATEN FÜR 6 PERSONEN

120 g Mehl Type 405
½ TL Salz
½ TL rotes Chilipulver
½ TL Schwarzkümmelsamen
800 g Lotuswurzel
Pflanzenöl zum Frittieren

- Mehl, Salz, Chili und Schwarzkümmelsamen in einem tiefen Teller gut vermischen.
- Lotuswurzeln schälen und in dünne Scheiben schneiden. Die Scheiben in der Mehlmischung wenden.
- Reichlich Pflanzenöl in einer großen Pfanne oder einem Wok erhitzen, bis an einem hineingehaltenem Holzstäbchen Blasen aufsteigen. Die Lotusscheiben portionsweise im Öl goldbraun frittieren. Auf Küchenpapier abtropfen lassen. Heiß servieren.

AMUA

Süßsaures Mango-Relish

ZUTATEN FÜR 8 PERSONEN

4 vollreife Mangos
1 EL Senföl
4 rote Chilischoten
1 TL Senfsamen
½ TL Kreuzkümmelsamen
¼ TL schwarze Zwiebelsamen
½ TL Bockshornkleesamen
½ TL Königskümmel (Ajowan)
½ TL Kurkumapulver
200 g Palmzucker (Kokosnusszucker)

- Mangos schälen und das Fruchtfleisch jeweils in Spalten vom Kern schneiden. Senföl in einer großen Pfanne erhitzen. Alle Gewürze bis auf die Kurkuma zufügen. Sobald die Samen anfangen zu spritzen, Mangospalten, 375 ml Wasser und Kurkuma dazugeben. Das Relish sanftköcheln lassen, bis das Mangofruchtfleisch weich ist.
- Palmzucker zufügen und einige Minuten mitgaren, bis er sich vollständig aufgelöst hat. Das Relish gut durchrühren. Zimmerwarm servieren.

GUCHCHI PULAO

Reis mit Morcheln

ZUTATEN FÜR 8 PERSONEN

300 g Basmatireis
75 g abgezogene Mandeln
2 Prisen Safranfäden
5 EL Ghee
6 Nelken
Samen von 4 schwarzen Kardamomkapseln
Samen von 3 grünen Kardamomkapseln
3 kleine Zimtstangen
3 Lorbeerblätter
100 g Morcheln, gewaschen und halbiert
1 Prise Asant
Salz
1 TL Ingwerpulver
1 TL Garam Masala (Seite 25 oder Fertigprodukt)

- Reis waschen und in Wasser einweichen. Mandeln und Safran jeweils in etwas Wasser einweichen.
- Ghee in einem großen Topf erhitzen. Nelken, schwarze und grüne Kardamomsamen, Zimt, Lorbeerblätter und abgetropfte Mandeln darin 2 Minuten anschwitzen. Dann die Morcheln zufügen.
- Asant in etwas Wasser auflösen und zugeben. Mit Salz würzen. Reis abgießen und unterrühren. 450 ml Wasser angießen.
- Ingwer und Safranflüssigkeit untermengen. Den Topf verschließen und den Reis etwa 15 Minuten garen. Dann 2 Minuten offen auf der ausgeschalteten Herdplatte stehen lassen. Mit Garam Masala bestreuen und servieren.

KHAMEERA

Gebackene Fladen

ZUTATEN FÜR 12 PERSONEN

90 ml Milch
100 g Trockenhefe
1 EL Mehl Type 405
1 TL Zucker
2 kg Weizenvollkornmehl
1 Prise Salz
50 ml Tomatenpüree
Ghee zum Ausbacken

- Milch erhitzen und in einer kleinen Schüssel gründlich mit der Hefe verquirlen. Mit Weißmehl und Zucker bestreuen. Zugedeckt an einem warmen Ort 1½ Stunden ruhen lassen.
- Weizenvollkornmehl in eine große Schüssel geben. In die Mitte eine Mulde drücken. Milch-Hefe-Mischung, Salz und Tomatenpüree hineingeben. Das Ganze mit beiden Händen zu einem weichen Teig verkneten. Abdecken und an einem zimmerwarmen Ort über Nacht ruhen lassen.
- Aus dem Teig mittelgroße Bällchen formen und diese zu dünnen Fladen ausrollen.
- Reichlich Ghee in einer großen Pfanne erhitzen. Die Fladen darin portionsweise auf beiden Seiten goldbraun ausbacken. Auf Küchenpapier abtropfen lassen. Warm servieren.

PHIRNI

Cremiges Grießdessert mit Pistazien

ZUTATEN FÜR 10 PERSONEN

2 l Milch
5 grüne Kardamomkapseln, aufgeschlitzt
50 g Mandelsplitter
120 g Weichweizen-Grieß
145 g Zucker
75 g Cashewnüsse
1 Prise Safranfäden, in Milch eingeweicht
2 EL gehackte Pistazien
Safranfäden, gehackte Pistazien und Mandelblättchen zum Garnieren

- Milch in einem großen Topf gemeinsam mit den Kardamomkapseln zum Kochen bringen. Mandelsplitter und Grieß einrühren. Unter häufigem Rühren etwa 20 Minuten leise köcheln lassen. Darauf achten, dass die Masse nicht am Topfboden ansetzt. Kardamomkapseln entfernen.
- Den Zucker gründlich untermengen.
- Cashewnüsse mit etwas Wasser im Mixer zu einer Paste verarbeiten. Die Paste unter die Grießmasse mengen. Safran und Pistazien untermischen.
- Die Grießmasse in eine hübsche Schüssel füllen und kühl stellen. Vor dem Servieren mit Safran, gehackten Pistazien und Mandelblättchen garnieren.

JODHPUR

1. Fish Jali Kebab 2. Laal Maas 3. Aakha Raan
4. Achaari Murgh 5. Khud Murgh
6. Bajjre Ka Soyeta 7. Palak Pithore Saag

FISH JALI KEBAB

Gegrillte Fischfilets

ZUTATEN FÜR 4 PERSONEN

1 kg Fischfilets ohne Haut und Gräten, vorzugsweise von einem Süßwasserfisch mit festem Fleisch, z.B. Zander

Für die erste Marinade:

2 cm frischer Ingwer
4 Knoblauchzehen
2 EL Zitronensaft

Für die zweite Marinade:

300 g Joghurt
1 ½ EL grüne Chilipaste (Fertigprodukt)
1 ½ EL grüne Korianderpaste (Fertigprodukt)
1 ½ TL Garam Masala (Seite 25 oder Fertigprodukt)
1 ½ TL Kurkumapulver
100 ml Senföl
Salz

8 Zitronenspalten

- Die Zanderfilets kalt abspülen und in Portionen von jeweils 60 g schneiden. Ingwer und Knoblauch schälen. Separat im Mörser fein zerreiben und in einer großen Schüssel mit dem Zitronensaft vermischen. Fischstücke einlegen, in der Marinade wenden und im Kühlschrank 2 Stunden durchziehen lassen.
- Zutaten für die zweite Marinade vermengen, zu den Fischstücken geben und alles gut vermischen. Erneut im Kühlschrank 2 Stunden marinieren.
- Auf dem Holzkohlegrill oder unter dem Backofengrill pro Seite 6–7 Minuten grillen. Sofort servieren und Zitronenspalten dazu reichen.

LAAL MAAS

Lammragout mit Tomaten und rotem Chili

ZUTATEN FÜR 4 PERSONEN

40 milde, getrocknete rote Chilischoten
2 cm frischer Ingwer
4 Knoblauchzehen
300 g Ghee
2 mittelgroße Zwiebeln, in Ringen
je 4 grüne und schwarze Kardamomkapseln
10 schwarze Pfefferkörner
10 kleine Nelken
½ TL gemahlene Muskatblüte
800 g Lammfleisch aus der Schulter, gewürfelt
200 g vollreife Tomaten, gewürfelt
1 l Lammfond
1 TL Salz
4 Korianderzweige zum Garnieren
1 EL Ingwer, in feinen Streifen, zum Garnieren

- Chilischoten entstielen und 15 Minuten in Wasser einweichen. Abgießen und entkernen, dabei Handschuhe tragen. Die Schoten mit etwas Wasser im Mixer zu einer Paste verarbeiten. Ingwer und Knoblauch schälen. Separat im Mörser jeweils zu einer feinen Paste zerreiben.
- Ghee in einem großen Topf mit schwerem Boden erhitzen. Zwiebeln darin mitsamt Karadmomkapseln, Pfefferkörnern, Nelken und Muskatblüte goldbraun braten. Ingwer-, Knoblauch- und Chilipaste einrühren.
- Hitze erhöhen, die Fleischwürfel einlegen und 4–5 Minuten anbräunen. Hitze reduzieren und das Fleisch simmern lassen, bis das Fett an die Oberfläche steigt. Tomaten und Lammfond einrühren. Salzen und das Fleisch zugedeckt 1–1 ½ Stunden köcheln, bis es weich und zart ist.
- Kardamomkapseln entfernen, das Ragout mit Koriandergrün und Ingwerstreifen garnieren und servieren.

AAKHA RAAN

Langsam gegarte Lammkeule

ZUTATEN FÜR 6–8 PERSONEN

200 g Ghee
Würzmischung aus 2 Lorbeerblättern, 2 Nelken, 5 grünen Kardamomkapseln, 3 schwarzen Kardamomkapseln und 2 kleinen Zimtstangen
1 EL Kreuzkümmelsamen
2 ½ EL Koriandersamen
6 milde, getrocknete rote Chilischoten
250 g Zwiebeln, in Ringen
3 ½ TL Ingwerpaste (Seite 18 oder Fertigprodukt)
3 EL Knoblauchpaste (Seite 18 oder Fertigprodukt)
1 Lammkeule (ca. 1,8 kg), pariert
Salz
3 l Lammfond
6 EL Rum
100 g Karotten, in Scheiben
50 g Joghurt
Korianderzweige zum Garnieren

- Ghee in einem Bräter, in dem die Lammkeule Platz findet, erhitzen. Würzmischung, Kreuzkümmel- sowie Koriandersamen und Chilischoten darin kurz anschwitzen. Zwiebeln zufügen und goldgelb braten.
- Ingwer- und Knoblauchpaste einrühren und einige Minuten anschwitzen. Inzwischen die Lammkeule mit Salz einreiben.
- Lammkeule einlegen und von beiden Seiten anbraten. Lammfond, Rum und Karotten dazugeben. Das Fleisch zugedeckt 1 Stunde köcheln lassen. Joghurt einrühren und das Ganze nochmals gute 30 Minuten garen.
- Die Keule herausnehmen und auf eine vorgewärmte Platte legen. Die Sauce durch ein feines Sieb abseihen und mit Salz abschmecken. Das Fleisch mit Korianderzweigen garnieren und servieren. Die Sauce dazu reichen.

ACHAARI MURGH

Huhn in Einlegegewürzen

ZUTATEN FÜR 4–6 PERSONEN

Für die Einlegegewürze:
1 ½ TL Schwarzkümmelsamen
2 TL Anissamen
2 ½ TL Kreukümmelsamen
5 rote Chilischoten

250 g Ghee
250 g Zwiebeln, fein gehackt
5 große Knoblauchzehen
1 TL Bockshornkleesamen
1 TL Chilipulver
1 TL Kurkumapulver
1 TL Korianderpulver
200 g Joghurt
1 küchenfertiges Huhn (ca. 900 g), in 8 Stücken
200 ml Geflügelfond
2 EL Zitronensaft
Salz
2 ½ EL frisch gehackter Koriander

- Ghee in einem Wok erhitzen und Zwiebeln sowie Einlegegewürze darin anschwitzen. So lange braten, bis die Zwiebeln leicht braun sind. Inzwischen den Knoblauch abziehen und im Mörser zu einer glatten Paste zerreiben. Bockshornkleesamen in den Wok geben.
- Die Knoblauchpaste unterrühren und 2 Minuten anschwitzen. Chili-, Kurkuma- und Korianderpulver zufügen. Joghurt glatt rühren und untermischen. Das Ganze so lange köcheln lassen, bis das Fett an die Oberfläche steigt.
- Hühnerteile einlegen und rundherum anbraten. Fond angießen, Hitze reduzieren und das Fleisch zugedeckt in etwa 45 Minuten weich schmoren.
- Zitronensaft einrühren und mit Salz würzen. Das Gericht mit frischem Koriander bestreuen und heiß servieren. Das Fleisch schmeckt noch aromatischer, wenn es am Vortag zubereitet und dann erneut erhitzt wird.

KHUD MURGH

Huhn im Bananenblatt

ZUTATEN FÜR 4–6 PERSONEN

4 EL Ghee
3 mittelgroße Zwiebeln, fein gehackt
Würzmischung aus 2 Lorbeerblättern, je 2 grünen und schwarzen Kardamomkapseln, 2 Gewürznelken und 1,5 cm Zimtstange
2 ½ TL Schwarzkümmelsamen
3 ½ EL Knoblauchpaste (Seite 18 oder Fertigprodukt)
3 ½ TL Ingwerpaste (Seite 18 oder Fertigprodukt)
1 ½ TL rotes Chilipulver
1 ½ TL Korianderpulver
1 ½ TL Kurkumapulver
1 TL Kreuzkümmelpulver, geröstet
1 ½ TL Garam Masala (Seite 25 oder Fertigprodukt)
1 küchenfertiges Brathuhn (ca. 1 kg)
Salz
4 EL Joghurt
6 dünne Fladen
6–8 Bananenblätter (als 500-g-Packung im Asienladen erhältlich)
Aluminiumfolie

- Ghee in einem großen Topf mit schwerem Boden erhitzen. Zwiebeln darin anschwitzen. Gewürzmischung und Schwarzkümmelsamen zufügen und anrösten, bis die Zwiebeln goldbraun sind.
- Knoblauch- und Ingwerpaste, Chili-, Koriander-, Kurkuma- und Kreuzkümmelpulver sowie Garam Masala einrühren. Kurz anschwitzen.
- Das Huhn einlegen und von allen Seiten anbraten. Mit Salz würzen, 200 ml Wasser zufügen und das Huhn zugedeckt etwa 30 Minuten schmoren. Anschließend herausnehmen und beiseitelegen.
- Die ganzen Gewürze aus der Sauce entfernen. Joghurt aufschlagen und unterrühren. Die Sauce mit Salz abschmecken.
- Backofen auf 180 °C vorheizen. 3 Fladen überlappend nebeneinander ausbreiten. Das Huhn in die Mitte legen, mit Sauce überziehen und mit den restlichen Fladen abdecken. Die Bananenblätter ausbreiten und mit einem feuchten Tuch säubern. Das Huhn-Fladen-Gebilde in die Bananenblätter wickeln, dabei die Blätter eventuell mit einer Küchenschere zurechtschneiden. Mit Küchengarn fixieren und mit Alufolie umwickeln. Auf ein Blech setzen und 40 Minuten bis 1 Stunde im Ofen garen.
- Folie, Küchengarn und Bananenblätter entfernen. Auf eine Platte setzen, die Fladen auseinanderklappen und das Ganze servieren.

Hinweis: Dieses Rezept wurde leicht modernisiert, ursprünglich wurde Geflügel oder Wildfleisch in Bananenblätter gewickelt, in ein feuchtes Musselintuch gehüllt, in eine Vertiefung oder Grube gelegt und mit glühender Holzkohle bedeckt. Dann ließ man es langsam garen. Indische Restaurants, die über einen tandoor*, einen speziellen, mit Holzkohle beheizten Backofen verfügen, legen das oben beschriebene Gargut in die heiße Asche des* tandoor.

BAJJRE KA SOYETA

Gemüse mit Hirse

ZUTATEN FÜR 4 PERSONEN

200 g Ghee
2 Lorbeerblätter
6 grüne Kardamomkapseln
2 ½ TL Kreuzkümmelsamen
1 mittelgroße Zwiebel, fein gehackt
1 ½ TL Ingwerpaste (Seite 18 oder Fertigprodukt)
3 ½ TL Knoblauchpaste (Seite 18 oder Fertigprodukt)
1 TL Kurkumapulver
1 ½ TL rotes Chilipulver
1 ½ TL Korianderpulver
50 g Joghurt
1 mittelgroße Karotte, gewürfelt
50 g TK-Erbsen
50 g Blumenkohl, in Röschen geteilt
50 g grüne Bohnen, gewürfelt
200 g Hirse
Salz

- 100 g Ghee in einem Wok oder einer großen Pfanne erhitzen. Lorbeer, Kardamomkapseln und Kreuzkümmelsamen darin anrösten. Zwiebel zufügen und goldgelb anschwitzen.
- Ingwer- und Knoblauchpaste einrühren. Danach Kurkuma-, Chili- und Korianderpulver untermengen. Die Gewürze gut vermischen. Joghurt unterrühren und das Ganze simmern lassen, bis das Fett an die Oberfläche steigt.
- Das Gemüse dazugeben und etwa 10 Minuten köcheln lassen, bis es weich ist.
- Während die Gewürz-Joghurt-Mischung simmert, die Hirse im restlichen Ghee einige Minuten in einem Topf anrösten. Mit 600 ml Wasser ablöschen und die Hirse in etwa 30 Minuten weich garen. Die Gemüsemischung untermengen, dabei die Kardamomkapseln entfernen. Das Gericht mit Salz abschmecken und dann servieren.

PALAK PITHORE SAAG

Kichererbsenküchlein mit Spinat und Joghurtsauce

ZUTATEN FÜR 4 PERSONEN

Für die Küchlein:

250 g Kichererbsenmehl
100 g Joghurt
250 ml Wasser
1 mittelgroße Zwiebel, fein gehackt
3 Knoblauchzehen, fein gehackt
50 g Blattspinat, fein gehackt
Salz

Für die Joghurtsauce:

100 g Ghee
2 ½ TL Kreuzkümmelsamen
½ TL Asant
1 EL Ingwer-Knoblauch-Paste (Fertigprodukt)
1 EL Korianderpulver
1 ½ TL Kurkumapulver
1 TL rote Chilipaste
400 g Joghurt, aufgeschlagen
Salz
1 EL gehacktes Koriandergrün zum Bestreuen

- Zutaten für die Küchlein in einem Topf mit schwerem Boden vermengen und erhitzen. Unter stetem Rühren kochen, bis sich die Mischung vom Topfboden löst. 5 cm dick auf einem Blech verstreichen und abkühlen lassen. Anschließend in kleine Rauten schneiden.
- Für die Sauce Ghee in einem Wok erhitzen. Kreuzkümmelsamen und Asant darin anrösten. Ingwer-Knoblauch-Paste einrühren und kurz anschwitzen. Koriander- sowie Kurkumapulver und Chilipaste zufügen. Den Joghurt untermengen und das Ganze bei geringer Hitze unter Rühren simmern lassen, bis das Fett an die Oberfläche steigt. Mit etwas Wasser verdünnen und salzen.
- Die Kichererbsenküchlein einlegen und 5 Minuten in der Sauce köcheln lassen.
- Mit Koriander bestreuen und heiß servieren.

MAHMUDABAD

1. Shabdegh 2. Kundan Kaliya
3. Murgh Kebab Musallam 4. Kebab Miyanpuri
5. Gosht Ki Biryani 6. Lab-e-Mashooq 7. Seb Ki Kheer

SHABDEGH

Lamm mit Rüben und Hackfleischbällchen

ZUTATEN FÜR 6 PERSONEN

300 ml Pflanzenöl
300 g Zwiebeln, fein gehackt
1 kg Lammfleisch aus der Schulter, in ca. 20 Stücke geschnitten
3 EL Ingwerpaste (Seite 18 oder Fertigprodukt)
1 ½ EL Knoblauchpaste (Seite 18 oder Fertigprodukt)
1 Prise rotes Chilipulver
Salz
5 Gewürznelken
4 grüne Kardamomkapseln, aufgeschlitzt
2 kleine Zimtstangen
50 g Mandelpaste (Fertigprodukt)
100 g Joghurt, aufgeschlagen
1 ½ EL Korianderpulver
100 g Sahne
1 TL Kewrawasser, ersatzweise Rosenwasser
2–3 kleine Speiserüben, z.B. Mairüben, ca. 500 g
1 ½ EL Kurkumapulver
50 g Kichererbsenmehl
250 g Lammhack
3 ½ EL Mohnsamen
3 ½ EL Kokoscreme (Fertigprodukt, ist fester als Kokosmilch)
2 TL schwarze Pfefferkörner, im Mörser zerrieben
2 ½ EL Papayapaste
Salz frisch geriebene Muskatnuss und grünes Kardamompulver zum Bestreuen

- 200 ml Öl in einem großen Topf mit schwerem Boden erhitzen. Die Zwiebeln darin goldbraun braten. Mit einem Schaumlöffel herausnehmen und im Mörser zerreiben.
- Lammfleisch in den Topf geben. Je die Hälfte der Ingwer- und Knoblauchpaste, Chilipulver, Salz, Nelken, Kardamom, Zimt, Mandelpaste, Joghurt und die Hälfte der zerriebenen Zwiebeln zufügen. Das Ganze gut vermengen.
- 500 ml Wasser angießen, den Topf verschließen und das Fleisch bei mittlerer Hitze in etwa 1 Stunde weich garen. Die Hitze erhöhen und das Fleisch kräftig anbraten. Korianderpulver, Sahne, Kewrawasser und erneut 500 ml Wasser zugeben. 5 Minuten offen köcheln lassen, dann vom Herd nehmen.
- Während das Fleisch gart, Speiserüben putzen, waschen und achteln. Reichlich Wasser gemeinsam mit dem Kurkumapulver zum Kochen bringen. Die Speiserüben darin bissfest garen. Anschließend abgießen.
- Kichererbsenmehl in einer Pfanne trocken rösten. In eine Schüssel geben. Lammhack, restliche geriebene Zwiebeln, restliche Ingwer- und Knoblauchpaste, Mohnsamen, Kokoscreme, Pfefferkörner und Papayapaste zufügen. Das Ganze gründlich vermischen und mit Salz würzen. Aus der Masse mit angefeuchteten Händen kleine Bällchen formen. Im restlichen Öl bei geringer Hitze goldbraun braten. Auf Küchenpapier abtropfen lassen.
- Hackbällchen und Speiserüben zum Fleisch im Topf geben und alles zum Kochen bringen. Kurz köcheln lassen. Mit frisch geriebener Muskatnuss und grünem Kardamompulver bestreuen und heiß servieren.

KUNDAN KALIYA

Lammcurry mit Khoya

ZUTATEN FÜR 4 PERSONEN

1,5 l Milch
Salz
schwarzer Pfeffer
125 ml Pflanzenöl
100 g Zwiebeln, feingehackt
500 g Lammfleisch aus der Keule, gewürfelt
1 ½ TL Ingwerpaste (Seite 18 oder Fertigprodukt)
1 TL Knoblauchpaste (Seite 18 oder Fertigprodukt)
½ TL Kurkumapulver
1 Prise rotes Chilipulver
75 g Joghurt, aufgeschlagen
4 grüne Kardamomkapseln
4 Gewürznelken
100 g Sahne
2 EL Cashewnüsse, im Mörser zerrieben
1 TL Kewrawasser, ersatzweise Rosenwasser
½ TL schwarze Pfefferkörner, im Mörser zerrieben
10 Stücke essbares Blattsilber

- Zuerst das Khoya zubereiten. Hierfür die Milch in einer beschichteten Pfanne zum Kochen bringen. Sobald sie kocht, Hitze reduzieren und die Milch unter stetem Rühren mit einem Holzlöffel einkochen, bis sie die Konsistenz von dickflüssigem Honig hat. Das dauert etwa 1 Stunde. Weiter köcheln lassen, bis eine zähe Masse entsteht. Mit Salz und Pfeffer würzen und abkühlen lassen.
- Öl in einer großen Pfanne mit schwerem Boden erhitzen. Zwiebeln darin goldbraun braten. Fleisch, Ingwer- und Knoblauchpaste, Kurkuma, Chili, Joghurt, Kardamomkapseln, Nelken und Salz zufügen. Gut vermengen. 250 ml Wasser angießen und das Fleisch zugedeckt in etwa 1 Stunde bei sanfter Hitze weich garen.
- Hitze erhöhen und offen köcheln, bis das Fett an die Oberfläche steigt. Sahne, zerriebene Cashewnüsse und zerriebene Pfefferkörner untermengen. 325 ml Wasser angießen und das Curry noch gute 10 Minuten leise köcheln lassen.
- Das Khoya zu 10 flachen Bällchen formen und diese in Blattsilber einschlagen. Das Curry damit garnieren.

MURGH KEBAB MUSALLAM

Würziges Brathähnchen

ZUTATEN FÜR 4–6 PERSONEN

1 küchenfertiges Huhn, ca. 1,2 kg
Salz
100 g Papayapaste
2 EL Ingwerpaste (Seite 18 oder Fertigprodukt)
250 ml Pflanzenöl
250 g Zwiebeln, fein gehackt
200 g Joghurt
3 ½ EL Mandelpaste
4 TL Mohnsamenpaste
2 ½ EL Kokoscreme
2 EL Garam Masala, (siehe unten)
einige Safranfäden, in Wasser eingeweicht
3 TL Korianderpulver
rotes Chilipulver
3 EL Kichererbsenmehl, geröstet
1 TL Kewrawasser, ersatzweise Rosenwasser
Ingwerstreifen zum Garnieren

Für das Garam Masala:

½ TL schwarze Pfefferkörner
1 TL Kreuzkümmelsamen
1 TL Piment
3 Gewürznelken
1 Zimtstange, 2–3 cm lang
2 Msp. gemahlene Muskatblüte
Samen von 4–6 grünen Kardamomkapseln
Samen von 2 schwarzen Kardamomkapseln

- Das Huhn rundherum zuerst mit Salz, dann mit Papayapaste und der Hälfte der Ingwerpaste einreiben. Die Haut mehrmals mit einer Gabel einstechen, damit die Marinade gut einzieht. Das Huhn 40 Minuten marinieren.
- Zutaten für das Garam Masala in einer Pfanne trocken rösten, bis die Gewürze duften und anschließend im Mörser fein zerreiben.
- 200 ml Öl in einem Wok erhitzen und die Zwiebeln darin goldbraun braten. Zwiebeln mit einem Schaumlöffel herausheben und im Mörser zu einer groben Paste zerreiben.
- Backofen auf 180 °C vorheizen. In einer Schüssel Joghurt, restliche Ingwerpaste, Mandelpaste, Mohnsamenpaste, Kokoscreme, Garam Masala, 2 Esslöffel Öl, eingeweichten Safran, Korianderpulver, Chili und zerriebene Zwiebeln gründlich vermengen. Kichererbsenmehl, Kewrawasser und Salz unterrühren. Das Huhn mit der Mischung bestreichen und mit Küchengarn binden.
- Mit der Brust nach oben auf ein tiefes Backblech legen und im Ofen etwa 1 Stunde garen. Nach 45 Minuten wenden. Huhn herausnehmen, die Sauce mit einem Löffel entfernen und gemeinsam mit der Sauce vom Blech in einen kleinen Topf geben. Restliches Öl unterrühren, erhitzen und die Sauce etwas einkochen lassen. Das Huhn vom Küchengarn befreien, auf eine vorgewärmte Platte legen und mit Sauce überziehen. Mit Ingwerstreifen garnieren.

KEBAB MIYANPURI

Gefüllte Lammfrikadellen

ZUTATEN FÜR 6–8 PERSONEN

1 kg Lammhack
125 g Papayapaste
100 g Ingwerpaste (Seite 18 oder Fertigprodukt)
Salz
300 ml Pflanzenöl
400 g Zwiebeln, fein gehackt
1 ½ EL Mohnsamenpaste
2 ½ EL Kokoscreme
2 TL Korianderpulver
1 EL Kichererbsenmehl, geröstet
3 EL Würzmischung (s. unten)
½ TL Kewrawasser, ersatzweise Rosenwasser
½ TL Orangenblütenwasser
5 EL frisch gehackter Koriander
2 grüne Chilischoten, entkernt und fein gehackt
150 g frisch gehackter Ingwer
100 g Cashewnüsse, fein gehackt
5 EL Sultaninen
50 g Charoli-Samen (Samen des Chironji-Baumes mit mandelähnlichem Geschmack)
6 EL gehackte Mandeln
gehackter Koriander zum Garnieren

Für die Würzmischung:

4 schwarze Pfefferkörner
1 TL Kreuzkümmelsamen
1 TL Piment
4 kleine Gewürznelken
1 Zimtstange, 2–3 cm lang
3 Muskatblüten
Samen von 5–7 Kardamomkapseln
Samen von 2 schwarzen Kardamomkapseln

- Hackfleisch in eine Schüssel geben und darin mit der Papayapaste, 50 g Ingwerpaste und 2 Teelöffel Salz vermengen. 1 Stunde bei Zimmertemperatur ruhen lassen.
- Zutaten für die Würzmischung in einer Pfanne trocken rösten, bis es duftet. Im Mixer oder Mörser zu grobem Pulver verarbeiten.
- Öl in einem Wok erhitzen. 250 g gehackte Zwiebeln darin goldgelb braten. Mit einem Schaumlöffel herausheben. Im Mörser zerdrücken und in 2 Portionen von 150 g und 100 g teilen.
- 150 g zerdrückte Zwiebeln zum Hackfleisch geben. Mohnsamenpaste, restliche Ingwerpaste, Kokoscreme, Korianderpulver, geröstetes Kichererbsenmehl, selbst gemachtes Würzpulver, Kewra- und Orangenblütenwasser zufügen. Das Ganze mit beiden Händen gut vermengen.
- Für die Füllung restliche gehackte Zwiebeln, Salz, Koriander, grüne Chilischoten, Ingwer, Cashewnüsse, Sultaninen, Charolisamen, Mandeln und restliche 100 g gebratene, zerdrückte Zwiebeln gründlich vermengen.
- Aus der Hackmasse mit angefeuchteten Händen mittelgroße Frikadellen formen. Jeweils eine Vertiefung hineindrücken, 1 Teelöffel Füllung hineingeben und die Frikadelle wieder verschließen.
- Das Öl im Wok erneut erhitzen. Die Frikadellen darin bei mittlerer Hitze portionsweise in etwa 7 Minuten pro Seite goldbraun braten. Auf Küchenpapier abtropfen lassen.
- Auf einer Platte arrangieren, mit gehacktem Koriander garnieren und heiß servieren.

GOSHT KI BIRYANI

Aromatischer Lamm-Reis-Topf

ZUTATEN FÜR 6 PERSONEN

300 ml Pflanzenöl
300 g Zwiebeln, fein gehackt
1,5 kg Lammfleisch aus der Schulter, grob gewürfelt
8 kleine Gewürznelken
2 schwarze Kardamomkapseln
2 TL grünes Kardamompulver
1 kräftige Prise frisch geriebene Muskatnuss
3 EL Ingwerpaste (Seite 18 oder Fertigprodukt)
3 EL Knoblauchpaste (Seite 18 oder Fertigprodukt)
Salz
1 kräftige Prise rotes Chilipulver
1 kg Basmatireis, 2 Stunden in Wasser eingeweicht
100 g Joghurt
½ TL Kewrawasser, ersatzweise Rosenwasser
250 ml Milch
2 Muskatblüten, frisch zerrieben
1 g Safranfäden, in Milch eingeweicht
2 kleine Zimtstangen
frisch gehackter Koriander zum Garnieren

- Öl in einem großen Topf mit schwerem Boden erhitzen. Zwiebeln darin goldbraun braten. Mit einem Schaumlöffel herausnehmen und grob zerdrücken.
- Hälfte der zerdrückten Zwiebeln erneut in den Topf geben. Lammfleisch, Gewürznelken, schwarze Kardamomkapseln, Hälfte des grünen Kardamompulvers, Muskatnuss, Ingwer- und Knoblauchpaste, 1 Teelöffel Salz und rotes Chilipulver zufügen. Das Ganze gut verrühren. 250 ml Wasser angießen und das Fleisch zugedeckt bei milder Hitze etwa 1 Stunde garen.
- Inzwischen den Reis in reichlich Salzwasser bissfest garen. Abgießen und beiseitelegen.
- Den Topfdeckel vom Fleisch abnehmen, Hitze erhöhen und die Flüssigkeit verkochen lassen. Joghurt und Kewrawasser einrühren. Köcheln lassen, bis das Fett an die Oberfläche steigt. Das aufsteigende Fett abschöpfen und aufbewahren. Hitze reduzieren und die Milch angießen. Kurz ziehen lassen. Dann den Topfinhalt abgießen und die Milch auffangen.
- Fleisch und Gewürze wieder in den Topf geben. Restliches grünes Kardamompulver, Muskatblüte, Safran, Zimtstangen und die restlichen zerdrückten Zwiebeln zufügen. Das Ganze gut vermengen.
- Den halb gekochten Reis als Schicht auf das Fleisch geben. Mit der aufgefangenen Milch übergießen und mit dem abgeschöpften Fett beträufeln. Den Topf mit Alufolie verschließen und einen großen Teller auf die Folie legen. Das Ganze bei niedriger Hitze etwa 20 Minuten garen.
- Ganze Gewürze wie Gewürznelken, Kardamomkapseln und Zimtstangen entfernen. Mit frischem Koriander garnieren und heiß servieren.

LAB-E-MASHOOQ

Safraneiscreme

ZUTATEN FÜR 6–8 PERSONEN

1 Tüte Safranfäden (4,6 g)
3 EL erwärmtes Rosenwasser
750 g Sahne
500 g weiche Butter
400 g feiner Zucker

- Die Safranfäden im Rosenwasser einweichen. Die Sahne halbsteif schlagen.
- Butter und Zucker schaumig rühren. So lange rühren, bis sich der Zucker aufgelöst hat.
- Die Sahne gründlich untermengen. Zum Schluss den Safran mitsamt Rosenwasser untermischen.
- Die Masse auf einem mittelgroßenTablett verstreichen und 1 ½ Stunden in den Tiefkühler stellen. Herausnehmen und das Eis servieren. Nach Belieben mit Safran garnieren.

SEB KI KHEER

Apfelreis mit Mandeln

ZUTATEN FÜR 6–8 PERSONEN

100 g Basmatireis
3 l Milch
1 kg süße Äpfel (z.B. Gala oder Cox Orange), geschält, entkernt und gerieben
500 g weiches Karamell (Fertigprodukt, möglichst hochwertig)
1 EL Butter
¼ TL grünes Kardamompulver
500 g Zucker
1 TL Rosenwasser
2 ½ EL Sultaninen
2 ½ EL abgezogene Mandeln, grob gehackt
2 ½ EL gehackte Pistazien
2 ½ EL Cashewnüsse, grob gehackt

- Den Reis 2 Stunden in Wasser einweichen. Dann abgießen.
- Die Milch in einem großen Topf erhitzen und den Reis darin 1 ½ Stunden köcheln lassen, bis er schön weich ist.
- Die geriebenen Äpfel einrühren und das Ganze 5 Minuten weiter köcheln lassen.
- Karamell zerbröseln und in der heißen Milch auflösen. Butter, Kardamompulver, Zucker und Rosenwasser zufügen. Nochmals 10 bis 15 Minuten leise köcheln lassen. Dabei mehrmals umrühren.
- Den Apfelreis in Dessertschälchen füllen. Jeweils mit Sultaninen, gehackten Mandeln, Pistazien und Cashewnüssen bestreuen. Lauwarm servieren.

MYSORE

1. *Lamb Chop Masala* 2. *Lamb Ulli Saru*
3. *Country Muddiya Muttai* 4. *Jhatpat Fowl Jhalfrezi*
5. *Meenu Tanginakai Saru* 6. *Vegetable Stew*
7. *Ulli Saru* 8. *Puliyogare* 9. *Bisi Bele Bhat*
10. *Baby Appam* 11. *Appam*

LAMB CHOP MASALA

Würzige Lammkoteletts

ZUTATEN FÜR 4–6 PERSONEN

1 kg Lammkoteletts

Für die Marinade:

625 ml kräftiger Rotwein
100 g Joghurt
100 ml Apfelessig
3 ½ TL Ingwer-Knoblauch-Paste (Fertigprodukt)
Salz

Für die Würzmischung:

100 ml Olivenöl
500 g Zwiebeln, fein gehackt
3 ½ TL Ingwer-Knoblauch-Paste (Fertigprodukt)
1 TL Chilipulver
2 TL Korianderpulver
½ EL Kurkumapulver
1 TL Garam Masala (Seite 25 oder Fertigprodukt)
300 g Tomaten, entkernt und gehackt

- Zutaten für die Marinade gründlich verrühren und die Lammkoteletts darin einlegen.
- Für die Würzmischung Olivenöl in einem großen Bräter, in dem alle Lammkoteletts Platz finden, erhitzen. Zwiebeln darin goldgelb anschwitzen. Alle Gewürze zufügen und anschwitzen, bis sie duften. Tomaten einrühren und offen köcheln lassen, bis sie fast zerfallen. Mit Salz würzen. Die Koteletts mitsamt Marinade in den Bräter geben. Zugedeckt 30–40 Minuten schmoren, bis das Fleisch weich ist. Heiß servieren.

LAMB ULLI SARU

Lammcurry mit Pferdebohnen

ZUTATEN FÜR 4–6 PERSONEN

500 g Pferdebohnen (Indienladen), ersatzweise Saubohnen
1 kg Lammfleisch aus der Keule, grob gewürfelt
3 TL Pflanzenöl
3 kleine Zwiebeln, geschält
3 EL Mohnsamen
2 EL Sesamsamen
60 g Kokosraspel
50 g Tamarindenextrakt (Indienladen)
2 TL Sambar Masala (ind. Würzmischung, Indienladen)
Salz
1 EL Senfsamen
3 Knoblauchzehen, fein gehackt
5 rote Chilischoten
1 TL Curryblätter

- Die Pferdebohnen in 4 Litern Wasser in etwa 1 Stunde weich kochen. Abgießen und dabei 2 Liter Kochwasser auffangen.
- Das Kochwasser erneut erhitzen und das Lammfleisch einlegen.
- 1 Teelöffel Öl in einem Wok erhitzen. Zwiebeln, Mohnsamen, Sesamsamen und Kokosraspel darin anschwitzen, bis die Zwiebeln goldbraun werden. Wokinhalt in einen Mixer geben und zu einer glatten Paste verarbeiten. Gemeinsam mit Tamarindenextrakt zum Fleisch geben. Mit Sambar Masala und Salz würzen, das Ganze gut verrühren und halb zugedeckt etwa 1 Stunde köcheln lassen.
- Die Bohnen pürieren und untermischen. Das Curry nochmals 10 Minuten leise köcheln lassen.
- Restliches Öl im Wok erhitzen. Senfsamen, Knoblauch, Chilischoten und Curryblätter darin 2 Minuten anrösten. Die Mischung über dem Curry verteilen und alles servieren.

COUNTRY MUDDIYA MUTTAI

Eier im Hackfleischmantel

ZUTATEN FÜR 2–4 PERSONEN

500 ml Pflanzenöl
1 große Zwiebel, fein gehackt
500 g Lammhack
3 ½ TL Ingwer-Knoblauch-Paste (Fertigprodukt)
½ TL rotes Chilipulver
½ TL Garam Masala (Seite 25 oder Fertigprodukt)
Salz
2 EL frisch gehackter Koriander
4 hart gekochte Eier
Tomaten-Chutney zum Servieren

- 100 ml Öl in einer großen Pfanne erhitzen. Zwiebel und Lammhack darin anbraten. Ingwer-Knoblauch-Paste, Chili, Garam Masala, Salz und frischen Koriander untermengen. Das Hackfleisch unter mehrmaligem Rühren braten, bis es gar und krümelig ist.
- Die Eier schälen. Jeweils mit der Hackfleischmasse umhüllen und diese gut andrücken. Mit eingeölten Händen geht das am besten.
- Restliches Öl in einer Pfanne erhitzen und die Eier im Hackfleischmantel darin goldbraun ausbraten. Auf Küchenpapier abtropfen lassen.
- Heiß servieren und Tomaten-Chutney dazu reichen.

JHATPAT FOWL JHALFREZI

Schnelle Geflügelpfanne

ZUTATEN FÜR 4 PERSONEN

300 g Puten- oder Hühnerbrust
1 EL Pflanzenöl
1 TL Kreuzkümmelsamen
1 mittelgroße Zwiebel, in Streifen
½ TL Kurkumapulver
1 TL Ingwer-Knoblauch-Paste (Fertigprodukt)
1 rote Paprikaschote, in Streifen
4 grüne Chilischoten, entkernt und gehackt
1 EL Tomatenketchup
Salz
1 Tomate, in Scheiben
1 EL frisch gehackter Koriander

- Puten- oder Hühnerbrust in Streifen schneiden. Öl in einer Pfanne erhitzen. Kreuzkümmel, Zwiebel, Kurkuma, Ingwer-Knoblauch-Paste, Paprikaschote und Fleisch darin anbraten. Kräftig durchrühren.
- Grüne Chilischoten, Ketchup und Salz untermengen. Das Ganze unter gelegentlichem Rühren etwa 10 Minuten braten, bis das Fleisch gar ist.
- Tomatenscheiben und Koriander untermischen und die Pfanne vom Herd nehmen. Das Gericht mit Salz abschmecken und servieren.

MEENU TANGINAKAI SARU

Fisch in Kokosmilch

ZUTATEN FÜR 4–6 PERSONEN

1 kg Königsmakrelen oder roter Zackenbarsch
3 TL Pflanzenöl
1 TL schwarze Senfsamen
1 TL Bockshornkleesamen
3 mittelgroße Zwiebeln, in Ringen
3 TL frisch geriebener Ingwer
2 TL Curryblätter
½ TL Kurkumapulver
1 l Kokosmilch
200 g Tomaten, gewürfelt
Salz
4 grüne Chilischoten, entkernt und gehackt
Ingwerstreifen zum Garnieren

- Königsmakrelen oder Zackenbarsch vom Fischhändler in 5 cm dicke Scheiben schneiden lassen.
- Öl einer großen Pfanne erhitzen. Senfsamen und Bockshornkleesamen darin anrösten, bis das Öl spritzt. Zwiebeln, Ingwer, Curryblätter und Kurkuma einrühren. Hitze reduzieren und die Zwiebeln braten, bis sie weich sind.
- Kokosmilch zugeben und den Pfanneninhalt gut verrühren. Die Fischscheiben einlegen und das Ganze zum Kochen bringen.
- Tomaten untermengen. Den Fisch zugedeckt bei mittlerer Hitze etwa 20 Minuten garen. Das Curry mit Salz abschmecken. Die Chilischoten zufügen und das Ganze servieren. Mit Ingwerstreifen garnieren. Basmatireis dazu reichen.

VEGETABLE STEW

Gemüsetopf mit Kokosmilch

ZUTATEN FÜR 6–8 PERSONEN

4 mittelgroße Kartoffeln (ca. 500 g)
2 mittelgroße Karotten
½ Blumenkohl
½ grüne Paprikaschote
½ rote Paprikaschote
Salz
2 EL Pflanzenöl
1 TL Kreuzkümmelsamen
1 TL Bockshornkleesamen
500 g Zwiebeln, in Ringen
3 EL Ingwer-Knoblauch-Paste (Fertigprodukt)
2 TL Curryblätter
1 l Kokosmilch
1 TL Garam Masala (Seite 25 oder Fertigprodukt)
5 grüne Chilischoten

- Kartoffeln und Karotten schälen und würfeln. Blumenkohl putzen, waschen und Röschen teilen. Paprikaschoten putzen, waschen und würfeln. Alle Gemüsesorten jeweils in Salzwasser bissfest garen.
- Öl in einem großen Topf erhitzen. Kreuzkümmel- und Bockshornkleesamen darin anrösten, bis das Öl spritzt. Zwiebeln, Ingwer-Knoblauch-Paste und Curryblätter zufügen. Unter Rühren einige Sekunden anschwitzen. Vorgegartes Gemüse, Kokosmilch, Garam Masala und grüne Chilischoten zugeben.
- Das Ganze offen etwa 20 Minuten köcheln lassen, bis die Flüssigkeit auf die Hälfte reduziert ist. Dabei öfter umrühren.
- Mit Salz abschmecken und heiß servieren.

ULLI SARU

Bohnencurry

ZUTATEN FÜR 4–6 PERSONEN

500 g Pferdebohnen (Indienladen), ersatzweise Saubohnen
3 TL Pflanzenöl
100 g Frühlingszwiebeln, nur das Weiße, geschält
2 EL Mohnsamen
2 EL Sesamsamen
60 g Kokosraspel
50 g Tamarindenextrakt
2 TL Sambar Masala (ind. Würzmischung, Indienladen)
Salz
1 EL Senfsamen
3 Knoblauchzehen, fein gehackt
5 rote Chilischoten
1 TL Curryblätter

- Die Pferdebohnen in 4 Litern Wasser in etwa 1 Stunde weich kochen. Abgießen und dabei 2 Liter Kochwasser auffangen.
- 2 Teelöffel Öl in einem Wok erhitzen. Frühlingszwiebeln, Mohn- und Sesamsamen sowie Kokosraspel darin anrösten, bis die Zwiebeln goldbraun sind. Die Mischung kurz abkühlen lassen. Dann im Mixer zu einer glatten Paste verarbeiten.
- Das Bohnenkochwasser zum Kochen bringen. Gewürzpaste und Tamarindenextrakt einrühren. Mit Sambar Masala und Salz würzen. Die gekochten Bohnen zufügen und das Ganze 10 Minuten leise köcheln lassen.
- Restliches Öl im Wok erhitzen. Senfsamen, Knoblauch, Chilischoten und Curryblätter darin 2 Minuten anrösten. Die Mischung über dem Curry verteilen und alles servieren.

PULIYOGARE

Reis mit Tamarinde

ZUTATEN FÜR 4 PERSONEN

250 g Basmatireis
2 TL Sesamöl
1 TL Senfsamen
4 rote Chilischoten
1 TL Asant
2 TL Kichererbsenmehl
1 TL Curryblätter
50 g Tamarindenpaste
50 g Palmzucker oder brauner Zucker
Salz
50 g gesalzene Erdnüsse und 2 EL frisch gehackter Koriander zum Bestreuen

- Den Reis nach Packungsanleitung garen.
- Sesamöl in einem Topf erhitzen. Senfsamen, rote Chilischoten, Asant, Kichererbsenmehl und Curryblätter darin anrösten.
- Tamarindenpaste und Palmzucker oder braunen Zucker sowei Salz einrühren. Aufkochen lassen. Den gekochten Reis unterheben und gründlich mit der Würzmischung vermengen.
- Mit Erdnüssen und Koriander bestreuen und heiß servieren.

BISI BELE BHAT

Reis mit Gemüse

ZUTATEN FÜR 4–6 PERSONEN

500 g Basmatireis
250 g getrocknete Straucherbsen
3 TL Pflanzenöl
2 mittelgroße Zwiebeln, fein gehackt
200 g Karotten, gewürfelt
200 g Blumenkohl, in kleinen Röschen
200 g TK-Erbsen
200 g gelbe Paprikaschote, gewürfelt
200 g Tomaten, gewürfelt
2 TL Bisi-Bele-Gewürz (Indienladen)
1 TL rotes Chilipulver
2 TL Kurkumapulver
Salz
3 TL Tamarindenpaste
2 TL Palmzucker oder brauner Zucker

Für die Gewürzmischung:

1 EL Pflanzenöl
1 TL Senfsamen
10 Curryblätter
5 kleine Zimtstangen
1 TL Kreuzkümmelsamen
Samen von 5 grünen Kardamomkapseln
2 rote Chilischoten

Außerdem:

6 EL Erdnussöl
2 EL Cashewnüsse
70 g ungesalzene Erdnüsse

- Reis und Straucherbsen jeweils in einem Sieb waschen und 30 Minuten in Wasser einweichen. Anschließend abgießen.
- Öl in einem großen Topf erhitzen. Zwiebeln darin goldgelb braten. Alle Gemüsesorten zufügen und anschwitzen. 2,5 Liter Wasser angießen und zum Kochen bringen.
- Straucherbsen sowie Reis dazugeben und das Ganze etwa 40 Minuten köcheln lassen. Bisi-Bele-Gewürz, Chili- und Kurkumapulver, 2 Teelöffel Salz, Tamarindenpaste und Palmzucker einrühren.
- Erdnussöl in einer Pfanne erhitzen, bis an einem hineingehaltenen Holzstäbchen Blasen aufsteigen. Cashewnüsse und Erdnüsse im Öl etwa 1 Minute frittieren. Mit einem Schaumlöffel herausnehmen und abtropfen lassen.
- Für die Gewürzmischung das Öl in einem Wok erhitzen. Senfsamen, Curryblätter, Zimtstangen, Kreuzkümmelsamen, Kardamomsamen und Chilischoten darin anrösten, bis die Mischung stark duftet. Zum Reis geben und das Ganze 2 Minuten lang durchrühren.
- Mit frittierten Cashew- und Erdnüssen bestreuen und servieren.

BABY APPAM

Reispfannkuchen mit schwarzen Kichererbsen

ZUTATEN FÜR 6 PERSONEN

100 g schwarze Kichererbsen
400 g Reis
1 große Zwiebel, fein gehackt
4 grüne Chilischoten, entkernt und fein gehackt
1 TL frisch gehackter Koriander
Salz
Ghee zum Ausbacken
Kokosnuss-Chutney zum Servieren

- Kichererbsen und Reis separat über Nacht in Wasser einweichen. Am nächsten Tag abgießen und jeweils unter Zugabe von 1–2 Esslöffeln Wasser im Mixer pürieren. Die beiden Pürees vermengen und 4–5 Stunden ruhen lassen.
- Zwiebel, Chilischoten, Koriander und Salz vermischen. Unter die Kichererbsen-Reis-Masse heben. Sollte der Teig zu zäh sein, etwas Wasser zufügen.
- Eine Förtchenpfanne (Pfanne mit 4–7 runden Vertiefungen) erhitzen und jede Vertiefung mit Ghee ausstreichen. Jeweils einen Schöpflöffel Teig in eine Vertiefung geben und die Unterseite der Pfannkuchen in etwa 3 Minuten goldbraun ausbacken.
- Wenden und die andere Seite goldbraun backen. Vorgang wiederholen, bis der gesamte Teig verbraucht ist. Fertige Pfannkuchen bei 50 °C im Backofen warm halten.
- Die Pfannkuchen heiß servieren. Kokosnuss-Chutney dazu reichen.

APPAM

Reispfannkuchen mit Kokosmilch

ZUTATEN FÜR 6–8 PERSONEN

400 g Langkornreis
3 kleine Zwiebeln, sehr fein gehackt
1 EL Kreuzkümmelsamen
1 l Kokosmilch
1 Prise Salz
Ghee zum Ausbacken

- Den Reis 2 Stunden in reichlich Wasser einweichen. Anschließend abgießen und im Mixer zu einer Paste verarbeiten.
- In eine große Schüssel füllen und darin mit Zwiebeln, Kreuzkümmelsamen und etwas Wasser vermischen. Kokosmilch zufügen und vorsichtig untermengen. Die Masse 5 Stunden bei Zimmertemperatur ruhen lassen. Danach mit Salz würzen.
- Eine große, beschichtete Pfanne mit etwas Ghee ausstreichen und erhitzen. Eine Schöpfkelle Teig in die Pfanne geben und diese etwas schwenken, damit sich der Teig gleichmäßig verteilt. Einen Deckel auflegen und den Pfannkuchen etwa 2 Minuten bei sehr schwacher Hitze backen. Er sollte am Rand knusprig und dünn, aber in der Mitte dick und luftig sein. Aus der Pfanne nehmen und warm halten. Vorgang wiederholen, bis der gesamte Teig aufgebraucht ist.
- Die Pfannkuchen heiß servieren.

PATIALA

1. Shami Kebab 2. Jhatka Khada Masala
3. Murgh Musallam Laung Elaichi 4. Dahiwala Murgh
5. Burani Baigan 6. Aloo Tamatar 7. Tamatarwali Dal
8. Khatta Meetha Pulao 9. Seviyan

SHAMI KEBAB

Frittierte Lammfrikadellen

ZUTATEN FÜR 6–8 PERSONEN

1 Scheibe Weißbrot vom Vortag
1 ganze Knoblauchknolle
etwas Öl
100 g Ghee
250 g Zwiebeln, fein gehackt
7 schwarze Pfefferkörner
2 Lorbeerblätter
2 schwarze Kardamomkapseln
3 TL Korianderpulver
1 Prise rotes Chilipulver
1 kg mageres Lammhack
2 Eier
1 EL Joghurt
Salz
Pflanzenöl zum Frittieren

- Weißbrot in etwas Wasser einweichen. Knoblauchknolle oberhalb des Stiels abschneiden, sodass die Zehen sichtbar sind. Auf ein Stück Alufolie setzen, mit Öl beträufeln und 30 Minuten bei 160 °C im Ofen garen. Abkühlen lassen und die weichen Zehen herausdrücken.
- Ghee in einer großen Pfanne erhitzen und die Zwiebeln darin goldgelb braten. Pfefferkörner, Lorbeer, Kardamomkapseln, Koriander- und Chilipulver zufügen und kurz anrösten. Lammhack und Knoblauchzehen dazugeben und anbräunen. Vom Herd nehmen und abkühlen lassen.
- Die ganzen Gewürze entfernen. Pfanneninhalt in eine Schüssel geben. Weißbrot ausdrücken und gemeinsam mit Eiern, Joghurt und Salz zufügen. Das Ganze mit beiden Händen gründlich vermengen. Aus der Masse mit angefeuchteten Händen kleine Frikadellen formen.
- Reichlich Öl in einer großen Pfanne erhitzen. Die Frikadellen darin portionsweise auf beiden Seiten goldbraun frittieren. Auf Küchenpapier abtropfen lassen und sofort servieren.

JHATKA KHADA MASALA

Würziges Lammragout

ZUTATEN FÜR 6–8 PERSONEN

500 g Ghee
10–12 milde rote Chilischoten
4 Zimtstangen, je 2–3 cm lang
10–15 grüne Kardamomkapseln
2 Lorbeerblätter
6 Gewürznelken
1 kg Zwiebeln, in Ringen
2 EL Knoblauchpaste (Seite 18 oder Fertigprodukt), in 250 ml Wasser aufgelöst
2 kg Lammfleisch aus der Schulter, in mundgerechten Stücken
Salz
rotes Chilipulver
500 g Joghurt

- Ghee in einem Wok oder einer großen Pfanne erhitzen. Chilischoten, Zimtstangen, Kardamomkapseln, Lorbeer und Nelken darin einige Sekunden anschwitzen. Zwiebeln zufügen und goldbraun braten. 200 ml Wasser angießen, Wok oder Pfanne verschließen und das Ganze 10 Minuten köcheln lassen.
- Aufgelöste Knoblauchpaste einrühren und offen etwas einkochen lassen. Hitze erhöhen, Lammfleischstücke einlegen und 5 Minuten offen garen. Hitze reduzieren und das Fleisch zugedeckt gute 30 Minuten schmoren.
- Mit Salz und Chilipulver würzen. Den Joghurt glatt rühren, unterheben und das Fleisch zugedeckt in 15–20 Minuten weich garen.
- Deckel entfernen, Hitze erhöhen und das Ragout unter stetem Rühren einkochen, bis die gesamte Flüssigkeit fast verdampft ist. Heiß servieren und Basmatireis oder Fladenbrot dazu reichen.

MURGH MUSALLAM LAUNG ELAICHI

Süßsaures Huhn mit einem Hauch von Nelken und Kardamom

ZUTATEN FÜR 4–6 PERSONEN

1 kg Zwiebeln
100 g Ghee
20 milde rote Chilischoten
2 EL Knoblauchpaste (Seite 18 oder Fertigprodukt)
½ EL Gewürznelken
8 grüne Kardamomkapseln
1 kg Hühnerschenkel und -brüste
Salz
½ TL Nelkenpulver
¾ TL grünes Kardamompulver
3–4 EL Zitronensaft
3–4 EL Honig

- Zwiebeln schälen und fein hacken. Ghee in einer großen Pfanne oder einem Wok erhitzen und zwei Drittel der Zwiebeln sowie die Chilischoten hineingeben. Die Zwiebeln bei mittlerer Hitze goldbraun braten. Chilischoten und Zwiebeln mit einem Schaumlöffel herausheben und im Mörser oder Mixer zu einer Paste verarbeiten.
- Restliche Zwiebeln in Pfanne oder Wok anschwitzen. Knoblauchpaste mit 4 Esslöffeln Wasser verrühren und zufügen. Nelken und Kardamomkapseln einrühren. Hitze erhöhen und Hühnerschenkel und -brüste anbräunen. Das Fleisch salzen.
- Hitze reduzieren und Nelken- sowie Kardamompulver untermengen. Pfanne oder Wok verschließen und das Fleisch bei mittlerer Hitze 25 Minuten schmoren.
- Die Zwiebel-Chili-Paste untermengen und das Ganze nochmals 10–15 Minuten garen, bis das Fett an die Oberfläche steigt.
- Mit Salz, Zitronensaft und Honig abschmecken. Das Gericht in eine vorgewärmte Servierschüssel füllen und servieren.

DAHIWALA MURGH

Huhn in Joghurtsauce

ZUTATEN FÜR 4–6 PERSONEN

500 g Zwiebeln
100 g Ghee
2 schwarze Kardamomkapseln
6 schwarze Pfefferkörner
6 kleine Gewürznelken
4 grüne Kardamomkapseln
2 TL rotes Chilipulver
1 küchenfertiges Brathuhn (ca. 1 kg, in 8 Stücken)
Salz
1 kg Joghurt

- Zwiebeln abziehen und in feine Ringe schneiden. Ghee in einem Wok oder einer großen Pfanne erhitzen und die Zwiebeln darin goldgelb braten. Ganze Gewürze und Chilipulver zufügen und kurz anrösten.
- Hühnerteile einlegen und von allen Seiten anbräunen. Mit Salz würzen. Joghurt aufschlagen, dann zum Huhn geben. 5 Minuten vorsichtig umrühren, damit sich alle Aromen gut verbinden. Offen köcheln lassen, bis das Fett an die Oberfläche steigt.
- Wok oder Pfanne verschließen und das Hühnerfleisch in etwa 40 Minuten bei mäßiger Hitze weich garen. Ganze Gewürze entfernen. Die Sauce mit Salz abschmecken und alles servieren.

BURANI BAIGAN

Gebratene Auberginen mit Tomaten-Zwiebel-Sauce

ZUTATEN FÜR 4–6 PERSONEN

1 EL Kreuzkümmelpulver
2 große Auberginen
Mehl zum Bestäuben
125 ml Pflanzenöl
5 mittelgroße Zwiebeln
400 ml Tomatenpüree
1 TL Kurkumapulver
1 Prise rotes Chilipulver
½ TL Korianderpulver
½ TL Mangopulver
Salz
250 g Joghurt

- Das Kreuzkümmelpulver in einer Pfanne trocken rösten. Beiseitestellen.
- Die Auberginen waschen, trocken tupfen und quer in dicke Scheiben schneiden. Die Scheiben auf beiden Seiten mit Mehl bestäuben.
- Die Hälfte des Öls in einer großen Pfanne erhitzen. Die Auberginenscheiben darin portionsweise goldbraun braten. Auf Küchenpapier auf ein Backblech legen. Backofen auf 120 °C vorheizen.
- Zwiebeln abziehen und fein hacken. Restliches Öl in einer zweiten Pfanne erhitzen. Zwiebeln darin goldgelb braten. Tomatenpüree und alle Gewürze zufügen. Unter ständigem Rühren köcheln lassen, bis das Fett an die Oberfläche steigt. Die Sauce weiter köcheln lassen.
- Die Auberginenscheiben im Ofen etwa 7 Minuten erwärmen. Blech herausnehmen und die Scheiben auf einer vorgewärmten Platte arrangieren. Die Sauce jeweils als dicke Schicht auf jede Scheibe aufbringen.
- Joghurt aufschlagen und jeweils 1 Teelöffel davon auf die Sauce geben. Die Auberginenscheiben mit geröstetem Kreuzkümmelpulver bestreuen und servieren.

ALOO TAMATAR

Kartoffeln in Tomatensauce

ZUTATEN FÜR 6–8 PERSONEN

1 kg festkochende Kartoffeln
3 EL Pflanzenöl
100 g Ghee
2 Knoblauchzehen, durchgepresst
½ TL frisch geriebener Ingwer
250 ml Tomatenpüree
Salz
rotes Chilipulver
Saft von 1 Zitrone
6 grüne Chilischoten, aufgeschlitzt

- Kartoffeln in Wasser weich garen. Abgießen, abkühlen lassen, schälen und je nach Größe vierteln oder halbieren. Öl in einem Wok erhitzen und die Kartoffeln darin unter Rühren kräftig anbraten. Auf Küchenpapier abtropfen lassen.
- Ghee in einer Pfanne erhitzen. Knoblauch und Ingwer darin anschwitzen. Tomatenpüree einrühren und köcheln lassen, bis das Fett an die Oberfläche steigt.
- Kartoffeln zugeben. Mit Salz und Chilipulver würzen. Etwas Wasser einrühren und das Ganze zugedeckt 5 Minuten köcheln lassen.
- Zum Schluss Zitronensaft und grüne Chilischoten untermengen. Alles gut verrühren und heiß servieren.

TAMATARWALI DAL

Rote Linsen in Tomatensauce

ZUTATEN FÜR 4–6 PERSONEN

500 g rote Linsen
2 mittelgroße Zwiebeln
500 g Ghee
1 TL Knoblauchpaste (Seite 18 oder Fertigprodukt)
8 schwarze Pfefferkörner
1 Prise rotes Chilipulver
250 ml Tomatenpüree
1 TL Zucker
2 EL Ketchup
Saft von 2 Zitronen

- Die Linsen 30 Minuten in Wasser einweichen, dann abgießen.
- Die Zwiebeln abziehen und fein hacken. Ghee in einem Wok erhitzen und die Zwiebeln darin goldgelb braten.
- Knoblauchpaste mit 2 Teelöffeln Wasser verrühren und zufügen. Pfefferkörner und Chilipulver einrühren. Die Linsen dazugeben und anschwitzen, bis sie leicht weich sind. Tomatenpüree und so viel Wasser zugeben, bis eine dickflüssige Sauce entsteht.
- Die Linsen aufkochen lassen und dann bei milder Hitze zugedeckt 10 Minuten köcheln lassen.
- Zum Schluss Zucker, Ketchup und Zitronensaft untermengen. Das Linsengemüse heiß servieren.

KHATTA MEETHA PULAO

Süßsaurer Reis mit Huhn

ZUTATEN FÜR 4–6 PERSONEN

500 g Basmatireis
200 g Ghee
2 TL Knoblauchpaste (Seite 18 oder Fertigprodukt)
1 küchenfertiges Brathuhn (ca. 1 kg, in 8 Stücken)
Salz
1 kräftige Prise rotes Chilipulver
500 g Joghurt
150 g Mandeln, blanchiert, abgezogen und gehackt
150 g Sultaninen, gehackt
Saft von 4 Zitronen
150 g Zucker
1 Prise Safranfäden, in Milch eingeweicht

- Den Basmatireis nach Packungsanleitung garen.
- Während der Reis kocht, Ghee in einem großen Topf erhitzen. Knoblauchpaste mit 2 Teelöffeln Wasser verrühren und zufügen. Die Hühnerteile einlegen und von allen Seiten anbräunen. Mit Salz und Chilipulver würzen.
- Joghurt aufschlagen und gründlich untermischen. Mandeln und Sultaninen untermengen. Den gekochten Reis unterheben. Topf verschließen und das Ganze 10 Minuten bei mäßiger Hitze garen.
- Zitronensaft und Zucker einrühren. So lange köcheln lassen, bis sich der Zucker aufgelöst hat.
- Das Reisgericht kurz vor dem Servieren mit Safranmilch beträufeln.

SEVIYAN

Dessert mit Vermicelli

ZUTATEN FÜR 6–8 PERSONEN

200 g geröstete Vermicelli (dünne Reisnudeln, in indischen Lebensmittelläden erhältlich)
2 l Milch
100 g Kokospulver (fein geriebene Kokosraspel, in indischen Lebensmittelläden erhältlich)
200 g Zucker
Samen von 4 grünen Kardamomkapseln
50 g abgezogene und blanchierte Mandeln
50 g Sultaninen
1 TL Ghee
Mandelstifte zum Garnieren

Hinweis: Vermicelli sind bereits geröstet in indischen Läden erhältlich (geröstete Semiya Vermicelli). Bei diesem Rezept werden sie nochmals geröstet, um das Aroma zu verstärken. Anstelle von Mandelstiften können Sie auch gehackte Pistazien zum Garnieren verwenden.

- Die Vermicelli in einer beschichteten Pfanne bei mittlerer Hitze 2 Minuten anrösten. Milch zufügen und aufkochen lassen. Hitze reduzieren und die Milch etwa 30 Minuten köcheln lassen, bis sie cremig wird. Dabei häufig umrühren.
- Kokospulver und Zucker einrühren, dabei darauf achten, dass das Kokospulver keine Klümpchen bildet. Grüne Kardamomsamen untermengen und das Dessert nochmals 5 Minuten simmern lassen.
- Unterdessen die Mandeln und Sultaninen im Ghee anrösten. Beides unter die Vermicellimasse heben.
- Das Dessert auf 6–8 hübsche Schälchen verteilen. Mit Mandelstiften garnieren. Warm oder kalt servieren.

RAMPUR

1. Tar Korma 2. Raan Kebab 3. Tar Gosht
4. Nargisi Seekh Kebab 5. Do Goshta Biryani
6. Maash Ki Dal 7. Gulathi

TAR KORMA

Lamm mit Zwiebeln

ZUTATEN FÜR 6–8 PERSONEN

250 ml Pflanzenöl
1 ½ kg Zwiebeln, in Ringen
100 g Ingwer, geschält und in Scheiben
100 g Knoblauch, fein gehackt
2 kg Lammfleisch aus der Keule, in mundgerechten Stücken
Salz
4–6 rote Chilischoten
Samen von 5 schwarzen Kardamomkapseln
2 Lorbeerblätter
1 EL schwarze Pfefferkörner
1 TL Gewürznelken
2 TL Kreuzkümmelsamen
je 1 Prise frisch geriebene Muskatnuss, gemahlene Muskatblüte und Zimtpulver
200 g Joghurt
Korianderzweige zum Garnieren

- Öl in einem großen Topf mit schwerem Boden erhitzen. Zwiebeln, Ingwer und Knoblauch darin 2 Minuten anschwitzen. Das Fleisch und sämtliche Gewürze dazugeben. Das Ganze gut verrühren und zugedeckt bei mittlerer Hitze 30 Minuten schmoren. Dabei häufig umrühren.
- Sobald die Zwiebeln weich sind, Joghurt und 500 ml Wasser untermengen. Nochmals zugedeckt 15 Minuten köcheln lassen. Mit Korianderzweigen garnieren und servieren.

RAAN KEBAB

Gefüllte Lammkeule

ZUTATEN FÜR 6–8 PERSONEN

1 ½ kg Lammkeule
Salz
500 g Papayapaste
150 g Knoblauchpaste (Seite 18 oder Fertigprodukt)
1 TL Garam Masala (Seite 25 oder Fertigprodukt)
1 ½ TL Chilipulver

Für die Füllung:

500 g Lammhack
1 TL Chilipulver
1 TL Garam Masala (Seite 25 oder Fertigprodukt)
je 1 Prise frisch geriebene Muskatnuss, gemahlene Muskatblüte und gemahlenen Zimt
150 g Kichererbsenmehl, trocken geröstet
Salz

- Lammkeule von Fett und Sehnen befreien. Seitlich bis zum Knochen einschneiden, so dass eine Tasche entsteht. Mit Salz einreiben. Papaya- und Knoblauchpaste, Garam Masala und Chili vermengen. Lammkeule rundum mit der Mischung bestreichen und 2–3 Stunden marinieren.
- Backofen auf 250 °C vorheizen. Alle Zutaten für die Füllung gründlich vermischen. Mit Salz würzen. In die Tasche füllen und die Öffnung mit Küchengarn zunähen.
- Die Keule auf ein tiefes Backblech legen und 1 Stunde im Ofen garen. Nach 30 Minuten wenden. Alternativ die Keule über Holzkohle grillen.

TAR GOSHT

Cremiges Lammcurry

ZUTATEN FÜR 6–8 PERSONEN

Für den Fond:

1 kg Lammhaxen
Salz

500 ml Pflanzenöl
2 Lorbeerblätter
5 Gewürznelken
Samen von 4 grünen Kardamomkapseln
500 g Zwiebeln, fein gehackt
1 ½ EL Ingwerpaste (Seite 18 oder Fertigprodukt)
1 ½ EL Knoblauchpaste (Seite 18 oder Fertigprodukt)
2 kg Lammfleisch aus der Keule, in mundgerechten Stücken
250 g Zwiebelpaste (Fertigprodukt)
200 g Joghurt
3 ½ EL Garam Masala (Seite 25 oder Fertigprodukt)
Salz
3 TL gelbes Chilipulver
3 TL rotes Chilipulver
1 TL Kurkumapulver
3 EL Korianderpulver

- Für den Fond Lammhaxen waschen, in einen großen Topf geben und 1,5 Liter Wasser angießen. Zum Kochen bringen, abschäumen, salzen und halb zugedeckt 3 Stunden köcheln lassen. Anschließend den Fond abseihen.
- Öl in einem großen Topf erhitzen. Lorbeer, Nelken und Kardamom kurz darin anschwitzen. Zwiebeln zufügen und goldgelb braten. Topfinhalt mit einem Schaumlöffel herausnehmen und zu einer Paste verarbeiten.
- Öl erneut erhitzen. Ingwer- und Knoblauchpaste einige Minuten darin anschwitzen. Fleisch, restliche Zutaten, Gewürz-Zwiebel-Paste und Lammfond zugeben. Unter stetem Rühren kochen lassen, bis das Fett an die Oberfläche steigt.
- So viel Wasser angießen, bis das Fleisch gerade bedeckt ist und das Ganze zugedeckt 40 Minuten köcheln lassen.

NARGISI SEEKH KEBAB

Hackfleischröllchen mit Ei

ZUTATEN FÜR 6–8 PERSONEN

20 Holzspieße
1 kg Lammhack
je 1 kräftige Prise gemahlene Muskatnuss, Muskatblüte und gemahlenen Zimt
1 TL Garam Masala (Seite 25 oder Fertigprodukt)
einige Safranfäden, in 1 TL Kewrawasser aufgelöst
100 g geröstetes Kichererbsenmehl
500 g angeschwitzte Zwiebelpaste
1 ½ EL Ingwerpaste (Seite 18 oder Fertigprodukt)
1 ½ EL Knoblauchpaste (Seite 18 oder Fertigprodukt)
3 ½ EL Papayapaste
100 ml Pflanzenöl
1 TL gelbes Chilipulver
Salz
8 hart gekochte Eier

- Die Holzspieße in kaltem Wasser einweichen. Hackfleisch in eine große Schüssel geben und darin mit allen restlichen Zutaten bis auf die Eier gut vermengen.
- Aus der Masse mit eingeölten Händen etwa 15 cm lange Röllchen formen. Holzspieße aus dem Wasser nehmen und die Röllchen darauf stecken.
- Eier schälen, in Scheiben schneiden und das Eigelb entfernen. Die Eiweißringe in regelmäßigem Abstand auf den Röllchen anbringen. Die Hackfleischspieße über Holzkohle oder unter dem Backofengrill goldbraun und knusprig grillen.

DO GOSHTA BIRYANI

Lamm-Pulao mit Fleischbällchen

ZUTATEN FÜR 6–8 PERSONEN

Für den Lammfond:

1 kg Lammfleisch aus der Schulter, in großen Stücken
500 g Lammhaxen, gewaschen
Salz
50 g Fenchelsamen
50 g Koriandersamen
50 g frischer Ingwer, geschält
2 Knoblauchknollen, geschält
1 Zwiebel, geschält
4 Lorbeerblätter

Für das Pulao:

200 g Ghee
2 TL Kreuzkümmelsamen
½ TL Nelken
1 TL schwarze Pfefferkörner
5 schwarze Kardamomkapseln
2 Lorbeerblätter
1 Zimtstange, 2–3 cm lang
1 große Zwiebel, gehackt
3 EL Knoblauchpaste (Seite 18 oder Fertigprodukt)
3 EL Ingwerpaste (Seite 18 oder Fertigprodukt)
1 EL grüne Chilischoten, fein gehackt
100 g Joghurt
Salz
1 kg Basmatireis, 1 Stunde in Wasser eingeweicht
einige Safranfäden, in 1 TL Kewrawasser aufgelöst

Für die Fleischbällchen:

500 g Lammhack
1 TL Salz
2 TL Knoblauchpaste (Seite 18 oder Fertigprodukt)
2 TL Ingwerpaste (Seite 18 oder Fertigprodukt)
1 TL Chilipulver
1 TL Garam Masala (Seite 25 oder Fertigprodukt)
je 1 Prise gemahlene Muskatnuss, Muskatblüte und gemahlenen Zimt
250 g braune Zwiebelpaste
100 g geröstetes Kichererbsenmehl
250 ml Pflanzenöl

- Für den Fond Fleisch und Haxen in einen großen Topf geben. 2 Liter Wasser und 2 Teelöffel Salz zugeben. Zum Kochen bringen. Fenchel- und Koriandersamen, Ingwer, Knoblauchknollen, Zwiebel und Lorbeerblätter in ein großes Gewürzsäckchen geben und zufügen. Das Ganze halb zugedeckt 1 Stunde köcheln lassen. Den Fond abseihen, das Fleisch beiseitestellen, Haxen und Gewürze wegwerfen.
- Für das Pulao Ghee in einem großen Topf mit schwerem Boden erhitzen. Die Gewürze darin anrösten. Zwiebel zugeben und goldbraun braten. Gekochtes Fleisch, Knoblauch- und Ingwerpaste, grüne Chilischoten und Joghurt dazugeben. Das Ganze 10 Minuten unter stetem Rühren kräftig anbraten. Den Fond angießen und zum Kochen bringen. Mit Salz würzen. Den abgetropften Reis einrühren. Den Topf verschließen und das Pulao 15 Minuten bei mäßiger Hitze garen.
- Inzwischen alle Zutaten für die Fleischbällchen bis auf das Öl gut vermengen. Aus der Masse kleine Bällchen formen und diese in heißem Öl portionsweise goldbraun braten.
- Das Pualo auf eine vorgewärmte Servierplatte geben und mit Safranmischung beträufeln. Die Fleischbällchen auf dem Reis verteilen und alles servieren.

Hinweis: Pulao *bezeichnet ein Gericht, bei dem Reis zusammen mit Fleisch oder Gemüse gegart wird.*

MAASH KI DAL

Schwarze Kichererbsen mit Chili

ZUTATEN FÜR 6–8 PERSONEN

1 kg schwarze Kichererbsen
1 l Milch
1 TL Salz
3–4 rote Chilischoten
100 g frischer Ingwer, geschält und in dünnen Stiften
Ingwerstreifen, gehackte Minze und gebratene Zwiebelringe zum Garnieren

Für die Würzmischung:

½ TL Ghee
2 rote Chilischoten
2 mittelgroße Zwiebeln, in Ringen
1 TL Kreuzkümmelsamen

- Die Kichererbsen 30 Minuten in reichlich Wasser einweichen. Dann abgießen.
- Die Milch in einem großen Topf zum Kochen bringen. Kichererbsen, Salz, Chilischoten und Ingwer zufügen. Die Hülsenfrüchte halb zugedeckt etwa 1 Stunde bei mäßiger Hitze garen, bis sie weich sind und die Milch nahezu verkocht ist.
- 10 Minuten vor Ende der Garzeit das Ghee in einer Pfanne erhitzen. Chilischoten und Zwiebeln darin anschwitzen. Sobald die Zwiebeln braun werden, die Kreuzkümmelsamen einrühren. Die Mischung unter die Kichererbsen mengen.
- Die Kichererbsen in eine vorgewärmte Schüssel füllen. Mit Ingwerstreifen, gehackter Minze und gebratenen Zwiebelringen garnieren.

GULATHI

Süßer Reispudding

ZUTATEN FÜR 6 PERSONEN

3 l Milch
300 g Reismehl (Bioladen)
100 g Kokosmehl (Bioladen)
500 g weiches Karamell (Fertigprodukt, möglichst hochwertig)
500 g Puderzucker, gesiebt
2 EL grünes Kardamompulver
250 g Ghee
1 TL Rosenwasser
1 Prise Safranfäden
gehackte Mandeln und Pistazien zum Garnieren

- Die Milch in einem großen Topf erhitzen. Einige Minuten köcheln lassen, dann das Reismehl zufügen und unter stetem Rühren 5–8 Minuten köcheln lassen.
- Kokosmehl, Karamell, Puderzucker und Kardamompulver zugeben. Unter Rühren köcheln lassen, bis sich das Karamell aufgelöst hat und eine cremige Masse entstanden ist. Ghee, Rosenwasser und Safran gründlich untermengen. Ständig rühren, damit die Masse nicht am Topfboden ansetzt.
- Den Reispudding in irdene Schalen (verstärkt das Aroma der Zutaten) oder Dessertschalen füllen und abkühlen lassen. Vor dem Servieren mit gehackten Mandeln und Pistazien bestreuen.

SAILANA

1. Machchi Kebab Sailana 2. Goolar Kebab
3. Korma Khade Masale Ka 4. Kalia Shafak Sheer
5. Murgh Mumtaz Mahal 6. Murgh Musallam Do Rukha Seekh Par
7. Biryani Reshmi 8. Mewe Ki Biryani 9. Sailana Dal
10. Makki Ki Phirni 11. Aloo Ka Rajai Salan

MACHCHI KEBAB SAILANA

Fischfrikadellen

ZUTATEN FÜR 6 PERSONEN

175 g Zwiebeln, fein gehackt
3 EL Essig
1 EL frisch geriebener Ingwer
4 grüne Chilischoten, entkernt und gehackt
3 EL frisch gehackter Koriander
4 TL Salz
500 g festes Fischfilet ohne Haut und Gräten, z.B. Weißling oder Schellfisch
2 Eier
200 g Semmelbrösel
100 g Ghee zum Ausbacken

- Die Zwiebeln in einen tiefen Teller geben und 1 Stunde im Essig einweichen. Dann Ingwer, Chilischoten, Koriander und Salz gründlich untermengen.
- Das Fischfilet in 8 x 8 cm große Stücke schneiden. Beidseitig mit der Zwiebelmischung bestreichen. Die Eier in einem tiefen Teller verquirlen. Semmelbrösel in einen tiefen Teller geben.
- Die Fischstücke einzeln durch die Eimasse ziehen und auf beiden Seiten vorsichtig in die Semmelbrösel drücken. Die Panade leicht festdrücken. 30 Minuten ruhen lassen, damit sich die Panade etwas verfestigt.
- Das Ghee in einer großen Pfanne mittelstark erhitzen und die Fischfrikadellen darin portionsweise 8–10 Minuten braten, bis sie auf beiden Seiten goldbraun sind. Mit einem Schaumlöffel herausnehmen und auf Küchenpapier abtropfen lassen. Sofort servieren.

GOOLAR KEBAB

Gefüllte Lammbällchen im Mohnmantel

ZUTATEN FÜR 8–10 PERSONEN

100 g Kichererbsen
1 kleine Zwiebel
500 g Lammhack aus Keule oder Schulter
4 TL Salz
1 kräftige Prise Chilipulver
1 TL frisch geriebener Ingwer
60 g Joghurt
2 TL Garam Masala (Seite 25 oder Fertigprodukt)

Für die Füllung:

2 kleine Zwiebeln, fein gehackt
2 grüne Chilischoten, entkernt und fein gehackt
2 EL frisch gehackte Minze
2 TL Zitronensaft

Außerdem:

1 verquirltes Ei
100 g Mohnsamen
Ghee zum Ausbacken

- Kichererbsen im Mixer oder Mörser grob zerreiben. Zwiebel abziehen, grob hacken und im Mörser zerreiben und mit Hackfleisch, Kichererbsen, Salz, Chilipulver und Ingwer in einen Topf geben. 1,6 Liter Wasser angießen, gut umrühren und das Ganze 1 Stunde halb zugedeckt köcheln lassen.
- Dann offen garen, bis das Wasser verdampft ist. Topfinhalt pürieren und in einer Schüssel mit Joghurt und Garam Masala vermischen. Die Masse in 20 Portionen teilen.
- Zutaten für die Füllung gut vermengen. Aus den Hackportionen flache Frikadellen formen. Jeweils eine Mulde in die Mitte drücken und ½ Teelöffel Füllung hineingeben. Mit angefeuchteten Händen kleine Bällchen formen. Diese durch die Eimasse ziehen und in Mohnsamen wälzen.
- Reichlich Ghee in einer großen Pfanne mittelstark erhitzen und die Fleischbällchen darin portionsweise rundum goldbraun braten. Mit einem Schaumlöffel herausnehmen und auf Küchenpapier abtropfen lassen. Sofort servieren.

KORMA KHADE MASALE KA

Lamm in würziger Sauce

ZUTATEN FÜR 4–6 PERSONEN

500 g Lammkeule mit Knochen, in mundgerechten Stücken
150 g Ghee
Samen von 4 schwarzen Kardamomkapseln
10 Nelken
2 Lorbeerblätter
1 mittelgroße Zwiebel, fein gehackt
120 g Joghurt
Salz
2 TL Chilipulver
3 rote Chilischoten, entkernt und gehackt
2 EL Koriandersamen
1 ½ TL Kreuzkümmelsamen
½ EL frisch geriebener Ingwer
100 g Perlzwiebeln oder Schalotten, geschält
6 Knoblauchzehen, geschält
4 grüne Chilischoten, halbiert
225 g TK-Erbsen
1 Prise Safranfäden, in Wasser aufgelöst
1 EL Zitronensaft
1 EL frisch gehackter Koriander
4 hart gekochte Eier

- Lammfleisch von etwaigen Sehnen und Fett befreien. Ghee in einem Wok oder großen Topf erhitzen. Kardamom, Nelken und Lorbeer kurz darin anrösten. Die Zwiebel zufügen und goldbraun braten. Fleisch, Joghurt, 1 Teelöffel Salz, Chilipulver und -schoten zugeben. Koriander- und Kreuzkümmelsamen im Mörser zerreiben und gemeinsam mit Ingwer untermischen.
- 200 ml Wasser angießen, das Ganze gründlich vermengen und das Fleisch zugedeckt in etwa 40 Minuten weich garen. Eventuell noch etwas Wasser zufügen.
- Perlzwiebeln oder Schalotten, Knoblauchzehen und grüne Chilischoten unterheben. Das Gericht bei milder Hitze schmoren, bis die Perlzwiebeln oder Schalotten weich sind. Unterdessen die Erbsen in wenig Salzwasser garen, sie sollten nicht zu weich sein.
- Das Fleisch mit Salz abschmecken. Erbsen, Safranwasser, Zitronensaft und frischen Koriander unterrühren. Die Eier schälen und in dicke Scheiben schneiden. Das Gericht in eine vorgewärmte Schüssel geben und mit Eischeiben garnieren.

KALIA SHAFAK SHEER

In Milch gegarte Lammschulter

ZUTATEN FÜR 4–6 PERSONEN

140 g Ghee
Samen von 3 schwarzen Kardamomkapseln
6 schwarze Pfefferkörner
2 kleine Zwiebeln, in dünnen Ringen
500 g Lammschulter ohne Knochen, grob gewürfelt
½ TL rotes Chilipulver
4 TL Salz
2 TL frisch geriebener Ingwer
1 l Milch
1 EL gemahlenen Mandeln
1 EL Reismehl (Bioladen)
1 EL Koriandersamen, im Mörser zerrieben
1 TL Garam Masala (Seite 25 oder Fertigprodukt)
3 kleine Gewürznelken
1 EL frisch gehackter Koriander zum Garnieren

- 100 g Ghee in einem großen Topf erhitzen. Kardamomsamen und Pfefferkörner kurz darin anrösten. Zwiebeln zufügen und goldgelb braten. Das Fleisch einlegen und rundum anbräunen. Mit Chilipulver, Salz und Ingwer würzen.
- Kräftig durchrühren. 100 ml Wasser angießen und unter Rühren verkochen lassen. Vorgang wiederholen.
- Milch, Mandeln, Reismehl und Koriandersamen zugeben. Das Ganze gut verrühren und dann zugedeckt bei mittlerer Hitze 45 Minuten köcheln lassen. Garam Masala unterrühren.
- Restliches Ghee in einer Pfanne erhitzen und die Gewürznelken darin braun rösten. Unter das Fleisch mischen. Das Gericht mit frischem Koriander bestreuen und servieren.

MURGH MUMTAZ MAHAL

Festliches Hähnchengericht

ZUTATEN FÜR 4–6 PERSONEN

150 g Ghee
2 kleine Zwiebeln, in dünnen Ringen
1 TL frisch geraspelter Ingwer
500 g Hähnchenbrust, in großen Stücken
3 Stück weiches Karamell (Fertigprodukt, möglichst hochwertig)
1 Prise rotes Chilipulver
1 TL Koriandersamen, im Mörser zerrieben
1 TL Kreuzkümmelsamen
120 g Joghurt
4 TL Salz
2 EL Cashewnüsse
Samen von 4 grünen Kardamomkapseln
1 EL Kewrawasser oder Rosenwasser
1 EL Zitronensaft
1 Prise Safranfäden, in Wasser eingeweicht

- Ghee in einer großen Pfanne erhitzen und die Zwiebeln darin goldbraun braten. Mit einem Schaumlöffel herausnehmen und im Mörser zerreiben. Ingwer im Fett rösten und dann ebenfalls im Mörser zerreiben.
- Die Hühnerbruststücke in die Pfanne legen und mit einer Gabel einstechen. Karamell zerbröseln und gemeinsam mit Chilipulver, Koriander- und Kreuzkümmelsamen zugeben. Das Ganze gut vermengen. 300 ml Wasser angießen und das Fleisch zugedeckt bei mittlerer Hitze etwa 30 Minuten garen.
- Joghurt und Salz zufügen. Die Cashewnüsse mit etwas Wasser im Mörser zerreiben; Kardamomsamen ebenfalls im Mörser zerreiben. Beides zum Fleisch geben. Kewra- oder Rosenwasser, Zitronensaft und Safran untermengen. Offen köcheln lassen, bis die gesamte Flüssigkeit verdampft und das Fleisch schön weich ist. Zum Schluss die geriebenen Zwiebeln und den Ingwer untermischen.

MURGH MUSALLAM DO RUKHA SEEKH PAR

Mit Papaya mariniertes und gefülltes Brathuhn

ZUTATEN FÜR 4–6 PERSONEN

1 küchenfertiges Huhn, ca. 1 kg
500 g Papaya
150 g Joghurt
30 g Kichererbsen
Salz
4 EL Ghee
120 g Lammhack
4 rote getrocknete Chilischoten, zerrieben
1 ½ TL Koriandersamen, zerrieben
¾ TL Kreuzkümmelsamen
1 EL zerriebene Zwiebel
1 TL durchgepresste Knoblauchzehe
1 TL Garam Masala (Seite 25 oder Fertigprodukt)
1 EL Zitronensaft
4 hart gekochte Eier, grob gehackt
1 EL abgezogene Mandeln, grob gehackt
1 EL Sultaninen, grob gehackt
7 EL geriebene Kokosnuss
8 grüne Chilischoten, fein gehackt
2 TL frisch geriebener Ingwer
2 TL frisch gehackte Minze
2 Zwiebeln, fein gehackt
Salatblätter zum Servieren

- Das Huhn innen und außen waschen, trocken tupfen und enthäuten. Dann mit Küchengarn binden und das Fleisch mehrmals mit einer Gabel einstechen. Papaya schälen, halbieren, entkernen und das Fruchtfleisch auf einer Reibe fein reiben. Das Huhn rundherum mit dem Fruchtmus bestreichen und 12 Stunden im Kühlschrank marinieren. Am nächsten Tag das Fruchtmus mit einem Küchentuch entfernen.
- 120 g Joghurt in ein mit einem Tuch ausgelegtes Sieb geben und 2 Stunden abtropfen lassen. Kichererbsen trocken rösten und dann im Mörser fein zerreiben. Gemeinsam mit 2 Teelöffel Salz unter den abgetropften Joghurt mengen.
- 2 Esslöffel Ghee in einer Pfanne erhitzen. Hackfleisch, restlichen Joghurt, rote Chilischoten, 2 Teelöffel Salz, Koriander- und Kreuzkümmelsamen, geriebene Zwiebel und Knoblauch zufügen. Das Ganze unter stetem Rühren kräftig anbraten. 400 ml Wasser angießen und das Hackfleisch offen köcheln lassen, bis es gar und das gesamte Wasser verdampft ist. Garam Masala und Zitronensaft unterrühren. Eier, Mandeln, Sultaninen, Kokosnuss, grüne Chilischoten, Ingwer und Minze unterheben.
- Restliches Ghee in einer zweiten Pfanne erhitzen und die Zwiebeln darin goldgelb braten. Mit einem Schaumlöffel herausnehmen und im Mörser grob zerdrücken. Zum Hackfleisch geben. Ghee aus der Pfanne aufbewahren.
- Backofen auf 200 °C vorheizen. Das Huhn mit der Hackfleischmischung füllen. Die Körperhöhle mit zwei Zahnstochern zustecken. Das Huhn rundherum mit der Joghurt-Kichererbsen-Mischung bestreichen und auf einen Bratrost legen.
- Den Bratrost über einer Fettpfanne in den Ofen schieben und das Huhn etwa 1 Stunde braten. Dabei mehrmals wenden und mit dem Ghee aus der Pfanne beträufeln.
- Das Huhn aus dem Ofen nehmen, vom Küchengarn befreien und auf Salatblättern servieren. Erst bei Tisch tranchieren.

BIRYANI RESHMI

Lamm-Reis-Auflauf

ZUTATEN FÜR 8–10 PERSONEN

1 kg Basmatireis
Salz
250 g Ghee
1 kg Lammfleisch aus der Schulter, gewürfelt
350 g Joghurt
3 kleine, getrocknete rote Chilischoten, zerrieben
4 TL frisch geriebener Ingwer
3 EL Koriandersamen, zerrieben
2 EL Kichererbsenmehl
¾ TL Kreuzkümmelsamen, zerrieben
½ TL Schwarzkümmelsamen, zerrieben
½ TL Nelkenpulver
Samen von 3 schwarzen Kardamomkapseln, zerrieben
1 Prise Safran, in warmem Wasser aufgelöst
Ghee für die Pfanne
2 EL Kewrawasser
360 ml Milch

- Den Reis 1 Stunde in Wasser einweichen. Anschließend in reichlich Salzwasser weich garen. In ein Sieb abgießen, abtropfen lassen und auf einem großen Teller abkühlen lassen.
- Das Ghee in einer großen Pfanne erhitzen. Lammfleisch, Joghurt, 2 Teelöffel Salz, rote Chilischoten und Ingwer zufügen. Unter Rühren anbraten, bis die Flüssigkeit des Joghurts verdampft und das Fleisch gebräunt ist. 150 ml Wasser angießen und das Fleisch zugedeckt bei mittlerer Hitze in etwa 40 Minuten weich garen.
- Koriandersamen, Kichererbsenmehl, Kreuz- und Schwarzkümmel, Nelkenpulver, schwarzen Kardamom und Safran einrühren. Das Ganze halb zugedeckt simmern lassen, bis das gesamte Wasser verdampft ist.
- Gekochten Reis in 4 Portionen teilen. Eine große Pfanne mit schwerem Boden dünn mit Ghee ausstreichen. Eine Portion Reis darin verteilen. Kewrawasser mit Milch verquirlen und den Reis damit beträufeln. Die Hälfte des Fleisches darüber schichten. Mit 2 Portionen Reis bedecken und diesen mit der Milchmischung beträufeln. Das restliche Fleisch darüber schichten. Mit der letzten Portion Reis abschließen und die restliche Milchmischung darüber träufeln.
- Ein feuchtes Leinentuch über den Reis legen und den Topf verschließen. Den Auflauf erhitzen, bis Dampf aufsteigt, dann bei geringer Hitze 30 Minuten garen.

MEWE KI BIRYANI

Reisauflauf mit Lamm, Mandeln und Pistazien

ZUTATEN FÜR 8–10 PERSONEN

1 kg Basmatireis
Salz
100 g Ghee
2 mittelgroße Zwiebeln, in Ringen
1 kg Lammhack aus Schulter oder Keule
6 getrocknete rote Chilischoten, zerrieben
4 TL Korianderpulver
2 Knoblauchzehen, durchgepresst
2 TL frisch geriebener Ingwer
120 g Joghurt
1 TL Garam Masala (Seite 25 oder Fertigprodukt)
3 EL abgezogene Mandeln, gehackt
3 EL Pistazien, gehackt
4 EL Zitronensaft
Ghee zum Ausstreichen
250 ml Milch
2 EL Kewrawasser

- Den Reis 1 Stunde in Wasser einweichen. Anschließend in reichlich Salzwasser weich garen. In ein Sieb abgießen, abtropfen lassen und auf einem großen Teller abkühlen lassen.
- Das Ghee in einer großen Pfanne erhitzen. Die Zwiebelringe darin goldgelb braten. Hackfleisch, 4 Teelöffel Salz, rote Chilischoten, Korianderpulver, Knoblauch, Ingwer und Joghurt zufügen. Das Ganze unter stetem Rühren braten, bis das Hackfleisch krümelig und goldbraun ist. 150 ml Wasser zufügen und das Ganze zugedeckt 10 Minuten köcheln lassen. Offen weitergaren, bis das Wasser verdampft ist. Garam Masala untermengen.
- In einer Schüssel Mandeln, Pistazien und Zitronensaft vermischen. Einen Topf mit schwerem Boden mit Ghee ausstreichen.
- Den Topfboden mit einer Schicht Reis bedecken. Milch mit Kewrawasser verquirlen und den Reis mit einem Drittel der Milch beträufeln. Die Hälfte des Hackfleischs auf dem Reis verteilen. Eine Lage Reis darüber schichten und diese mit einem weiteren Drittel Milch beträufeln. Die Hälfte der Mandel-Pistazien-Mischung auf den Reis geben. Vorgang wiederholen und mit einer Schicht Reis abschließen. Mit der restlichen Milch beträufeln.
- Ein feuchtes Leinentuch über den Reis legen und den Topf verschließen. Den Auflauf erhitzen, bis Dampf aufsteigt, dann bei geringer Hitze 30 Minuten garen.

SAILANA DAL

Linsen mit Kreuzkümmel und Asant

ZUTATEN FÜR 6–8 PERSONEN

250 g Ghee
3 Knoblauchzehen, gehackt
1 Prise Asant
1 kg gelbe Linsen
2 TL Salz
½ TL rotes Chilipulver
1 TL Kurkumapulver
½ TL Natron
1 EL Palmzucker
8 grüne Chilischoten
3 TL Kreuzkümmelsamen, zerrieben
3 EL Zitronensaft
2 EL frisch gehackter Koriander

- Ghee in einem großen Topf erhitzen und den Knoblauch darin anschwitzen. Asant in etwas Wasser auflösen und zufügen. 3 Liter Wasser angießen und zum Kochen bringen. Linsen, Salz, Chili, Kurkuma, Natron, Palmzucker und grüne Chilischoten einrühren.
- Den Topf verschließen, die Hitze reduzieren und die Linsen in etwa 15 Minuten weich garen. Kreuzkümmel, Zitronensaft und Koriander untermischen. Heiß servieren.

MAKKI KI PHIRNI

Maispudding

ZUTATEN FÜR 6–8 PERSONEN

500 g Zuckermais (aus der Dose)
500 ml Milch
250 g Zucker
½ TL Kardamompulver
120 g Sahne

- Zuckermais abtropfen lassen und im Mörser zu einer glatten Paste verarbeiten.
- In eine Schüssel geben und darin gründlich mit Milch, Zucker und Kardamom vermischen. Durch ein feines Sieb in einen Topf seihen.
- Die Mischung langsam erhitzen und dabei ständig rühren, damit sich keine Klümpchen bilden. Sobald die Masse bindet, vom Herd nehmen und abkühlen lassen.
- Die Sahne unterrühren. Den Pudding kalt servieren.

ALOO KA RAJAI SALAN

Würzige Kartoffeln

ZUTATEN FÜR 6–8 PERSONEN

1 kg große, festkochende Kartoffeln
2 mittelgroße Zwiebeln
100 g Ghee
2 TL Kurkumapulver
2 kleine, getrocknete Chilischoten
1 EL Koriandersamen
2 TL schwarze Pfefferkörner
1 TL Samen von grünen Kardamomkapseln
2 Gewürznelken
4 TL Salz
120 g Joghurt

- Die Kartoffeln schälen, waschen, längs halbieren und mehrmals mit einem Zahnstocher einstechen. Die Zwiebeln schälen und in dünne Ringe schneiden.
- Ghee in einem Wok oder einer großen Pfanne erhitzen und die Zwiebelringe darin goldbraun braten. Mit einem Schaumlöffel herausnehmen und im Mörser fein zerreiben.
- Kurkumapulver im Ghee unter Rühren dunkel anrösten. Das Ghee durch ein feines Tuch abseihen. Wok oder Pfanne mit einem Küchentuch säubern und das abgeseihte Ghee erneut darin erhitzen.
- Die Kartoffelhälften darin bei milder Hitze von allen Seiten goldbraun braten.
- Inzwischen Chilischoten, Koriandersamen, Pfefferkörner, Kardamomsamen und Nelken im Mörser fein zerreiben.
- Kartoffelhälften herausnehmen und die zerriebene Gewürzmischung gemeinsam mit Salz im Ghee kurz anrösten. Kartoffeln, zerriebene Zwiebeln und Joghurt zufügen. Das Ganze zugedeckt bei milder Hitze etwa 20 Minuten garen, bis die Kartoffeln weich sind. Sofort servieren.

TRIPURA

1. Mach Peetha 2. Desi Murgh 3. Chunga Bejong
4. Pork Musadang 5. Aloo Phak 6. Aloo Jhol
7. Gudak 8. Chakhui 9. Maimi 10. Chunga Peetha

MACH PEETHA

Mit Fisch gefüllte Teigtaschen

ZUTATEN FÜR 4–6 PERSONEN

800 g Weißfischfilet ohne Haut
Salz
2 EL Pflanzenöl
1 große Zwiebel, fein gehackt
2 TL Knoblauchpaste (Seite 18 oder Fertigprodukt)
2 TL Ingwerpaste (Seite 18 oder Fertigprodukt)
1 Msp. rote Chilipaste
1 TL Korianderpulver
1 TL Kreuzkümmelpulver
½ TL Garam Masala (Seite 25 oder Fertigprodukt)
Öl zum Ausbacken

Für den Teig:

500 g Mehl Type 405
250 g Ghee

- Das Weißfischfilet in wenig Salzwasser 5 Minuten garen. Herausnehmen, sorgfältig entgräten und zerpflücken.
- Öl in einer Pfanne erhitzen und die Zwiebel darin goldgelb braten. Alle Gewürze zufügen und unter Rühren 1 Minute anrösten. Zerpflückten Fisch zugeben und mit Salz würzen. Das Ganze gut vermengen und bei sanfter Hitze ziehen lassen.
- Für den Teig das Mehl in eine Schüssel sieben. Ghee mit den Fingern unterarbeiten. So viel Wasser zufügen, bis ein glatter Teig entsteht. In kleine Portionen teilen und jede Portion zu einem etwa 1 cm dicken und 7 cm großen Kreis ausrollen.
- Jeweils etwas Fischfüllung auf die untere Hälfte des Kreises geben. Die obere Hälfte darüber klappen, sodass ein Halbmond entsteht. Die Ränder mit Wasser befeuchten und mit einer Gabel festdrücken. Auf diese Weise den gesamten Teig und die gesamte Füllung verarbeiten.
- Reichlich Öl in einer tiefen Pfanne mittelstark erhitzen. Die Teigtaschen darin portionsweise auf beiden Seiten goldbraun braten. Auf Küchenpapier abtropfen lassen und sofort servieren.

DESI MURGH

Hähnchencurry

ZUTATEN FÜR 4 PERSONEN

50 g Ghee
50 ml Pflanzenöl
2 große Zwiebeln, in Ringen
1 TL Ingwerpaste (Seite 18 oder Fertigprodukt)
1 TL Knoblauchpaste (Seite 18 oder Fertigprodukt)
1 TL rote Chilipaste
1 TL Kreuzkümmelpulver
1 TL Korianderpulver
½ TL Kurkumapulver
2 kleine, vollreife Tomaten, gehackt
700 g Hühnerbrustfilet, in mundgerechten Stücken
Salz
130 g Kokosnusspaste
50 g Sultaninen
50 g Cashewnüsse, grob gehackt
500 ml Wasser
½ TL Garam Masala (Seite 25 oder Fertigprodukt)

- Ghee und Öl in einem großen Topf mit schwerem Boden erhitzen. Zwiebelringe darin goldgelb anschwitzen. Ingwer-, Knoblauch- und Chilipaste, Kreuzkümmel-, Koriander- und Kurkumapulver einrühren. Tomaten zufügen und das Ganze so lange köcheln lassen, bis das Fett an die Oberfläche steigt.
- Das Hühnerfleisch zugeben und salzen. Unter gelegentlichem Rühren 10 Minuten offen schmoren. Die Kokosnusspaste untermengen und kurz weiter schmoren. Sultaninen und Cashewnüsse untermischen.
- Wasser angießen und das Garam Masala einrühren. Den Topf verschließen und das Curry etwa 20 Minuten köcheln lassen. Heiß servieren.

CHUNGA BEJONG

Würziges Schwein in Bambus gegrillt

ZUTATEN FÜR 4 PERSONEN

800 g Schweinefleisch aus der Lende
½ TL Ingwerpaste (Seite 18 oder Fertigprodukt)
½ Zwiebel, fein gehackt
2 grüne Chilischoten, entkernt und gehackt
1 Bund Koriander, fein gehackt
1 Handvoll Ingwerblätter, fein gehackt
Salz

Außerdem:

4 hohle Bambusstäbe, 30 cm lang, 3 cm Durchmesser

- Das Fleisch in 2 cm große Würfel schneiden.
- Alle restlichen Zutaten in eine große Schüssel geben und vermischen. Die Fleischwürfel zufügen und die Marinade mit beiden Händen in das Fleisch massieren. Im Kühlschrank 1–2 Stunden marinieren.
- Die Bambusstäbe 30 Minuten in kaltem Wasser einweichen, damit sie beim Grillen nicht verbrennen. Jeweils etwa 200 g Fleischwürfel in einen Stab pressen. Einen Holzkohlegrill mit mittlerer Hitze vorbereiten.
- Die Stäbe auf den Grill legen und das Fleisch etwa 30 Minuten garen. Dabei die Stäbe mehrmals drehen, damit das Fleisch gleichmäßig durchgart.
- Die Stäbe mit einem spitzen Gegenstand aufbrechen und das Fleisch darin servieren.

PORK MUSADANG

Schweinefleischsalat

ZUTATEN FÜR 4–6 PERSONEN

500 g Schweinefilet
Salz
100 g grüne Chilischoten
100 g frischer Ingwer, geschält und in dünnen Streifen
2 große rote Zwiebeln, in dünnen Ringen
2 EL frisch gehackter Koriander

- Das Fleisch in 2 cm große Würfel schneiden und salzen. In einen Dämpfeinsatz legen und über kochendem Wasser etwa 15 Minuten dämpfen. Herausnehmen und abkühlen lassen.
- Die grünen Chilischoten trocken in einer Pfanne rösten.
- Fleischwürfel, Chilischoten, Ingwer, Zwiebelringe und Koriander in einer Schüssel gut vermengen. Den Salat mit Salz abschmecken. Kalt servieren.

Hinweis: Wer es weniger scharf mag, nimmt nur 3 bis 4 Chilischoten und entkernt sie nach dem Rösten.

ALOO PHAK

Gebratene Kartoffeln mit Sojabohnen und Knoblauch

ZUTATEN FÜR 4–6 PERSONEN

500 g festkochende Kartoffeln
Salz
1 Prise Kurkumapulver
2 EL Ghee
100 g getrocknete Sojabohnen
12 Knoblauchzehen, geschält
1 Prise rotes Chilipulver
1 TL Kreuzkümmelpulver
1 TL Knoblauchpaste (Seite 18 oder Fertigprodukt)

- Die Kartoffeln schälen, waschen und längs halbieren. In Salzwasser unter Zugabe von Kurkumapulver bissfest garen. Abgießen, abkühlen lassen und mit einem Zahnstocher mehrmals einstechen.
- 1 Esslöffel Ghee in einer Pfanne erhitzen. Kartoffelhälften darin bei milder Hitze goldbraun braten. Mit einem Schaumlöffel herausnehmen und auf einen Teller legen. Hitze erhöhen und die Sojabohnen im Ghee frittieren. Herausnehmen, ebenfalls auf einen Teller legen und die Knoblauchzehen im Fett goldgelb braten.
- Restliches Ghee in einer zweiten Pfanne erhitzen. Kartoffelhälften zugeben und mit Chili- und Kreuzkümmelpulver, Knoblauchpaste und Salz würzen. Das Ganze 2 Minuten pfannenrühren.
- Sojabohnen und Knoblauchzehen auf den Kartoffeln verteilen und alles heiß servieren.

ALOO JHOL

Kartoffelcurry

ZUTATEN FÜR 4–6 PERSONEN

5 große Kartoffeln
3 EL Pflanzenöl
2 rote Chilischoten
1 Handvoll Knoblauchgrün oder Grün einer Frühlingszwiebel, gehackt
Salz
1 Prise Kurkumapulver

- Die Kartoffeln in kochendem Wasser weich garen. Abgießen und abkühlen lassen. Anschließend schälen und würfeln.
- Das Öl in einem Topf erhitzen und die roten Chilischoten darin anschwitzen. Kartoffelwürfel, Knoblauch- oder Frühlingszwiebelgrün zufügen. Mit Salz und Kurkuma würzen. Das Ganze 5 Minuten unter Rühren anbraten.
- Mit 500 ml Wasser ablöschen. Das Curry zugedeckt 20 Minuten köcheln lassen. Heiß servieren.

GUDAK

Fisch-Gemüse-Topf

ZUTATEN FÜR 4 PERSONEN

250 g grüne Bohnen
1 große Kartoffel
1 kleine Zwiebel
100 g Bambussprossen
4 grüne Chilischoten, entkernt und gehackt
½ TL Knoblauchpaste (Seite 18 oder Fertigprodukt)
Salz
150 g Rotbarschfilet

- Die Bohnen putzen, waschen und in kleine Stücke schneiden. Kartoffel und Zwiebel schälen. Kartoffel in kleine Würfel, Zwiebel in Ringe schneiden. Alle Gemüse in einer Schüssel mit Chilischoten, Knoblauchpaste und Salz vermengen.
- In einen Dämpfeinsatz geben und über kochendem Wasser zugedeckt 25 Minuten dämpfen. Dann das Rotbarschfilet auf das Gemüse legen, salzen und alles nochmals 10 Minuten zugedeckt dämpfen. Den Fisch vor dem Servieren entgräten.

CHAKHUI

Bambussprossen mit Zitronenblättern

ZUTATEN FÜR 4–6 PERSONEN

1 kg zarte Bambussprossen
½ TL Speisenatron
1 TL Knoblauchpaste (Seite 18 oder Fertigprodukt)
1 große Zwiebel, in Ringen
2 grüne Chilischoten, entkernt und gehackt
Salz
2 EL Reis
4 Zitronenblätter

Für die Würzsauce:

1 EL Ghee
2 rote Chilischoten, entkernt und gehackt
1 TL helle Sesamsamen
½ Zwiebel, fein gehackt
10 Knoblauchzehen, gehackt

- Bambussprossen waschen. Reichlich Wasser gemeinsam mit Natron, Knoblauchpaste, Zwiebelringen, Chilischoten und 1 Teelöffel Salz zum Kochen bringen. Die Sojasprossen darin etwa 1 Stunde garen.
- Inzwischen den Reis in Wasser einweichen. In den letzten 5 Minuten Garzeit der Sojasprossen die Zitronenblätter zugeben. Eingeweichten Reis mit etwas Wasser im Mörser zu einer Paste verarbeiten. Langsam in das Sojasprossengemüse einrühren. Dabei darauf achten, dass keine Klümpchen entstehen.
- Für die Würzsauce Ghee in einer Pfanne erhitzen. Unter ständigem Rühren Chilischoten, Sesamsamen, Zwiebel und Knoblauch zufügen. Kurz anschwitzen und dann vom Herd nehmen.
- Bambussprossen abgießen, dabei 100 ml Kochwasser auffangen. Zitronenblätter entfernen. Die Sprossen in 5 cm große Stücke schneiden und in eine vorgewärmte Schüssel geben. Gründlich mit dem Kochwasser und der Würzsauce vermischen. Sofort servieren.

MAIMI

Reis im Bananenblatt, in Bambus gegart

ZUTATEN FÜR 4 PERSONEN

200 g Klebreis, 2 Stunden in Wasser eingeweicht
½ Zwiebel, fein gehackt
½ TL Ingwerpaste (Seite 18 oder Fertigprodukt)
Salz
1 TL Ghee

Außerdem:

1 großes Bananenblatt
1 hohler Bambusstab, 30 cm lang, 3 cm Durchmesser

- Den Klebreis gründlich mit den restlichen Zutaten vermengen. In das Bananenblatt einschlagen, dieses aufrollen und in den Bambusstab bugsieren.
- Einen Holzkohlegrill mit mittlerer Hitze vorbereiten. Den Stab auf den Grill legen und den Reis etwa 30 Minuten garen.

CHUNGA PEETHA

Reis und Kokos im Bananenblatt, in Bambus gegart

ZUTATEN FÜR 4–6 PERSONEN

300 g Klebreis, 2 Stunden in Wasser eingeweicht
40 g frisch geraspelte Kokosnuss

Außerdem:

2 große Bananenblätter
1 hohler Bambusstab, 30 cm lang, 3 cm Durchmesser

- Den Reis abgießen und im Mixer zu einer glatten Paste verarbeiten. Kokosnussraspel ebenfalls zu einer Paste verarbeiten. Beides vermengen.
- Die Mischung in ein Bananenblatt einschlagen, dieses aufrollen und in den Bambusstab bugsieren. Den Stab mit Wasser befeuchten, in das zweite Bananenblatt hüllen und die Ränder des Blattes mit nassen Händen zusammenfügen.
- Einen Holzkohlegrill mit mittlerer Hitze vorbereiten. Den Stab auf den Grill legen und den Kokos-Reis etwa 30 Minuten garen.

UDAIPUR

1. Matar Latpatta 2. Tamatar Jholwala
3. Kadhi 4. Urad Mogar 5. Makki Dhokla
6. Thothri 7. Baphla 8. Bati

MATAR LATPATTA

Erbsengemüse

ZUTATEN FÜR 4–6 PERSONEN

2 EL Ghee
1 mittelgroße Zwiebel, fein gehackt
1 TL rotes Chilipulver
¼ TL Kurkumapulver
½ TL Korianderpulver
1 EL Ingwerpaste (Seite 18 oder Fertigprodukt)
1 ½ EL Knoblauchpaste (Seite 18 oder Fertigprodukt)
Salz
2 vollreife Tomaten, gerieben
250 g TK-Erbsen

- Ghee in einem Topf erhitzen. Die Zwiebel darin goldbraun braten. 2 Esslöffel Wasser, Chili-, Kurkuma- und Korianderpulver, Ingwer- und Knoblauchpaste sowie Salz dazugeben. Die Mischung anschwitzen, bis die Gewürze duften.
- Die geriebenen Tomaten einrühren und das Ganze köcheln lassen, bis das Fett an die Oberfläche steigt. Die tiefgefrorenen Erbsen untermengen.
- 2–3 Esslöffel heißes Wasser einrühren und die Erbsen bei mittlerer Hitze in etwa 10 Minuten weich garen.

TAMATAR JHOLWALA

Würziges Tomatencurry

ZUTATEN FÜR 4–6 PERSONEN

700 g vollreife Tomaten
½ TL rotes Chilipulver
¼ TL Kurkumapulver
¼ TL Ingwerpaste (Seite 18 oder Fertigprodukt)
½ EL Knoblauchpaste (Seite 18 oder Fertigprodukt)
2 EL Ghee
4 Knoblauchzehen, fein gehackt
3 cm frischer Ingwer, geschält und in feinen Streifen
1 grüne Chilischote, entkernt und in feinen Streifen
Salz

- Tomaten waschen und vom Stielansatz befreien. 2 Stück auf einer Reibe fein hobeln, die restlichen vierteln. Gehobelte Tomaten mit Chili- und Kurkumapulver, Ingwer- und Knoblauchpaste vermischen.
- Ghee in einem Topf erhitzen. Die Hälfte des Knoblauchs darin 2 Sekunden anschwitzen. Tomaten-Gewürz-Mischung zufügen und 3 Minuten unter Rühren anschwitzen. Tomatenviertel, restlichen Knoblauch, Ingwer- und Chilistreifen dazugeben. Das Ganze gut verrühren und mit Salz würzen.
- Zugedeckt 20 Minuten köcheln lassen, bis die Tomaten zerkocht sind. Das Tomatencurry heiß servieren.

KADHI

Kichererbsencurry mit Buttermilch

ZUTATEN FÜR 6 PERSONEN

1,5 l Buttermilch
100 g Kichererbsenmehl
1 Msp. rotes Chilipulver
¼ TL Kurkumapulver
1 TL Salz
1 TL Ghee
½ TL Asant
¼ TL Senfsamen
¼ TL Bockshornkleesamen
¼ TL Schwarzkümmelsamen
8–10 Curryblätter
1 grüne Chilischote, entkernt und fein gehackt

- Buttermilch, Kichererbsenmehl, rotes Chilipulver, Kurkumapulver und Salz in einem Gefäß gründlich verquirlen.
- Ghee in einem großen Topf erhitzen. Asant, Senf-, Bockshornklee- und Schwarzkümmelsamen sowie Curryblätter darin unter Rühren 2 Sekunden anrösten. Die Buttermilchmischung vorsichtig angießen. Grüne Chilischote zufügen und das Ganze langsam verrühren, bis die Flüssigkeit köchelt.
- Hitze reduzieren und das Curry zugedeckt 10–15 Minuten garen. Heiß servieren.

URAD MOGAR

Schwarze Uridbohnen in würziger Sauce

ZUTATEN FÜR 6 PERSONEN

250 g schwarze, ungeschälte Uridbohnen (Asien- oder Bioladen)
2 EL Ghee
1 große Zwiebel, fein gehackt
½ TL rotes Chilipulver
1 TL Korianderpulver
¼ TL Kurkumapulver
1 EL Knoblauchpaste (Seite 18 oder Fertigprodukt)
1 EL Ingwerpaste (Seite 18 oder Fertigprodukt)
Salz
1 grüne Chilischote, entkernt und fein gehackt

- Bohnen sorgfältig waschen und eventuelle Fremdkörper entfernen. Die Bohnen mit 1 Liter Wasser in einem schweren, hohen Topf zum Kochen bringen. Dann offen 20 Minuten kochen lassen, dabei ab und zu umrühren, damit die Bohnen nicht überkochen oder zusammenkleben.
- Die Hitze reduzieren und weitere 55 Minuten köcheln lassen, bis sich das Volumen der Bohnen verdoppelt hat. Eventuell noch etwas Wasser zugeben, das Ganze sollte die Konsistenz einer Suppe haben. Vom Herd nehmen und beiseitestellen.
- Ghee in einem großen Topf erhitzen und die Zwiebel darin goldgelb braten. Restliche Zutaten in einer Schüssel vermischen. Mit etwas Wasser zu einem Brei verrühren. Diesen in den Topf geben und einige Minuten köcheln lassen. Dabei öfter umrühren.
- Die schwarzen Uridbohnen mitsamt Kochflüssigkeit gründlich untermengen. Zugedeckt auf der ausgeschalteten Herdplatte 5 Minuten ziehen lassen, damit sich die Aromen verbinden.
- In eine vorgewärmte Schüssel füllen und sofort servieren.

MAKKI DHOKLA

Gedämpfte Maisbrötchen

ZUTATEN FÜR 8–10 PERSONEN

500 g grobes Maismehl
1 TL Anissamen
1 TL Koriandersamen
1 TL Schwarzkümmelsamen
1 EL Ingwerpaste (Seite 18 oder Fertigprodukt)
1 EL Knoblauchpaste (Seite 18 oder Fertigprodukt)
1 TL grüne Chilischoten, entkernt und fein gehackt
1 TL rotes Chilipulver
¼ TL Kurkumapulver
1 ½ TL Papad khara, ersatzweise Backpulver
Salz
5 EL Ghee

- Maismehl in eine Schüssel geben. Anis- und Koriandersamen im Mörser grob zerreiben. Gemeinsam mit den restlichen Zutaten bis auf das Ghee zum Maismehl geben. Das Ganze gut vermengen. 150 ml heißes Wasser zufügen und die Mischung in etwa 5 Minuten zu einem zähen Teig verarbeiten. Eventuell mehr heißes Wasser zugeben.
- Beide Hände mit Ghee einfetten. Vom Teig kleine Portionen abnehmen, jeweils zur Kugel und dann zu einem kleinen Fladen formen. In jeden Fladen eine Vertiefung drücken. Auf diese Weise den gesamten Teig verarbeiten.
- In einem großen Topf Wasser zum Kochen bringen. Einen Dämpfeinsatz einlegen, er sollte das Wasser nicht berühren. Die Fladen darin übereinander schichten. Zugedeckt bei mittlerer Hitze 25 Minuten dämpfen. Die Brötchen vorsichtig voneinander lösen und heiß servieren.

THOTHRI

In Ghee getränkte Weizenfladen

ZUTATEN FÜR 4–6 PERSONEN

250 g Weizenmehl
5 EL Ghee
¼ TL Salz
Ghee zum Tränken

- Mehl, Ghee und Salz zu einem festen Teig verarbeiten. In 6 Portionen teilen und jede Portion zu einem 1 cm dicken Fladen ausrollen. Die Fladen mehrmals mit einer Gabel einstechen.
- Eine beschichtete Pfanne bei mittlerer Hitze heiß werden lassen. Jeweils 1 Fladen einlegen und auf beiden Seiten in 2–3 Minuten hellbraun backen. Nach dem Backen 20 Minuten in Ghee einlegen. Die Fladen auf Küchenpapier abtropfen lassen. Sie halten 3 Tage frisch.

BAPHLA
Würzige Teigbällchen

ZUTATEN FÜR 6 PERSONEN
1 EL Anissamen
1 EL Kreuzkümmelsamen
1 EL Koriandersamen
500 g Weizenmehl
1 EL Kümmelsamen
3 EL Ghee
Salz
¼ EL Kurkumapulver
Pflanzenöl zum Frittieren

- Anis-, Kreuzkümmel- und Koriandersamen im Mörser grob zerreiben. Gemeinsam mit Mehl, Kümmelsamen, Ghee und Salz in einer Schüssel zu einem Teig vermengen. Aus dem Teig kleine Bällchen formen.
- In einem großen Topf reichlich Wasser zum Kochen bringen. Kurkumapulver einrühren. Die Bällchen einlegen und garen, bis sie an die Oberfläche steigen. Mit einem Schaumlöffel herausnehmen und unter fließendem Wasser kalt abspülen. Gut abtropfen lassen.
- In einer schweren Pfanne ausreichend Öl erhitzen. Die Bällchen darin portionsweise in 5–10 Minuten goldbraun frittieren. Auf Küchenpapier abtropfen lassen und heiß servieren.

BATI
Weizenmehlbällchen

ZUTATEN FÜR 6 PERSONEN
3 EL Ghee
½ TL Salz
Ghee zum Eintauchen

- Backofen auf 180 °C vorheizen. Alle Zutaten zu einem glatten Teig verarbeiten. Aus dem Teig mittelgroße Bällchen formen.
- Die Bällchen auf ein mit Backpapier belegtes Blech setzen und 25 Minuten im Ofen backen. Wenden und erneut 30 Minuten backen.
- Herausnehmen, in Ghee tauchen und servieren.

REZEPTVERZEICHNIS